财经应用文写作

cai jing ying yong wen xie zuo

陈文渊　黄绮冰　周颖丽　主　编
王　卉　石绍军　宋迎春　副主编
　　　　刘正兵　王生根　主　审

電子工業出版社
Publishing House of Electronics Industry
北京 · BEIJING

内 容 简 介

本书是以教育部职业技术中心研究所的最新研究成果——工作过程系统化为指导思想，结合高校以工作过程为导向的课程改革实践而开发出来的新型实训教材。本书主要介绍了职场文书、经济文书、公务文书、事务文书、礼仪文书、法律文书、学术论文和消息文书等的写作。

本书编排思路新颖独特，由7个项目17个工作任务、3个综合实训、6套模拟试卷构成。每个工作任务包括实训目标、工作任务、工作情境、工作结果、工作评价、工作参考、一看就会、情商培育、同步训练和参考答案（见教学资源）。本书理念既新颖又实用，强调情商的重要性，重在立德树人。

本书既适合各类高等职业学院、高等专科学院、成人教育高等专科学校和本科学校的二级职业学院的学生使用，也适合相关岗位的人员作为参考。

图书在版编目（CIP）数据

财经应用文写作 / 陈文渊，黄绮冰，周颖丽主编. -- 北京：电子工业出版社，2017.3

ISBN 978-7-121-30988-5

Ⅰ.①财… Ⅱ.①陈… ②黄… ③周… Ⅲ.①经济－应用文－写作－高等学校－教材 Ⅳ.①H152.3

中国版本图书馆CIP数据核字（2017）第034512号

策划编辑：贾瑞敏
责任编辑：贾瑞敏　　特约编辑：许振伍　孙明珍
印　　刷：三河市鑫金马印装有限公司
装　　订：三河市鑫金马印装有限公司
出版发行：电子工业出版社
　　　　　北京市海淀区万寿路173信箱　邮编　100036
开　　本：787×1 092　1/16　印张：14.5　字数：390千字
版　　次：2017 年 3 月第 1 版
印　　次：2019 年 7 月第 2 次印刷
印　　数：2 000册　　定价：35.00元

凡所购买电子工业出版社图书有缺损问题，请向购买书店调换。若书店售缺，请与本社发行部联系，联系及邮购电话：（010）88254888，88258888。

质量投诉请发邮件至 zlts@phei.com.cn，盗版侵权举报请发邮件至 dbqq@phei.com.cn。

本书咨询联系方式：电话010-62017651；邮箱fservice@vip.163.com；QQ群427695338；微信DZFW18310186571。

执笔人员

（按姓氏首字母排列）

陈文渊：中国注册会计师、注册税务师，曾任区域经理、总经销等，现为江苏经贸职业技术学院会计学院副教授（高级会计师），硕士

黄绮冰：教授、作家，原江苏经贸职业技术学院人文学院（系）院长（系主任），现为南京视觉艺术职业学院图书馆馆长、校刊执行主编

刘正兵：江苏经贸职业技术学院会计学院院长、教授

刘　玉：江苏经贸职业技术学院公共管理学院副教授、硕士

生素巧：江苏经贸职业技术学院公共管理学院副教授、硕士

石绍军：南京视觉艺术职业学院传媒系系主任

宋迎春：浙江机电职业技术学院，讲师，硕士

王生根：江苏经贸职业技术学院原会计学院院长、教授

王　卉：江苏经贸职业技术学院公共管理学院讲师、硕士

王　成：南京视觉艺术职业学院图书馆馆员

吴　瑾：南京视觉艺术职业学院讲师，硕士

谢德桥：南京视觉艺术职业学院图书馆馆员（中级职称）

于淑健：江苏经贸职业技术学院公共管理学院教授、博士后

周颖丽：海口经济学院

序

黄绮冰[1]

此书是编者根据多年来以工作过程为基础，以工作任务为导向的课改经验编写的，编者不仅有企业一线经验丰富的经理、主管，也有双师型教育者，还有不同专业的学者，可以说这本书是校企合作的产物。本书具有如下特色。

一、重视情商培育

在每个实训大任务之后都设置了“情商培育”栏目，虽然篇幅不是太长，但编者用心良苦。心理学家的研究表明：在一个人成功的诸多因素中，智商只起到了20%的作用，情商却占到了80%。然而人们往往只重视知识灌输、智商，而忽略了观念更新、情商培育。编者意在纠偏反正，这也体现了他们企盼人人都能成功的美好理想。

二、策划理念先进

本书设置了工作任务、工作情境、工作结果、工作评价、工作参考、一看就会、情商培育、同步训练、综合实训、模拟试卷，还以参观学习的形式讲述学术论文、消息的写作知识。这样的编排与设计打破了传统以知识逻辑为主线，专业理论为主体的教学内容的框架，针对工作任务需要，以职业活动为主线，以培养职业能力为本位，重新组织设计教学内容，创设尽可能与工作实境相同或相似的教学环境，摒弃知识灌输、被动接受、理论实际脱节的实施方式，形成任务驱动、主动探讨、工作学习同步的实施方式。这是以适应工作就业为出发点，以工作过程为导向，以工作任务为载体来进行教材的编排与设计。这样的编排与设计的最大优势是工学结合进教材，进课堂。由于高等职业技术学院的学生约有三分之二的时间是课堂教学，约有三分之一的时间是实训、实习、顶岗等，因此研究探讨尝试课堂教学如何实施工学结合，是非常有意义的。

三、处处体现创意

本书不仅策划编排有创意，工作情境是刻意巧设的，工作评价是倾心写就的，工作结果也是亲历而为的，就连不少训练题也是根据实际工作结果“返璞归真”的。就拿“根据论文写作提纲补写摘要、关键词”这道题来说，完全是独创的。

四、方便师生教学

教材每一个大任务之后都有2份同步训练，还有3份综合实训、6份模拟试卷，每一

---

[1] 黄绮冰教授（作家）原是江苏经贸职业技术学院人文学院（系）院长（系主任），现在是南京视觉艺术职业学院图书馆馆长、校刊《视觉艺术》执行主编。

份训练与试卷都配有答案。这不仅仅是为了提高学生的实际操作技能，也为了方便学生自学、教师教学。

本书由江苏经贸职业技术学院陈文渊、黄绮冰，海口经济学院周颖丽担任主编；由江苏经贸职业技术学院王卉，南京视觉艺术职业学院石绍军，浙江机电职业技术学院宋迎春担任副主编；由江苏经贸职业技术学院刘正兵、王生根担任主审；参与编写的还有刘玉、生素巧、王成、吴瑾、谢德桥、于淑健。

由于编者水平有限，加之时间仓促，书中难免存在不足之处，恳请广大读者批评指正。

编者

目 录

项目一 职场文书写作实训

zhi chang wen shu xie zuo shi xun

☞实训目标

通过职业生涯规划、求职应聘、述职、工作调动、辞职等一系列实训，培养学生理论联系实际的能力、职场文书的写作能力，熟悉从职业生涯规划、求职、述职到调动辞职的整个流程，为走向工作岗位做充分的思想、心理准备。重点是使学生掌握求职策划、求职信、简历、述职报告等文书的写作。

☞实训过程

工作任务一	→	工作任务二	→	工作任务三	→	工作任务……
⇩		⇩		⇩		⇩
求职策划	→	求职信、简历写作	→	述职报告写作	→	……

工作任务一　求职策划

工作情境

如何找到比较合适的工作，这是摆在应届毕业生李贵君同学面前的头等大事。人即产品，特别是对于营销人而言，一个即将就业的大学毕业生如何从众多求职者中脱颖而出，成功走向角色的转变？写一份求职策划书，且看胜算如何。

工作结果

一个应届生的求职策划书[1]

李贵君

我是一匹狼——一个营销人的宣言

我是一匹精悍自豪的狼 // 饥饿中透露着对成功的渴望 // 没有业绩就去死吧 // 营销人是以业绩论英雄的 // 没有创新就改行吧 // 营销人是以创新定输赢的 // 我奔驰在大山长川，四处找寻 // 为了理想，为了心愿 // 前面的路也许会有迷茫 // 人生的脚步也许会有彷徨 // 但我愿意保证 // 我可以为了所爱而愈挫愈勇 // 也可以为了理想而孤军奋战。

经过 4 年的大学生活，即将毕业，如何让自己在众多求职者中脱颖而出，在用人单位面前有着让其眼前一亮的感觉，顺利从一个学生转变为一个优秀的职员，事先的分析和筹划就成为必不可少的工作。独到性、创意性永远是笔者追求的目标，求职也不例外，笔者试着将自身作为一个产品，综合利用各种分析、定位、战略、战术手段，希望达到快速成为市场领先者（即在最短时间内找到理想的工作）的目标。

第一部分　市场分析

一、市场背景分析（就业环境分析）

① 本年度普通高等院校将有应届毕业生 105 万人，其中湖南省为 5.8 万人，较上一年稍有增加。

② 普通高校毕业生基本上为并轨生，已从统招统分走向自主择业，双向选择。

③ 国内经济开始从亚洲金融危机的阴影中逐步回升，就业形势看好。

④ 知识经济兴起，对人才的信息化提出了更高的要求。

⑤ 经济一体化趋势加强，对人才的国际化提出了更高要求。

⑥ 中国企业正从生产型、推销型组织向营销型组织转化。

---

[1] 李贵君. 一个应届生的求职策划书［DB/OL］.（2004-02-17）［2017-01-23］. http：//www.chinahrd.net.

二、购买者分析（招聘单位分析）

招聘单位可分为 4 种类型：傻帽型、实惠型、苛刻型、混混型。各型用人单位的特征分析如下表所示。

不要马儿跑得好	要马儿跑得好
① 傻帽型 不要马儿跑得好，却给马儿吃好草	② 实惠型 先要马儿跑得好，后给马儿吃好草； 或者先给马儿吃好草，后要马儿跑得好
③ 混混型 不要马儿跑得好，也不给马儿吃好草	④ 苛刻型 又要马儿跑得好，又要马儿不吃草

① 从现实来看，傻帽型的企业以一部分目前效益较好的国有企业为主。这种用人单位是不多的，也不可能存在太长时间，竞争的压力很快就会让其失去生存的机会。对于本人而言，这种企业不是理想的安身之所。

② 苛刻型的企业以一小部分私营企业为主。这种单位又要马儿跑得好，又要马儿不吃草，一切从自我出发，从不考虑职员利益与其发展自我的要求，不太可能招到理想的人才，也不太可能保持持久的生命力，因此不是理想的组织，本人不予考虑。

③ 混混型企业以相当部分的国有企业为主，提供较低的薪资，也不要求职员实现很好的业绩，对市场竞争漠不关心，对市场情况反应迟钝。由于这种企业不具有竞争优势，本人不予考虑。

④ 实惠型企业又可分为两类：先要马儿跑得好，后给马儿吃好草；先给马儿吃好草，后要马儿跑得好。前一类以一些优秀的民营企业、已市场化的国有企业为代表，后一类以一些优秀的三资企业为代表。实惠型企业能较好地同时实现企业与个人的目标，是理想的单位，本人只考虑加入这种企业。故以下仅针对此类型企业作进一步分析。

a. 招聘单位逐渐重视人才的综合技能，从单纯重学历走向既重学历又重能力，既看文凭又看水平。

b. 在营销人员的选择上，倾向于选择能真正认同营销价值的人员。

c. 招聘单位对人才的使用有两种方式：长期利用型，愿意从应届毕业生中挑选，愿意长期培训；短期利用型，不愿意从应届毕业生中挑选，不愿意提供长期培训。

d. 由于营销专业是近 10 年才从国外引进的一个专业类别，招聘者中科班出身的少。

e. 沿海地区招聘一般有 3 关：初试、复试和终试；内地招聘有两关：初试和终试。

f. 招聘单位对人才的第一印象较为看重。

三、竞争对手分析（其他求职者分析）

从购买者（用人单位）来看，市场上的产品（人才）有两大类：经验人士和应届生。对于经验人士而言，有着多年的专业与行业的经验积累，执行力强，市场操作经验多，能够快速地达到企业对岗位的要求，是有相对优势的。但应届生也有自身的优势所在，即对薪资的低要求，较强的可塑性，刚出道时的激情和较高的忠诚度，使其成为企业必需的人才。相对经验人士而言，二者在不同层面进行着竞争，有着良好发展前景。

由于本人为应届毕业生，定位于营销事业，故直接竞争者为其他应聘营销岗位的应届毕业生。

直接竞争者可分为几种类型：第一类是非名牌大学营销专业者；第二类是名牌大学营销专业者；第三类是名牌大学非营销专业者；第四类是非名牌大学非营销专业者。

第一类人才综合技能一般，有专业基础，认同营销的价值，对本人构成一定威胁。

第二类人才综合技能高，专业基础扎实，认同营销价值，是本人的最大竞争对手，应极其重视其竞争优势。

第三类人才缺乏营销专业知识，营销观念不强，难以认同营销的价值。除少部分人外，一般而言选择营销事业是不得已而为之，是在没有找到合适工作时的权宜之计，一旦有自己心仪的工作机会或在营销工作中遇到挫折就会立即辞职。但由于名牌大学的毕业生一般均有较宽的知识面，有较强的综合技能，对本人有一定的威胁。

第四类人才综合技能一般，无专业基础，难以认同营销的价值，对本人构成的威胁较小。

四、市场需求预测（就业前景分析）

① 加入WTO使得营销竞争从国内竞争走向国际化竞争，国际型营销人才需求加大。

② 知识经济的兴起，引发了对网络人才的巨大需求。对一般营销人才的需求而言，实际量仍在增长，但增长速度逐步趋缓。

③ 经济的复苏，引发了对营销人才的巨大需求。

④ 国外、国内企业对营销工作的重视，引发了对营销人才的巨大需求。

⑤ 从广东、江浙、京津等经济较为活跃的一些地区反馈的信息来看，营销专业较为紧缺，有较大需求。

⑥ 较多企业倾向于选择综合技能较好，又能认同其价值的毕业生作为其营销人员。

⑦ 从本人毕业的学校来看，本校是国内较早设立营销专业的高校之一，口碑较好，社会对本校本专业的需求较大。

五、SWOT分析

（一）优势（Strength）

① 认同营销对社会的巨大价值，拥有先进的营销理念，愿意为营销事业奋斗终生。

② 有较强的综合技能，书面、口头表达能力出色。

③ 有较好的英语、计算机技能（英语四级、计算机二级）。

④ 专业基础扎实，拥有以营销学科为核心，其他相关学科为补充的合理知识结构。

⑤ 有较高的市场分析能力，参加过较好的市场调查活动，并掌握了一些先进的市场分析工具。

⑥ 有较多的营销实战经验，参加了湖南省内多家企业的营销策划活动，并利用课余时间参与了一系列的产品销售活动，提出了许多有真知灼见的建议，并有一部分被相关单位采纳，拥有一定实操能力。

⑦ 对沿海地区人文、地理均较为熟悉。

⑧ 对一些区域文化有一定的了解，能用粤语、湖南方言、四川方言自由交流。

⑨ 有创新精神，能用新方法、新观点影响他人。

⑩ 智商、情商较高，逆商特高。

⑪ 身体健康，吃苦耐劳。

（二）劣势（Weakness）

① 营销自身的资金有限，包括现金、存折上的资金目前仅有人民币1 450元。

② 英语未过六级，口语及听力水平均不高。

（三）机会（Opportunity）

① 社会对营销人才有巨大的需求。

② 卖方市场到买方市场的进一步转化，促使营销成为企业工作的重中之重。

③ 营销专业是近年来新兴的专业方向，之前科班出身的人才较少，目前这一专业的应届生也不多，竞争不大。

④ ×× 商学院营销专业为重点专业，社会各界看好。

（四）威胁（Threats）

① 营销观念在社会上的进一步普及需要一定的时间，企业经营层的理念也还有一定的差距，影响了营销人员在企业中的话语权。

② ×× 商学院为新合并成立不足 6 年的普通高等院校，在省外知名度不高。

第二部分　营销战略、战术

一、目标市场细分

企事业性质细分：企业单位、事业单位。

行业细分：消费品企业、工业品企业、咨询公司。

地区细分：沿海、内地。

所有制性质细分：国有、私营、三资。

二、市场定位

专业定位：专业的营销人才，熟悉市场分析，拥有敏感的市场洞察力、良好的传播理念与市场操作能力。

内涵定位：崇尚“心灵交汇，创意生活”，注重人与人之间的沟通，融合各环境要素，以稳求存，以奇制胜。

三、目标市场选择

选择企业单位；选择消费品企业或咨询公司；选择私营或三资企业；选择沿海地区的企业。

所选企业还须满足以下条件：第一部分所指的实惠型企业；前景较好的企业；求贤若渴的企业；近期局面较好的企业；有完整人才培养机制的企业。

四、营销战略：一心两用，三纲四目

一心：一心用于营销事业。

两用：其一用于完善人生，其二用于回报社会。

三纲：第一纲，营销业务纲，熟悉业务工作，成为同龄人中的佼佼者；第二纲，营销管理纲，在业务经验成熟时进入营销管理岗位，将自己的经验传授给新业务人员，打造一支优秀的营销队伍；第三纲，营销策划纲，在进行营销管理的同时，注重营销策划，策划好整个工作。

四目：4 个五年目标。第一个五年目标：收入目标，一年后年收入达到 50 000 元，3 年后年收入达到 100 000 元，5 年后年收入达到 200 000 元。第二个五年目标：利润贡献目标，一年后个人为企业创造利润 200 000 元以上，3 年后个人为企业创造利润 500 000 元以上，5 年后个人为企业创造利润 1 000 000 元以上。第三个五年目标：知名度目标，5 年后在同行业达到较高知名度，拥有一定的市场地位。第四个五年目标：职位目标，5 年后进入企业营销部门高层领导行列。

五、4PS

（一）产品策略（Product Strategy）

规划出本人作为一个求职者的核心产品在于创新能力、不屈不挠的奋斗精神、强烈的上进心、优秀的团队合作思想和旺盛的再学习动力。

（二）价格策略（Price Strategy）

① 两年内底薪 2 000 元以上，月收入 4 000 元以上。

② 两年后底薪 3 000 元以上，月收入 6 000 元以上。

③ 5 年后底薪 10 000 元以上，月收入 18 000 元以上。

（三）分销渠道策略（Place Strategy）

① 通过参加长沙、广州等地人才交流会推广自己。

② 通过网上招聘形式推广自己。

③ 通过参加校内人才交流会推广自己。

④ 通过导师、亲友等介绍自己。

（四）广告与促销策略（Promotion Strategy）

① 广告。形象广告：树立良好形象，获得用人单位的青睐；着装整洁得体；演讲动人；书写求职策划书一份，以创意性观点、差异化诉求寻求用人单位的注意与赏识。宣传资料：印发求职材料 10 份；利用自己在一些专业媒体上发表的作品作为免费广告载体，宣传自身的专业性。

② 人员推销。利用自身特点，结合对方需要，主动上门推荐自己。

③ “试用品”推广。以优惠价格试用 3 个月。现场“产品”演示，在面试时充分表现自己的优势。

④ 公共关系。积极参与社会公益活动，向用人单位展示自己的社会责任心，保持良好形象。

六、补充新知识、新经验的策略

为保持持续的核心竞争力，本人仍需从以下方面不断提高：

① 阅读有关营销方面的图书。

② 向优秀的营销人员学习先进的营销思维。

③ 继续锻炼与人交往的技巧。

④ 继续培养情商。

工作评价

李贵君的这份求职策划书，洋洋洒洒 4 000 多字，独辟蹊径，与众不同。据了解，李贵君就是凭着这份策划书，不靠任何关系和门路，为自己闯出了一条路，最终加入了广东省的一个著名企业，顺利完成了从学生到企业人的转变。

这份求职策划书最大的创意是发挥营销专业毕业生的优势，把自己当做一个产品来营销。李贵君综合利用市场背景分析（就业环境分析）、购买者分析（招聘单位分析）、竞争对手分析（其他求职者分析）、市场需求预测（就业前景分析）、SWOT 分析，把自己定位在“先要马儿跑得好，后给马儿吃好草；或者先给马儿吃好草，后要马儿跑得好”的优秀民营企业、已市场化的国有企业、优秀的三资企业。这类企业能较好地同时实现企业与个人的目标，是理想的单位，比较实惠，所以李贵君把这类企业称为实惠型企业，可以说定位准确，正所谓“是鱼就不要憧憬蓝天，是鸟就不要留恋大海”（引自黄绮冰散文集《南方雪意·学会放弃》)。战略、战术手段在求职策划书中的运用，让用人单位觉察到应聘者是个有思想、有抱负、有创意、有作为、有谋略的不可多得的人才。因此，他被著名企业录用也是必然的。

把自己当做一个产品来营销，是创新。创新是一个民族进步的灵魂，无论做什么，都需要创新，求职、处事、写作亦然。

工作任务二　求职信、简历写作

工作情境

××职业技术学院2015届会计专业毕业生叶××，在网上发现一则招聘启事，内容如下。

南京××文化传媒有限公司

我公司地处南京市××路16号，因业务扩展现向社会诚聘人才。招聘岗位如下。

1. 总经理助理（1名）

岗位要求：女性，本科以上学历，影视编导专业，26岁左右，具有亲和力。

2. 营销总监（1名）

岗位要求：有组建团队、领导团队的能力，大专以上学历，25岁左右，男女不限，有相关工作经验者优先。

3. 财务/会计助理（2名）

岗位要求：经济等相关专业本科以上学历，具有会计任职资格，并熟悉现金管理和银行结算，熟悉用友或其他财务软件的操作，男女不限，26岁左右，有实习经历者优先。

待遇面谈。

联系人：人力资源处　吴先生

联系电话：025-84817×××

邮箱：28172××605@qq.com

南京××文化传媒有限公司人力资源部

二〇一五年六月十六日

假如你是叶××，想去应聘，你会做哪些准备工作呢?

工作结果

求职信

尊敬的吴先生：

您好!

从网上获知贵公司的招聘信息，我不敢说才高八斗，但相信自身所具备的知识和能力可以胜任贵公司财务 / 会计助理的职位！万分感谢您在百忙之中浏览我的求职信！

我是 ×× 职业技术学院 2015 届会计专业的毕业生，对贵公司提供的会计助理职位很感兴趣。大学 3 年期间，我完成了本专业的所有课程，并参加了计算机操作技能的培训，这使我有能力在贵公司这样一家专业化水平比较高的单位任职。我还选修了现代社交礼仪、市场营销等课程，都取得了优异成绩（见附件成绩单），将有利于我与公司客户建立融洽的业务关系。

我曾在 ×× 房地产公司任业余会计、财务分析员，累计时间长达 4 个月，并做了 5 个月的市场营销工作（卖了 3 套房）。在实习过程中，我悟出真诚待人、踏实处世的道理，沟通协调能力有了较大的提高，获益匪浅。工作中的细心、热情、敬业、大度及责任感等都得到了用人单位的好评（见附件鉴定表）。

其他关于该项工作的任职资格，请见随信附上的个人简历。此外，我任过校学生会组织委员，有一定的组织管理能力和团队协作精神。最重要的是，大学 3 年，我掌握了学习方法，容易接受新知识、新事物，并能很快的上手。

我深知贵公司会计助理的职位要求本科学历，但若没有一定的实力，岂敢应聘？给我一次机会，我会用业绩证明自己。如果您认为我更适合营销总监的职位，我也愿意服从安排。盼望贵公司能给我提供施展才能的一方宝地，我的努力也一定能让贵公司的事业更上一层楼。

此致

敬礼！

通信地址：×××××××××××××

邮编：××××××　手机：×××××××××××××

求职人：叶 ××

二〇一五年六月十九日

附件：1. 个人简历、学历证书复印件

2. 会计从业资格证、英语四级证、驾照、成绩单、用人单位鉴定表复印件

个人简介

姓　名	叶 ××		性　别	男	出生年月	1993.1		
何时毕业于何校	2015 年 6 月 江苏 ×× 职业技术学院		求职意向	财务 / 会计助理或营销人员 （受父亲、舅舅、姑姑的影响，感兴趣）				
户籍所在地	厦门。随父母工作调动常住南京	专业	会计	学历	大专	学位	无	
学习经历	2009. 9—2012. 6　×× 市 ×× 一中高中部学习　证明：杨 ×× 2012. 9—2015. 6　江苏 ×× 职业技术学院学习　证明：张 ××							
工作经历	2013 年、2014 年寒假、暑假分别到 ×× 房地产公司担任业余会计、财务分析员； 2015.1—2015.5 在 ×× 房地产公司做市场营销工作。 证明：魏 ××							
家庭主要成员	父亲：叶 ××　中共党员　大专毕业　南京 ×× 公司财务总监 母亲：邓 ××　民盟成员　本科毕业　×× 学院国教院院长　教授							
主要社会关系	舅舅：邓 ××　上海复旦大学毕业　上海 ×× 公司财务总监 姑姑：叶 ××　厦门大学毕业　福建厦门 ×× 公司营销总监							

工作评价

关于求职信写作的评价

这份求职信开篇短短两行，不但求职缘由、求职目标一目了然，且给人有礼貌、很自信的良好印象。求职目标是财务 / 会计助理或营销人员的职位，求职缘由是从网上获知招聘信息。切忌从公司 ×× 人（非人事部门）那里获取信息，因为如果求职成功，有走后门之嫌；如果 ×× 人与公司领导意见不合，可能导致求职失败。

这份求职信的求职条件（正文第二、第三、第四自然段）写得特别好，好在以下 6 个方面。

一是既有针对性，又留有余地。求职目标主要是财务 / 会计助理，对口的“会计专业”、对职位的“兴趣”、完成所有课程并取得优异成绩、做过业余会计，还在某公司任财务分析员等，对竞聘这个职位有利。但叶 ×× 并不是本科生，与岗位要求存在差距。竞争这么激烈，倘若这个职位落选，做营销人员也未尝不可，先就业，再择业。这么看来选修现代社交礼仪、市场营销等课程、“任过校学生会组织委员”、“组织管理能力和团队协作精神”等都为留有余地埋下了伏笔，给人既自信又含蓄的感觉。

二是刚毕业的学生有工作阅历，虽不长，但也很有利，如寒暑假“任业余会计、财务分析员”“做过 5 个月的市场营销工作”。

三是有潜力，体现在“大学 3 年，我掌握了学习方法，容易接受新知识、新事物，能很快的上手”；同时，其父亲、舅舅是财务总监，姑姑是营销总监，这些社会关系有利于其事业发展。

四是用证据说明优点，如“工作中的细心、热情、敬业、大度及责任感等都得到了用人单位的好评（见附件鉴定表）”等。

五是内容较具体。如果只说任市场营销工作，就比较虚，“卖了 3 套房”的说明，则把实习结果具体化了。

六是最后一段表达了自己的求职愿望，既委婉，又通达。

关于简历写作的评价

叶 ×× 的表格式个人简历设计较有优势：一是求职意向突出，不但定位准确，且有家庭背景与兴趣等的有利因素；二是户籍所在地填得既真实又消除了用人单位的顾虑，如果只填厦门而要在南京求职，用人单位往往担心不稳定，而“随父母工作调动常住南京”一语则打消了此顾虑；三是短暂的工作经历填得好，有的同学认为实习等是短期的而不填，留下空白，这样非常不利，用人单位很注重实际工作经验；四是家庭主要成员与社会关系的填写取舍得当。叶 ×× 的父亲、舅舅都是财务总监，且姑姑是营销总监，对他求取财务 / 会计助理与营销人员的职位的确有利，用人单位会觉得他有这方面的天赋，同时，这些关系在职场上还可以互相配合，谋求双赢。另外，这份个人简历中的学习经历的填写取舍得当，叶 ×× 没有像其他同学那样从小学开始填。大学生可以从高中开始填，硕士研究生可从本科开始填，博士研究生可从硕士开始填。

工作任务三　述职报告写作

工作情境

日期：2015年年初的某一天。

国务院办公厅：李总理，3月5日上午9时，第十二届全国人民代表大会第三次会议将在人民大会堂召开，请您做好述职准备……

国务院总理：好，知道了。谢谢提醒！……

猜一猜，想一想，李克强总理，应该如何准备述职报告。

工作结果

2015年国务院总理李克强的政府工作报告

各位代表：

现在，我代表国务院，向大会报告政府工作，请予审议，并请全国政协各位委员提出意见。

一、2014年工作回顾

过去一年，我国发展面临的国际国内环境复杂严峻。全球经济复苏艰难曲折，主要经济体走势分化。国内经济下行压力持续加大，多重困难和挑战相互交织。在以习近平同志为总书记的党中央坚强领导下，全国各族人民万众一心，克难攻坚，完成了全年经济社会发展主要目标任务，全面深化改革实现良好开局，全面推进依法治国开启新征程，全面建成小康社会又迈出坚实步伐。

一年来，我国经济社会发展总体平稳，稳中有进。“稳”的主要标志是，经济运行处于合理区间。“进”的总体特征是，发展的协调性和可持续性增强。改革开放有新的突破，全面深化改革系列重点任务启动实施，本届政府减少1/3行政审批事项的目标提前实现。这份成绩单的确来之不易，它凝聚着全国各族人民的心血和汗水，坚定了我们奋勇前行的决心和信心。

过去一年，困难和挑战比预想的大。我们迎难而上，主要做了以下工作。

一是在区间调控基础上实施定向调控，保持经济稳定增长。面对经济下行压力加大态势，我们保持战略定力，稳定宏观经济政策，没有采取短期强刺激措施，而是继续创新宏观调控思路和方式，实行定向调控，激活力、补短板、强实体。把握经济运行合理区间的上下限，抓住发展中的突出矛盾和结构性问题，定向施策，聚焦靶心，精准发力。向促改革要动力，向调结构要助力，向惠民生要潜力，既扩大市场需求，又增加有效供给，努力做到结构调优而不失速。

……

二是深化改革开放，激发经济社会发展活力。针对束缚发展的体制机制障碍，我们通过全面深化改革，以释放市场活力对冲经济下行压力，啃了不少硬骨头，经济、政治、文化、社会、生态文明等体制改革全面推进。

……

三是加大结构调整力度，增强发展后劲。在结构性矛盾突出的情况下，我们积极作为，有扶有控，多办当前急需又利长远的事，夯实经济社会发展根基。

……

四是织密织牢民生保障网，增进人民福祉。我们坚持以人为本，持续增加民生投入，保基本、兜底线、建机制，尽管财政收入增速放缓、支出压力加大，但财政用于民生的比例达到 70% 以上。

……

五是创新社会治理，促进和谐稳定。我们妥善应对自然灾害和突发事件，有序化解社会矛盾，建立健全机制，强化源头防范，保障人民生命安全，维护良好的社会秩序。

……

一年来，外交工作成果丰硕。习近平主席等国家领导人出访多国，出席二十国集团领导人峰会、金砖国家领导人会晤、上海合作组织峰会、东亚合作领导人系列会议、亚欧首脑会议、达沃斯论坛等重大活动。成功举办亚太经合组织第二十二次领导人非正式会议、亚信会议第四次峰会、博鳌亚洲论坛。积极参与多边机制建立和国际规则制定。大国外交稳中有进，周边外交呈现新局面，同发展中国家合作取得新进展，经济外交成果显著。推进丝绸之路经济带和 21 世纪海上丝绸之路建设，筹建亚洲基础设施投资银行，设立丝路基金。我们与各国的交往合作越来越紧密，中国在国际舞台上负责任大国形象日益彰显。

各位代表！一年来取得的成绩，是以习近平同志为总书记的党中央统揽全局、科学决策的结果，是全党全军全国各族人民共同努力、不懈奋斗的结果。我代表国务院，向全国各族人民，向各民主党派、各人民团体和各界人士，表示诚挚感谢！向香港特别行政区同胞、澳门特别行政区同胞、台湾同胞和海外侨胞，表示诚挚感谢！向关心和支持中国现代化建设事业的各国政府、国际组织和各国朋友，表示诚挚感谢！

……

二、2015 年工作总体部署

我国是世界上最大的发展中国家，仍处于并将长期处于社会主义初级阶段，发展是硬道理，是解决一切问题的基础和关键。化解各种矛盾和风险，跨越“中等收入陷阱”，实现现代化，根本要靠发展，发展必须有合理的增长速度。同时，我国经济发展进入新常态，正处在爬坡过坎的关口，体制机制弊端和结构性矛盾是“拦路虎”，不深化改革和调整经济结构，就难以实现平稳健康发展。我们必须毫不动摇坚持以经济建设为中心，切实抓好发展这个执政兴国第一要务。必须坚持不懈依靠改革推动科学发展，加快转变经济发展方式，实现有质量有效益可持续的发展。

……

各位代表！时代赋予中国发展兴盛的历史机遇。让我们紧密团结在以习近平同志为总书记的党中央周围，高举中国特色社会主义伟大旗帜，凝神聚力，开拓创新，努力完成今年经济社会发展目标任务，为实现“两个一百年”奋斗目标、建成富强民主文明和谐的社会主义现代化国家、实现中华民族伟大复兴的中国梦作出新的更大贡献！

工作评价

评价一（从行业的角度评价）：总理万字“述职报告”，2014，这些数字伴随你我[1]

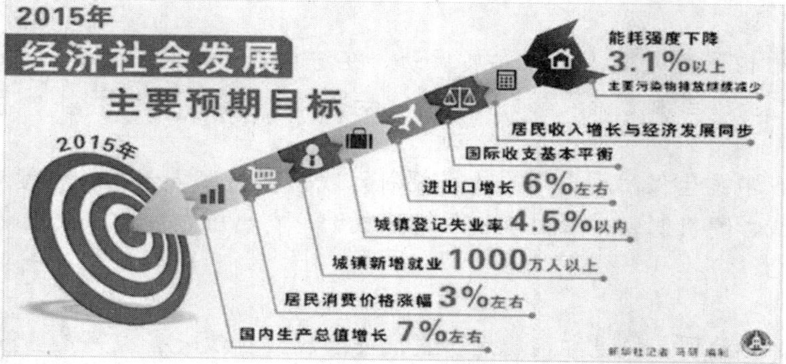

2015 年 3 月 5 日上午，第十二届全国人民代表大会第三次会议在北京开幕。国务院总理李克强在政府工作报告中，全面回顾、总结了过去一年的政府工作。这是李克强任期内的第二份，新常态下的首份“述职报告”。

在这份万字述职报告中，回顾 2014 年工作的章节约 4 300 字，过去一年的工作成绩被 40 多个鲜活的数字指标描述出来。这些数字充分解释了在 7.4% 经济增长率背后中国出现的微变化：“稳”“进”之间促转型。

这份报告里的每一个具体数字、每一项具体举措，都牵动着你我的神经。关切，源于当前经济的下行压力。2014 年，我国经济发展在复杂严峻的国际环境与国内“三期叠加”的背景下艰难前行。

人们关心，在国内外经济环境深度变化的格局中，中国经济处于怎样的阶段。通过政府工作报告，我们看到，中国经济交出了一份“靓丽”的成绩单。

重塑格局：“三稳”“三新”

在回顾 2014 年工作时，李克强首先谈及经济，他指出：“一年来，我国经济社会发展总体平稳，稳中有进。”

稳中有进，何为“稳”？“稳”的主要标志是，经济运行处于合理区间。增速稳，国内生产总值达到 63.6 万亿元，比上年增长 7.4%，实现了年初提出的 7.5% 左右的增长目标。同时，这一指标在世界主要经济体中名列前茅。就业稳，城镇新增就业 1 322 万人。价格稳，居民消费价格上涨 2%。

新产业、新业态、新商业模式不断涌现。过去一年，经济发展的协调性和可持续性增强，服务业增加值比重由 46.9% 提高到 48.2%。

过去一年，互联网金融异军突起，电子商务、物流快递等新业态快速成长。我国在加快培育发展战略性新兴产业，做大做强高技术产业，打造经济发展新引擎方面取得了新的成效。数据显示，2014 年，全国规模以上高技术制造业增加值同比增长 12.3%，比规模以上工业高 4 个百分点；高技术制造业利润增长 15.5%，比同期规模以上工业高 12.1 个百分点。

[1] 汪文品．总理万字“述职报告”：2014，这些数字伴随你我［DB/OL］．（2015-03-05）［2017-01-24］．新华网．

指标：数据向好

过去一年，面对复杂多变的国际环境和艰巨繁重的国内发展改革稳定任务，我国经济社会发展总体平稳，稳中有进。

2014 年国内生产总值 63.6 万亿元，比上年增长 7.4%。城镇新增就业 1 322 万人，高于上年。居民消费价格上涨 2%。粮食产量 1.21 万亿斤。消费对经济增长贡献率上升 3 个百分点，达到 51.2%。服务业增加值比重由 46.9% 提高到 48.2%。能耗强度下降 4.8%，为近年来的最大降幅。全国居民人均可支配收入实际增长 8%，快于经济增长速度。农村贫困人口减少 1 232 万人。出境旅游超 1 亿人次。

民生：普惠百姓

过去一年，尽管政府财政收入增速放缓，支出压力加大，但财政用于民生的比例达到 70% 以上。

统一城乡居民基本养老保险制度，企业退休人员基本养老金水平又提高 10%。新开工保障性安居工程 740 万套，基本建成 511 万套。全面建立临时救助制度，城乡低保标准分别提高 9.97% 和 14.1%，残疾军人、烈属和老复员军人等优抚对象抚恤和生活补助标准提高 20% 以上。全国财政性教育经费支出占国内生产总值比例超过 4%。28 个省份实现了农民工随迁子女在流入地参加高考。城乡居民大病保险试点扩大到所有省份，疾病应急救助制度基本建立，全民医保覆盖面超过 95%。

创新：脱颖而出

过去一年，在结构性矛盾突出的情况下，我国加大结构调整力度，增强发展后劲。

在大力调整产业结构方面，着力培育新的增长点，促进服务业加快发展，支持发展移动互联网、集成电路、高端装备制造、新能源汽车等战略性新兴产业；互联网金融异军突起，电子商务、物流快递等新业态快速成长，众多“创客”脱颖而出，文化创意产业蓬勃发展。

这是“创客”第一次写入政府工作报告。3D 打印，可穿戴设备，智能电视、智能盒子、智能手机、智能路由器、Wi-Fi 发射器、物联网、车联网，这些概念火爆的背后是“创客”蜂拥的“硬件创业大潮”。值得注意的是，“互联网金融”2014 年年初曾被写入政府工作报告，并且在同一年迎来了发展的高峰期。

改革：砥砺前行

过去一年，简政放权、放管结合成为改革的重头戏，政府推动了一系列的重点改革：制定并实施深化财税体制改革总体方案，预算管理制度和税制改革取得重要进展，专项转移支付项目比上年减少 1/3 以上，一般性转移支付比重增加，地方政府性债务管理得到加强。存款利率和汇率浮动区间扩大，民营银行试点迈出新步伐，“沪港通”试点启动，外汇储备、保险资金运用范围拓展……

去年是全面深化改革的开局之年，本届政府一鼓作气“啃了不少硬骨头”。2014 年全年取消和下放 246 项行政审批事项，减少 1/3 行政审批事项的目标提前实现。

挑战：超出预期

除了回顾 2014 年的成绩，李克强作政府工作报告时还强调，我们既要看到成绩，更要看到前进中的困难和挑战。他指出，去年的困难和挑战比预想的要大。

2014 年我国投资增长乏力，新的消费热点不多，国际市场没有大的起色，稳增长难度加大，一些领域仍存在风险隐患。工业产品价格持续下降，生产要素成本上升，小微企业融资难融资贵问题突出，部分企业生产经营困难。经济发展方式比较粗放，创新能力不足，产能过剩问题突出，农业基础薄弱。

对此，李克强铿锵有力地表示，我们要直面问题，安不忘危，治不忘乱，勇于担当，不辱历史使命，不负人民重托。

评价二（从写作的角度评价）

国务院总理李克强的述职报告在“各位代表”称呼之后，用“现在，我代表国务院，向大会报告政府工作，请予审议，并请全国政协各位委员提出意见”一句过渡，引出正文。正文包括“2014 年工作回顾”“2015 年工作总体部署”等六大部分。总理的述职与一般人的述职侧重点不同，总理述职的侧重点放在新一年的工作（1. 8 万多字的述职报告，2014 年工作回顾仅 0.4 万多字），一般人述职侧重点放在过去一年的工作。

虽然侧重点不同，一般人也不像总理那样高瞻远瞩，但借鉴作用很明显，尤其是工作回顾部分，成绩方面既有言简意赅的“三稳三新”等总述，又有主要工作的分述。一是在区间调控基础上实施定向调控，保持经济稳定增长。二是深化改革开放，激发经济社会发展活力。三是加大结构调整力度，增强发展后劲。四是织密织牢民生保障网，增进人民福祉。五是创新社会治理，促进和谐稳定……既概括又具体，既全面又有深度，鲜活的数据增添了可信度。难能可贵的是：论成绩不居功，归结于党和人民，体现了领导人的博大胸襟。诚挚的感谢字字透着谦和严谨。总理的述职报告用“我们既要看到成绩，更要看到前进中的困难和挑战”一句，极其含蓄，十分巧妙地过渡到“不足”的论述：投资增长乏力，新的消费热点不多，国际市场没有大的起色，稳增长难度加大，一些领域仍存在风险隐患……群众对医疗、养老、住房、交通、教育、收入分配、食品安全、社会治安等还有不少不满意的地方……总理谈问题不是蜻蜓点水、轻描淡写，而是一针见血，力透纸背，反映了领导者深入群众，安不忘危，治不忘乱，勇于担当的高尚情操！

工作参考

一、应用文写作常识

（一）应用文的定义及重要性

1. 应用文的定义

我国现存最早的一部历史文献汇编是《尚书》，又称《书经》。它收录的夏、商、周各代的典、谟、训、诰、誓、命等，均为春秋以前历代史官收藏的政府重要文件和政治论文，如《盘庚》《洪范》《大诰》《牧誓》等。《荀子·劝学》称：“《书》者，政事之纪也。”《史记·太史公自序》也说：“《书》记先王之事，故长于政。”从文体的角度去考察，《尚书》应是我国第一部以应用文为主体的文章集。

“应用文”一词最早见于南宋张侃的《拙轩集·跋陈后山再任校官谢启》一文：“骈四俪六，特应用文耳。”意为六朝、唐初时所写的应用文字，包括公文、书信、契约等，都采用四字、六字句式，相间成对的骈体文来表现。正式将应用文作为一种文体提出的是清朝的刘熙载。他在《艺概·文概》中说："辞命体，推之即可为一切应用之文。应用文有上行，有平行，有下行。重其辞乃所以重其实也。"他对应用文所做的明确简要的理性总结，至今仍具有指导意义。

"应"者，对应、适应、应承、应制、应付也。"用"者，派用、需用、运用、实用也。正因为应用文是国家管理、行政机构运作、人际交往须臾不可离开的重要文体，所以它不仅关系到现代化科学管理，而且对于提高工作效率、增加效益、维系社会稳定、促进发展也有直接关联。因此，应用文写作，就是应主体需用、客体实用的文稿写作。"写"则是用笔或键盘书写、记录，"作"则是制作、撰述、创作。而"明道""信守""致用"决定了应用文写作的基本属性，又具有写作的一般含义。

综上所述，应用文是国家机关、政党、社团、企事业单位和个人在日常工作、生活中，为处理公私事务而广泛应用的具有实用价值和特定格式的一种文体。

2. 应用文的重要性

应用文是广泛使用的文体，几乎涉及各个领域、各个部门、各个阶层、每个个人。例如，某个同学生病了，不能上课，需要用请假条；科研人员需要用学术论文；政府机关工作人员需要用公文；企业经营需要用合同；打官司需要用诉状……通过上述列举，可以真切地感受到应用写作已深入到我们生活的方方面面。叶圣陶先生曾说过："大学毕业生不一定会写小说诗歌，但是一定要写工作和生活中实用的文章，而且非写得既通顺又扎实不可。"对于踏进大学校门的年轻朋友们来说，熟练地进行各种实用文体的写作是步入信息社会必备的基本技能。

对于应用文的重要性可以用一首诗来表达：笔下有财产万千，笔下有是非忠奸，笔下有进退升迁，笔下有人命关天。

（二）应用文的特点

1. 实用的目的性

应用文写作是为了解决学习和工作中的实际问题，无论从撰写的目的还是解决问题的作用来讲，都是非常务实的。这个特点是从应用文开始产生就具有的。从最早的结绳记事到甲骨刻辞、铜器铭文的制作，无不具有实用性。据《周易·系辞下》记载："上古结绳而治，后世圣人易之以书契，百官以治，万民以察，盖取诸《夬》。"这里所说的"书契"是致用的文章，而文章的出现是源于"治"与"察"的需要。随后的朝代，公务文书与私人应用文都是源于实用的目的而写作的。例如，《左传》中记载："为命，是以鲜有败事。"又如，曹丕在《典论·论文》中明确指出："盖文章，经国之大业，不朽之盛事。"刘勰在《文心雕龙·章表》中提出："章表奏议，经国之枢机。"由此可见应用文在治理国家政事中的重要作用。

2. 格式的规范性

大部分应用文的文体都具有相对固定的结构，这是长期以来在实际应用中逐步形成并约定俗成的。这是应用文条理性的反映，也是由应用文实用性决定的。这种格式上的规范性和稳定性使得人们在使用中可以仿照标准的样式去进行操作，更有效地处理事务。这个特点突出地表现在古代应用文的创作、制作、用法、用语及文书制度等方面。例如，甲骨刻辞的占卜方法有一套程序。又如，《宪问》篇记载："为命，裨谌草创之，世叔讨论之，行人子羽修饰之，东里子产润色之。”这表明公文是经过草创、讨论、修饰、润色的写作过程，可见是非常严肃的。章、表、奏、议同属上行文，但在用途上又有所区别，而且各种用法又有规范可循，刘勰在《文心雕龙》中概括为“章以谢恩，奏以按劾，表以陈情，议以执异”。应用文的用语也讲究程序。在汉代表示尊卑的用语十分明确，章的开头要写“稽首上书”，奏的文尾要写“稽首以闻”，而表则称“臣某，诚惶诚恐，稽首顿首，死罪死罪”等。这些套语在以后的各个封建朝代中都长期沿用。应用文的写作，还有相对严格的文书制度，主要包括避讳、保管、递送等制度。像规定收文、发文要登记月、日和早晚时间，规定公文的发布范围和递送方式等，这些文书制度对政令的上传下达，防止行文关系的紊乱等起到了一定的作用。当然，随着时代的变迁与制度的变化，应用文及其写作也会随之变迁和发展。

3. 用语的精确性

同应用文讲究实效的特征相对应，应用文在语言表达上非常重视信息的表述准确无误。在信息社会，特别是在商务领域，谁的市场信息灵通，谁准确掌握了信息资源，谁快速、准确地传递了信息，谁就在生意场上多了几分制胜的把握；谁能恰到好处地表达自己的想法，谁就能赢得客户。这就要求在传递信息、说明情况、解说理由上用语准确，表述精当简明。

（三）应用文的种类

按照使用功能，应用文一般分为通用和专用两大类。

1. 通用类应用文

通用类应用文是指人们在办公或办事中普遍使用的文书。它可分为以下 3 类。

① 行政公文类，指的是《党政机关公文处理工作条例》中规定的文种，包括命令、决议、决定、公告、通告、通知、通报、公报、议案、报告、请示、批复、意见、信函和会议纪要等。

② 事务文书类，包括调查报告、工作总结、简报、计划、规章制度等。

③ 个人事务类，如信函、启事、祝词、悼词、楹联等。

2. 专用类应用文

专用类应用文是指某种特定行业使用的专业性较强的文书。它可分为以下 4 类。

① 科技类，如学术论文、实验报告。

② 财经类，如市场预测报告、经济合同、审计报告等。

③ 司法类，如诉状、辩护词、公正书、判决书。

④ 传播类，如消息、通讯、广告等。

二、求职策划

（一）营销策划书写作格式要求

营销策划书是创意和策划的物质载体，是策划的文字或图表的表现形式，它使策划人的策划方案能够被他人所知道和接受。策划书没有固定的内容与标准的格式，根据策划对象和策划要求的不同，营销策划书的内容和格式是不一样的。一般而言，一份规范的营销策划书的基本结构框架应包括：封面主体封底附录。

营销策划书的基本结构如下。

1. 封面

封面是策划书的脸面，会给读者留下第一印象，不能草率从事。封面设计的基本原则是醒目、整洁，字体、字号、颜色都要根据视觉效果具体制定，要有艺术性。策划书的封面要注明下列几点内容：策划书的名称；策划委托机构；策划机构；策划人姓名；策划完稿日期；策划执行时间；策划书的保密级别；策划书的编号。

保密级别：

（1）公司文件氛围绝密、机密、秘密 3 个级别。

绝密级：其查阅人仅限于公司总经理、高层管理人员及事件相关负责人。

机密级：其查阅人仅限于公司总经理、高层管理人员、部门经理、副经理及事件相关负责人。

秘密级：其查阅人为公司内部所有员工。

文件秘密标注在文件首页右侧上方空白处，字体为宋体三号，加粗，如“保密级别：机密级”。

2. 摘要

摘要是对营销策划项目内容所做的概要说明，勾勒出策划方案的各个章节重点与结论，使读者大致了解策划书的主要内容，摘要的写作要简明扼要，篇幅不宜过长，字数在三四百字左右为宜。

3. 目录

策划书的目录与一般书书籍的目录有着相同的作用，它涵盖全书的主体内容。目录实际上是策划书的简要提纲，具有与标题相同的作用，策划人应认真编写。

4. 前言

前言序言是策划书正式内容前的情况说明部分，交代策划的来龙去脉，主要内容包括：

（1）策划的背景：社会大环境发展趋势；

（2）委托单位的情况；

（3）接受委托的情况；

（4）策划的重要性和必要性；

（5）本次策划与要达到的目的与策划的主要过程。字数要控制在 1 000 字以内。前言的内容应简明扼要，文字不宜过长。

5. 策划目标

策划目标具有导向作用。在确定目标之前必须进行问题界定，通过各种界定问题的方法发掘企业存在的问题及其原因，在此基础上确定企业的营销目标。

6. 环境分析

环境分析是营销策划的依据与基础，因此营销策划都是以环境分析为出发点的。环境分析包括企业营销的外部环境与内部环境。营销环境中常见的分析工具有：PEST 分析、SWOT 分析、波特五力分析和针对消费者行为的 5W2H 分析等。环境分析要求具有简洁性和准确性。

7. 营销战略

营销策划书中要清楚地表述企业所要实行的具体战略，包括市场细分（Segment）、目标市场（Target）和市场定位（Position）3 个方面的内容，即 STP 策略。

（1）市场细分。其目的在于帮助企业发现市场机会，以正确选择目标市场。

（2）目标市场。根据企业资源状况及其实力，找准目标市场。

（3）市场定位。它是指企业为在目标顾客心目中寻找和确定最佳位置而设计产品和经营特色的活动。

8. 营销组合策划

确定营销目标、目标市场和市场定位之后，就必须在各个细分市场的营销组合策略。营销组合决策就目前而言还是以 4P 策略为基本框架，但在营销策略中还应吸收 6P 理论、4C 理论、7P 理论的合理精神。

9. 行动方案

行动方案可以划分为两类计划：组织机构、行动程序安排在行动方案中，需要确定以下内容：

（1）要做什么活动？

（2）何时开始？何时完成？其中的各项活动分别需要多长时间？各项活动的关联性怎样？

（3）在何地？需要何种方式协助？需要什么样的布置？

（4）要建立什么样的组织机构？由谁来负责？

（5）实施怎样的奖酬制度？

10. 费用预算

预算，包括营销过程中的总费用、阶段费用、项目费用，使各种话费控制在最小规模上，以获得理想的经济效益。营销预算最常用的是“活动项目估计”，即按照策划所确定的活动项目列出细目，计算出所需经费。

11. 实施进度计划

把策划活动起止全部过程拟成时间表，具体何日何时要做什么都标注清楚，作为策划过程中的控制与检查，同时使行动方案更具可操作性。

12. 策划方案控制

策划控制方案可分为一般控制方案和应急方案。

（1）一般控制方案

每月或每季详细检查目标的达到程度。

高层管理者要对目标进行重新分析，找出未达到目标的项目及原因。

实施营销效果的具体评价方案有经营理念、整体组织、信息流通渠道的畅通情况、战略导向和工作效率。

（2）应急计划

应急方案主要考虑市场信息的不确定性，需要制定多套应急方案。

13. 结束语

结束语主要是再重复一下主要观点并突出重点。结束语并不是非要不可的，主要起与前言呼应的作用，使策划书有一个圆满的结束，不使人感觉到太突然。

14. 封底

封底与封面相对应，它保证了策划书的完整性和美观度。

15. 附录

附录的内容对策划书起着补充说明的作用，增强阅读者对营销策划的信任。附录的内容有报刊、政府机构或企业内部的统计资料、调查数据等，营销策划的备用方案一般也置于这里。作为附录也要表明顺序，以便查找。

（二）活动策划书写作格式要求

1. 策划书名称

尽可能具体地写出策划名称，如“××××年××月××日信息系××活动策划书”，置于页面中央。

2. 活动背景

这部分内容应根据策划书的特点在以下项目中选取内容重点阐述，具体项目有：基本情况简介、主要执行对象、近期状况、组织部门、活动开展原因、社会影响，以及相关目的动机。另外，应说明问题的环境特征，主要考虑环境的内在优势、弱点、机会及威胁等因素，对其做好全面的分析（SWOT 分析），将内容重点放在环境分析的各项因素上，对过去和现在的情况进行详细的描述，并通过对情况的预测制定计划。如环境不明，则应该通过调查研究等方式进行分析加以补充。

3. 活动目的及意义

活动的目的、意义应用简洁明了的语言表述清楚；在陈述目的要点时，该活动的核心构成或策划的独到之处及由此产生的意义都应明确写出。

4. 活动名称

根据活动的具体内容、影响及意义拟定能全面概括活动的名称。

5. 活动目标

此部分需要明示要实现的目的及重点（目标选择需要满足重要性、可行性、时效性）。

6. 活动开展

作为策划的正文部分，表现方式要简洁明了，容易理解。在此部分中，不仅局限于用文字表述，也可适当加入统计图表等；对策划的各工作项目，应按照时间的先后顺序排列，绘制实施时间表有助于方案检查。另外，人员的组织配置、活动对象、相应权责及时间地点也应在这部分加以说明，执行的应变程序也应该在这部分加以考虑。

7. 经费预算

活动的各项费用在根据实际情况进行具体、周密的计算后，用清晰明了的形式列出。

8. 活动中应注意的问题及细节

内外环境的变化不可避免地给方案的执行带来一些不确定因素，因此，当环境变化时是否有应变措施，损失的概率是多少，造成的损失多大等，也应在策划中加以说明。

9. 活动负责人及主要参与者

注明组织者、参与者姓名、单位（如果是小组策划，应注明小组名称、负责人）。

三、求职信

（一）求职信的定义

求职信是求职者为了让用人单位了解自己、相信自己、录用自己而写给对方的信。

（二）求职信的格式

1. 标题

求职信的标题通常只有文种，即在第一行中间写上“求职信”3个字。

2. 称呼

称呼是对受信人的称呼，写在第一行，要顶格写受信者单位名称或个人姓名。单位名称后可加“负责同志”；个人姓名后可加“先生”“女士”“同志”等。在称呼后加冒号。

求职信不同于一般私人书信，双方未曾见过面，所以称谓要恰当，郑重其事。

3. 正文

正文要另起一行，空两字开始写。求职信正文的内容较多，应该分段写。

① 求职缘起。即求职的原因，说明从何渠道得到了相关信息。应该从正规的渠道——报刊、广告、启事、招聘公告等处获得，如“从招聘公告上看到贵公司招聘会计、营销人员的信息，不胜喜悦”。即便是从该招聘单位的熟人那里获知的信息，也不要在求职信中挑明，因为并不知道这位熟人在该单位同招聘负责人的关系。如果关系不融洽，可能即刻被淘汰；如果关系融洽，也有走后门之嫌。

② 求职目标。写明自己要应聘的职位，如“……我毛遂自荐，希望成为贵公司的一名公关人员”。态度明朗，目标明确。

③ 求职条件。重点说明自己应聘的优势，应有理有据，使人信服。例如，“我于2016年6月毕业于上海财经大学会计学院财会专业。各科成绩优秀，在省级会计大奖赛中，获得一等奖……”。还可以谈谈自己对该岗位、该公司的认识，如“我在网上看到关于贵公司的介绍，欣赏贵公司的超前意识、敬业精神和经营理念，以及规范的管理制度，愿为贵公司的更加辉煌尽力”。评价要中肯，态度要谦虚，不卑不亢。

④ 希望要求。即向受信者提出希望和要求，如“希望您能为我安排一个与您见面的机会”“盼望您的答复”或“敬候佳音”之类的语言。这段内容要适可而止，不要苛求对方，以免画蛇添足。

4. 结束语

另起一行，空两字，写表示敬祝的话，如“此致”，然后换行顶格写“敬礼”，或者“祝愿公司更上一层楼”“预祝我们共同的事业更加辉煌！”等。

5. 联系方式

联系方式包括地址、手机、电子邮箱、微信等。

6. 署名和日期

写信人的姓名和成文日期写在信的右下方。姓名写在上面，成文日期写在其下面。姓名前面不必加任何谦称的限定语，以免有阿谀之感，或者让对方轻视你的能力。成文日期要年、月、日俱全。

7. 附件

附件包括毕业证书、职业资格证、英语等级证、各种荣誉证复印件及实习单位鉴定等有关求职者的学识、能力、人品的鉴定凭证。这是求职信不可忽视的组成部分。附件无须太多，但必须有分量，足以证明你的德与才。

三、述职报告

述职报告是单位领导者本人一个阶段任职工作的报告。在我国，它是 20 世纪 80 年代末由于干部科学化管理的需要而新产生的一种事务文书。述职报告的作用有三：一是便于领导本人总结经验教训改进工作；二是便于上级考核；三是利于群众监督。

（一）述职报告的特点

1. 限定性

限定性是指述职报告的选材、作者、时间受限定。首先是选材被限定在述职人的职责范围内。述职报告不像文学作品的题材那样“上下几千年，纵横数万里”，由作家自由选择。述职报告无论是汇报政绩，说明不足，还是简述阶段工作目标，概括今后工作打算，所用的材料都被限定在述职人特定时期的职责范围以内，不管述职人有无兴趣，都不能游离职责，自由选取。其次是作者被限定，单位领导人才有资格写述职报告。最后是时间被限定：一是述职内容被限定在特定时期内，早于或迟于规定时期的内容不必陈述；二是报告时间被限定，一般是 20 分钟左右。

2. 严肃性

宋代欧阳修曾提倡撰写应用文要有“不虚美，不溢恶”的严肃态度。这一点对于述职报告的写作尤其重要。述职报告场合的庄重性，上级领导的重视性，单位干群的监督性，要求述职人必须严肃对待述职报告。首先述职态度要实事求是，好处说好，坏处说坏，不夸大、不缩小；其次分析问题要辩证；最后报告中涉及的时间、地点、数字、事例等必须完全真实。

3. 鉴定性

述职报告要当着上级委派的考核人的面向本单位干群宣读，经本单位干部群众民主评议，辨别是否客观后，再上交主管部门，让上级了解述职人的情况，作为升迁、留任、降职、调整等的重要依据之一。因此，述职报告带有鉴定性。

4. 简朴性

简是简约、精当、扼要。述职报告要用最简约的语言、最精当的材料、最扼要的概括，最充分地说明阶段工作的情况，达到“浓绿万枝一点红，动人春色不须多”的境界。朴是朴实自然。述职报告要使领导、群众、自己三满意，必须用明确的观点，恰如其分的语言，不加修饰地表现事实，形成朴实自然的特点，做到“扫除腻粉呈风骨，褪却红衣学淡妆”，便会取得“淡及始知花更艳”的效果。

（二）述职报告的写作

1. 标题

述职报告通常以一年为期限，因此，标题应写明期限和文种，如“2015 年度述职报告”“2015—2016 年度述职报告”。

2. 署名

署名署述职人所在单位的全称和本人姓名，且署在标题下面中间部分最恰当，因为此位置能使人一目了然。

3. 正文

正文一般分为 4 部分。

第一部分写清述职人的职务、岗位职责、年度工作目标。这一部分要提纲挈领，高度概括。

第二部分汇报述职人的政绩。这是正文的主体部分。由于每位领导人主管、分管、能力等各不相同，成绩各异，内容不一，因此，这部分“定体则无，大体则有”。总的要求是准确清楚、有理有据、轻重分明、详略得当。常见的写法有以下 4 种。

① 分类式。分类式是把述职人的阶段工作成绩按性质不同分类叙述的一种结构方式。例如，把阶段工作成绩分为决策类、指导类、参谋类、组织类、协调类、获奖类，然后逐类叙述成绩；也可按照德、能、勤、绩、廉 5 个方面述职。

② 条款式。条款式是根据上级下达的条款式目标，逐条对照汇报成绩的一种结构方式。

③ 重点式。重点式是以述职人的阶段工作中最主要、最突出的一两件为重点详细汇报，其他为辅简笔带过的一种结构方式。

④ 顺时式。顺时式是按阶段工作的时间顺序来汇报各种情况的一种结构方式。它适合中心工作随季节变化而变化的单位。

“水无定形，文无定法”，具体采用何种结构方式，述职人可灵活选择，不拘一格，大胆创新。

第三部分扼要地指出存在的不足。例如，一位同志这样写：“一是学习抓得不够紧，以干代学的现象时有存在；二是我分管的工作仍有不落实的地方，对 × 县 ×× 室的人员配备和工作情况没有深入检查；三是参谋助手做得较差。”寥寥数笔，有观点，有例子，详略得当，简明扼要，收到“君看萧萧只数笔，满堂风雨不胜寒”的效果。

第四部分简单汇报今后的各种打算。这是述职报告的结尾部分。俗话说“编筐编篓，重在收口”，所以要重视并写好这部分。要注意领会上级的政策，体察下面的实际，认真运用已有的规律，努力克服现存的缺陷。

4. 写作日期

写作日期署在报告的最后一张的右下角。

由于述职报告要面向本单位全体人员口头表达，所以开始往往要有称呼和过渡句，结尾要有“谢谢大家！”之类的客气话。这些可以体现在书面文稿上，也可以不体现，临场发挥。

（三）注意事项

1. 结构点的位置

所谓结构点，是指结构的侧重点。一定要把结构点放在述职人身上，谈成绩要让人清楚地感到述职人的具体设想、决策、建议、措施、指导等产生的积极作用。例如，一位服装厂厂长的述职报告中的一段写得较成功："今年，有人建议减少睡裙生产量，原因是好多地方没有穿睡裙的习惯。我用发展的眼光看问题，认为习惯会改变，作出增加睡裙生产量的决定，并让秘书挑选 4 名时装模特，带上各式睡裙和广告，去一些没有穿睡裙习惯的地方表演、宣传，销路顿时打开，仅睡裙单项生产就赢利 10 万元。"如果把这段文字换成这样："今年，由于我和全厂职工的共同努力，仅睡裙单项生产就赢利 10 万元。"可以看出虽然文字简练，态度谦虚，但结构的侧重点不在厂长身上，看不出厂长的设想、决定、措施等。这是述职报告写作的大忌。

2. 把握分寸感

首先要防止干不够，话来凑；其次要掂一掂述职人在某项成绩中的分量，正确估计自己的作用，不能把别人、部门、系统的成绩都说成自己的成绩；最后是措辞要有分寸。述职报告上呈下达，没把握好分寸，群众听了反感，领导看了不满意。

一看就会

工作保证书

本人保证遵守 ××× 安全有限公司已经制定和将来制定的（在本人知悉的情况下）与《中华人民共和国劳动合同法》精神一致的各项规章制度。

保证人：易 ××

二〇一六年六月十日

实习就业保证书

我是 2017 届酒店管理专业的学生，将参加系里统一安排的为期 6 个月（2016 年 9 月至 2017 年 3 月）的集中性实习，实习期满后，经系部核查、批准，才可进入选择性实习阶段。此次就业实习，我已向家长汇报过，得到了家长的支持。为圆满完成实习任务，我向学院和实习单位郑重作出以下承诺。

一、本人和家长愿意主动配合学校做好实习期间的各项工作，严格遵守学院、实习单位的各项规章制度，并保证通信畅通。

二、虚心学习，尊重领导、指导教师和实习单位同事，积极参加实习单位的各项有益活动，充分发挥自己的才干。

三、服从安排，吃苦耐劳，爱岗敬业，不断提高自身专业技能和综合素质，磨炼坚强意志，为在实习单位顺利就业创造条件。

四、认真完成学院布置的各项实习作业，按时提交毕业论文开题报告、论文、实习报告，以及实习单位和指导老师的鉴定。

五、集中性实习完成后，如找到接收单位，应把接收单位开具的证明或就业协议交至系里，经系里同意后再进入选择性实习阶段，否则仍应留在原实习单位实习。未经学院批准擅自离岗，或者因自己另找就业单位而中断实习，或者因个人工作失误被解聘，将由学院按严重违反实习纪律处理，实习环节不及格，不得毕业，学院也不再另行安排实习就业。

六、强化安全意识，规范操作程序，遵纪守法，否则发生意外伤害自己负责。不做任何有损学院和实习单位声誉的事，如有违反，给学院造成经济损失或信誉损害，本人愿意接受学院和实习单位的批评教育及处分。

已认真阅读以上承诺！

实习就业学生签名：______________　　联系电话：______________

家长签名：______________　　联系电话：______________

家庭住址：______________

邮编：______________

××职业技术学院人文系（章）

二〇一六年八月二十六日

工作调动申请书

公司人事部：

本人2010年毕业于××职业技术学院，同年7月开始在贵公司上班至今。6年来，我和大家一起承受创业的艰辛，一起分享成功的喜悦，从一般的营销人员成长为销售部副经理。我热爱给我机会，哺育我成才的公司；热爱使我怀念、给我经验的这份工作；更感谢领导对我的培养，同事们对我的关爱。

然而，我年过60、身患高血压、糖尿病的父母双亲，远在千里之遥的家乡××市，生活不能自理，需要人照顾。现在，我只能忍痛割爱，特向领导提出申请，调到××市××公司工作。望领导能体谅我的孝心，理解我的困难，给予批准，是盼。

此致

敬礼！

申请人：×××

二〇一六年七月二十六日

请假条

营销部吴主任：

我因头痛发热，今天上午经省人民医院医生诊断为病毒性流感，无法坚持到公司上班，特请假3天（7月6日至8日），望予以批准。

此致

敬礼！

附：医生证明

请假人：刘 ××

二〇一六年七月五日

介绍信

×× 公司人事档案科：

兹有原贵公司 ×× 网络管理中心赵 ×× 同志，现应聘到本公司任职，已经签订正式劳动合同，2016 年 7 月 1 日起生效。为此，本公司将负责管理赵 ×× 同志的档案（本公司具有保存档案资质），望予以提档。

此致

敬礼！

×× 有限公司

二〇一六年六月二十六日

（有效期柒天）

证　明　信

经查：朱笑宏（身份证号码：350402199×0511××××）同志在我局无房产权登记记录。

特此证明！

查档人签名：吴无

×× 市房产局

二〇一六年五月十八日

（查档人对查档情况终身承担责任）

情商培育

善用“兴趣”开启求职成功之门[1]

很多大学生都希望凭自己的专业知识找到一份理想的工作，以便学有所用。然而，很多毕业生在就业市场中无法找到一个“对口”的饭碗，激烈的竞争迫使大学生们在求职时不得不另辟蹊径。当专业优势不再成为优势，求职陷入困境时，很多大学生选择了一条“兴趣求职”的道路，“兴趣”成了求职制胜的法宝……

篮球成为求职“敲门砖”

经济学院国际贸易专业李小勇非常喜欢打篮球，高中时就已获得国家篮球二级运动员证书，上大学后又拿到了篮球三级裁判员证书，是院队的篮球主力。令李小勇自己没想到的是，体育方面的爱好和优势竟成为其求职优势，篮球成为他求职成功的“敲门砖”。

去年 12 月，在一次大型招聘会上，国内某著名通信公司的展厅前，求职者异常拥挤，

[1] 中国教育报 . 善用“兴趣”开启求职成功之门 [DB/OL] .（2006-12-07）[2015-06-26] . http：//www. sina. com. cn.

该公司开出的待遇比其他招聘企业高出一筹。李小勇发现自己的条件符合“行政助理”一职，便投递了一份简历。第二天，公司通知李小勇参加面试，了解到他的成长经历后，负责人当场与他签订了就业意向。原来公司所在的系统每年都要举行一次篮球比赛，比赛成绩作为各分公司年终考核的一部分，而该公司近年来总是无缘进入复赛，于是公司领导让人力资源部在当年的招聘活动中优先考虑擅长打篮球的应聘者。因此，在诸多求职者中，李小勇尽管条件不是特别突出，但身材高大、擅长打篮球这一优势却让他脱颖而出，受到公司的青睐。

点评：对用人单位而言，他们不一定需要特别全面的人才，但合适的人才却是他们急需的。网易老总丁磊在一次面向大学生的招聘演讲中指出，网易最需要的是“合适的人”，而不是“合格的人”。在他看来，“合适的人”就是符合公司需要，对公司有用的人。因此，在众多求职者中，李小勇尽管不是最优秀的，但却是最符合公司需要的人，所以他的求职成功也就理所当然了。另外，这也从一个侧面反映了大学生在求学期间不应随便放弃自己的特长，应该做到学习与发展特长两不误。

“一专多能”的导游小姐

高考填报志愿时，张芳芳报考的是当时热门的工商管理专业，后来却被调剂到了历史系。这使她一入学就把自己的发展方向定位为“一专多能的复合型人才”，即在努力学好专业知识的同时，全面提高自己的能力。于是，她积极参加院系学生会、校法律协会，多次参加演讲比赛和社会实践活动，锻炼自己的组织协调及表达能力，丰富自己的阅历。张芳芳特别钟情于旅游，渐渐地爱上了导游这一行。大三暑假，她来到一家旅行社实习，锻炼自己在导游方面的能力。毕业求职时，有着丰富的带团经验、良好的旅游知识、扎实的专业背景、出众的演讲能力的张芳芳从诸多应聘者中脱颖而出，成为某大型旅行社的业务骨干。

点评：“一专多能的复合型人才”既是高校的育人目标，也是学子们的成才方向。在保持专业优势的同时，多方位、多层次地培养自己的其他才能，是很多大学生在校期间孜孜以求的目标。而招聘单位对“一专多能的复合型人才”也是求贤若渴，“复合型人才”既可以尽快上岗，节约培训成本，又可以适应不同的工作岗位，便于人才的内部流动和培养。尽管现在的岗位分工越来越精细化，但能胜任多个岗位的“多面手”比只有单一工作技能的人，无疑更能得到用人单位的喜爱。

摄影记者原是化学系出身

化学系的张喜华喜欢摄影，是学校摄影协会的铁杆会员。大学4年下来，他的摄影技术大有长进，作品多次在学校举办的摄影大赛中获奖，其中一幅还获得了省级摄影比赛的三等奖。2004年毕业求职时，不善言辞的张喜华处处碰壁，看着他一筹莫展的样子，老师建议他尝试从事摄影方面的工作。于是张喜华便开始留心报社和杂志社的招聘启事。后来，通过考试，他成了某省会城市晚报的一名专职摄影记者。刚开始，由理转文的张喜华对新闻工作非常不适应，采访照片背后的文字报道一度让他伤透了脑筋。经过一段时间的积累，他的采访能力和文字功底有了很大提高。在晚报工作两年后，张喜华又被本市一家都市报挖走，成为该都市报摄影部的顶梁柱。

点评：在观念开放，人才流动频繁的现代社会，跨行求职已不是什么新鲜事，就业的压力迫使越来越多的大学生选择了跨专业求职，从事同自己所学专业不相关的工作。张喜华尽管是理科的，但在摄影方面的爱好和一技之长使他拥有了一份自己喜爱的工作。对于跨专业求职一族而言，无论是“逼上梁山”的无奈，还是一种自主选择，他们都用自己的兴趣和勇气踏出了一条不同寻常的就业路。他们在新的领域里，看到了别样的风景，享受了别样的人生。

在竞争日益激烈的人才市场中，当专业优势不再成为求职优势的时候，求职者的爱好或特长，往往是将其从众人中分离出来的一个显著标记。或许，兴趣求职只是求职成功中的一个偶然因素，但它却透露出这样一个事实：机会不只垂青有准备的人，而且垂青有多种技能的人。兴趣广泛、拥有多方面技能的人才，无疑使自己拥有更多的求职筹码，也就理所当然地成为求职场上的佼佼者了。

瞄准兴趣再出击

在求职面试之前，应正确地分析自己的职业兴趣，根据自己的职业兴趣去选择职业。

1. 现实型的人

喜欢有顺序的、有规则的具体劳动和需要基本技能的工作。现实型人的职业：制图员、摄影师、飞机修理工、某些高性能电器维修员等。

2. 调查型的人

喜欢抽象、分析、推理和独立定向工作。调查型人的职业：数学、化学、物理学、生物学等自然科学研究者；图书馆技师、计算机程序编制员等。

3. 艺术型的人

爱想象，感情丰富，有创造性，而且能自我反省。艺术型人的职业：雕刻家、艺术家和设计师等；音乐教师、管弦乐队的指挥等；编辑、作家和文艺评论家等。

4. 社会型的人

喜欢交往、社交聚会，关心社会问题，愿意做社团工作，对教育活动感兴趣。社会型人的职业：教师、教育行政人员、大学教授等；社会工作者、社会学家、护士等。

5. 企业型的人

性格外向，热衷于冒险活动，喜欢担任领导角色，具有支配、劝说和运用语言技能的能力。企业型人的职业：企业和商业管理人员等；产品销售员和人寿保险员等。

6. 传统型的人

喜欢系统和有条理的工作。这类人具有讲求实际、自我控制、友善等特点。传统型人的职业：办公室人员、接待人员、文件档案管理员、秘书和打字员等；出纳员、会计员等。

同步训练一

一、评析题（50 分）

1. 请对下面这份林 ×× 在 2016 年制定的职业生涯规划进行评析。（20 分）

职业生涯规划

姓　名	林 ××	性　别	男	出生年月		1996.3
何时毕业于何校	2017 年 6 月 江苏 ×× 职业技术学院	专　业	园　林	学　历		大　专
职业定位	会计员—助理会计师—会计师—会计主管—高级会计师—总经理					

（续表）

个体因素分析	优势：对会计专业感兴趣，已通过会计专业专升本考试；数学、英语基础好；自学能力强；目标明确，有毅力；从长远看，有优势
	劣势：在学的园林专业不喜欢，转会计专业，本科还没毕业，短期不利
环境因素分析	优势：姨夫是高级会计师，可以向他学习实践经验
	劣势：短期不利，大二、大三要完成园林大二、大三学业，会计本一、本二学业；大二要参加英语四级统考；大三要参加会计证、助理会计师考试，时间紧，任务重
职业生涯目标	短期目标：会计员 中期目标：会计师、注册会计师、会计主管 长期目标：高级会计师、总经理
措施步骤	短期：2016.06 参加英语四级全国统考； 2016.11 参加会计证考试； 2017.05 参加助理会计师考试； 2018.06 取得会计本科毕业证； 2018 年报考工商管理硕士研究生； 2021 年硕士研究生毕业。 中期：2021.06 前找一份月薪 5 000 元左右的会计工作（通过网络、人才市场应聘，姨夫等亲朋推荐多种渠道）； 2023 年左右考取会计师、注册会计师（5 年）； 2025 年左右争取担任会计主管。 长期：2028 年左右考取高级会计师； 2031 年左右担任总经理

2．陈建辉去 ×× 公司应聘，该公司人力资源处处长要求他“谈谈你自己”，时间 1 分钟。下面就是他的自我推介，请说说这个自我推介说得怎么样。（10 分）

自我推介

我来自一个农民家庭，有一个弟弟，父母都是勤劳朴实的庄稼人。中学毕业后，我攻读市场营销专业，曾在一家商业机构担任行销执行员，学了不少管理方面的知识。我全权负责的一个批发公司，销售总额一年为 300 万元，比前任提高了 20%。在那里我积累了管理经验，培养了解决突发问题的应变能力、沟通能力与团队协作精神。我希望这次应聘销售部主任助理能一举成功，给我一个机会，我将给您一个惊喜！

3．请对下面这篇竞聘办公室经理的演讲稿进行评析。（20 分）

竞聘经理的演讲词

各位领导、各位同事：

大家好！在这里我以平常人的心态，参与支行综合办公室经理岗位的竞聘。首先应感谢支行领导为我们创造了这次公平竞争的机会！此次竞聘，本人并非只是为了当官，更多的是为了响应人事制度改革的召唤，在有可能的情况下实现自己的人生价值。

我现年 43 岁，中国共产党党员，大专文化程度，会计师专业技术职称。1975 年在枝江市供销社参加工作，先后做过营业员、门市部主任、统计员。1985 年调入枝江市总工会，担任过图书管理员、出纳员、会计、办公室副主任、计财科副科长等职务。

经过几年银行工作的锻炼，自己各方面素质得以提高。去年我光荣地加入了中国共产党，荣幸地被三峡分行评为 1998 年度先进工作者，在创先业务竞赛活动中，被分行授予“三收能手”的称号。1999 年，我完成了个人揽存余额 1 300 万元的任务。几年的工作使我深深地感到机遇和挑战并存，成功与辛酸同在。

参与这次竞聘，我愿在求真务实中认识自己，在积极进取中不断追求，在拼搏奉献中实现价值，在市场竞争中完善自己。

我深知综合办公室工作十分重要，这主要体现在以下 3 个方面：一是为支行领导当好参谋；二是为全行事务当好主管；三是为一线员工当好后盾。具体说就是摆正位置，当好配角；胸怀全局，当好参谋；服从领导，当好助手。

我也深知，办公室的工作非常辛苦，正如前一段社会流传的那样：在办公室工作的同志就像忠诚的狗，老实的羊，受气的猪，吃草的牛，忙碌的马。可是他们像蜡烛一样，燃烧自己，照亮别人；他们像竹子一样，掏空自己，甘为人梯。

如果我竞聘成功，我的工作思路是：以“三个服从”要求自己，以“三个一点”找准工作切入点，以“三个适度”为原则与人相处。

“三个服从”是：个性服从党性，感情服从原则，主观服从客观。做到服务不欠位，主动不越位，服从不偏位，融洽不空位。

“三个一点”是：当上级行要求与我行实际工作相符时，我会尽最大努力去找结合点；当科室之间发生利益冲突时，我会从政策法规和工作职责上去找平衡点；当行领导之间意见不一致时，我会从几位领导所处的角度和所表达的意图上去领悟相同点。

“三个适度”是：冷热适度，对人不搞拉拉扯扯，吹吹拍拍，进行等距离相处；刚柔适度，对事当断则断，不优柔寡断；精细适度，即大事不糊涂，小事不计较。做到对同事多理解，少埋怨，多尊重，少指责，多情义，少冷漠。刺耳的话冷静听，奉承的话警惕听，反对的话分析听，批评的话虚心听，力争在服务中显示实力，在工作中形成动力，在创新中增强压力，在与人交往中凝聚合力。

如果我竞聘成功，我的处事原则和风格是：严格要求，严密制度，严守纪律；勤学习，勤调查，勤督办；以共同的目标团结人，以有效的管理激励人，以自身的行动带动人；努力做到大事讲原则，小事讲风格，共事讲团结，办事讲效率；管人不整人，用人不疑人。我将用真情和爱心去善待我的每一个同事，使他们的人格得到充分尊重，给他们一个宽松发展的空间。我将用制度和岗位职责去管理我的同事，让他们像圆规一样，找准自己的位置；像尺子一样公正无私；像太阳一样，给人以温暖；像竹子一样每前进一步，小结一次。

如果我竞聘成功，我的工作目标是：“以为争位，以位促为。”争取支行领导对综合办公室工作的重视和支持，使办公室工作管理制度化，服务优质化，参谋有效化。让办公室成为支行领导的喉舌，沟通员工同行长之间关系的桥梁，宣传精神文明的窗口，传播企业文化的阵地，培养人才的摇篮，联结银企合作的纽带。我愿与大家共创美好的未来，迎接建行辉煌灿烂的明天。

二、写作题（50 分）

1. 请写一份 3 分钟的求职自我推介。（25 分）
2. 请写一份推销函。（15 分）
3. 请写一份辞职信。（10 分）

同步训练二

一、评析题（60 分）

1. 杨婉君同学因下面的求职自我推介而获得成功，请加以评析。（20 分）

我叫杨婉君，很多人都以为这个名字是抄袭琼瑶的，不过，的确是先有我这个“婉君”，然后才有了琼瑶的那个“婉君”。但是，同学们觉得叫我婉君有点别扭，所以都叫我杨万君（慢而重地读出），您瞧，在这儿（顺便指着简历上的名字）。

我来自广东潮汕地区，会讲潮州话，由于妈妈是客家人，我也会讲客家话，希望在工作当中能够用得上。在今天的候选人当中，我是唯一的非名牌大学毕业生。实际上，我没有考上名牌大学的原因是偏科，高考时数学没及格，可我的文科成绩在班里一直是前几名。一路走来，虽然经历了很多艰辛，但有很大的收获，所以无论今天能否通过面试，我都非常感谢你们给了我这次面试的机会。在学习方面，我拿过两次三等奖学金。在学校做过新东方职业教育课程的校园代理，我的业绩在 20 多个学生代理中一直排在前三名，当然了，这和我的危机意识比较浓，热爱学习是有关系的。

我觉得大学生活使我学会了与人沟通。可能您会觉得，10 个大学生有 9 个会强调自己善于与人沟通，不过我依然觉得这是我大学里面最大的收获。您从简历上看得出来，我大学时在学生会工作了两年半，从干事一直到副主席，这使我有机会同年龄和背景完全不同的人进行交流，从学生到老师，从学校的领导到校外公司的高层，每一种沟通的方式和方法都不同，从而锻炼了我的言语表达能力和与人沟通的能力。

今天我来申请这个职位，主要是因为适合我的专业和兴趣。我喜欢做销售，在大学时卖过手机卡，推销过英语课程，觉得推销成功以后很有成就感。还有，我觉得自己具备推销员的素质。前面我说过，我在大学的推销记录一直是不错的。总的来说，我认为自己非常适合这个岗位的要求，希望能给我一个机会。

2. 下面是李雨晴求职面试的 4 段话，请加以点评。（30 分）

面试官：“李雨晴，你的名字很好听呀！”

李雨晴：“是吗？谢谢！这个名字比较符合我的性格，雨是比较温柔的，晴是比较热烈的，我觉得我的个性既有顺从的一面，也有比较热烈积极的一面。”

李雨晴：“哦，我来自肇庆，您去过吗？”

恰巧几位面试官都没有去过肇庆，当场气氛显得十分尴尬。

李雨晴：“其实我高中的成绩是可以进名牌大学的，但是高考时没发挥好。我虽然不是来自名校，但是我相信自己绝对不比那些名牌大学毕业生差，我一直非常刻苦，每一次作文的得分都是优，我发誓一定要比他们还要优秀……”

李雨晴：“我觉得我学会了与人进行沟通，学会了团队精神，也锻炼了自己的领导能力和组织能力。”

二、写作题（50 分）

1. 请写一份约 4 分钟的求职应聘讲话稿。（30 分）

2. 请写一份求职信。（20 分）

项目二 经济文书写作实训

jingjiwenshuxiezuoshixun

☞目标

通过完成商品说明、签约、招投标、市场预测等工作任务，使学生能结合实际规范地撰写经济文书，培养学生经济文书的专业写作能力、市场调研能力、创新务实能力等，重点掌握商品说明书、广告文案、市场预测报告、经济活动分析报告、招标文书、合同等文书的写作。

☞实训过程

工作任务一 ➡ 工作任务二 ➡ 工作任务三 ➡ 工作任务……

⇩ ⇩ ⇩ ⇩

做商品说明书 ➡ 制作广告文案 ➡ 进行市场预测 ➡ ……

工作任务一　做商品说明书

工作情境

2015届财经专业毕业生贾××应聘来到××电器厂，厂领导请他为××电吹风做一份商品说明书。

工作结果

××电吹风说明书[1]

××电吹风，外形小巧，功率强大，两速设定，干发快速又轻松。本产品集风嘴集中气流，创造优美、闪亮、光滑的观感，让您的秀发更柔顺！集中气流，创造亮丽、有光泽、柔顺的发型！本产品为节能型，适用于家庭和学生宿舍，已通过国家3C强制性认证。

【使用方法】

1．电吹风须在铭牌上规定的电源电压下使用，开启和关闭吹风机时尽量离头部远一点，这样可以减少辐射。

2．在使用电吹风之前，请先将电源开关设置在“0”位置，然后插入电源插头，并打开电源开关。

3．洗发后，如果使用冷风吹发，请将电源开关设置在“1”或“2”的位置，并将温度选择开关设置在“冷风”位置。

4．使用时，最好将吹风机与头部保持垂直，并且一定要有15厘米的安全距离。

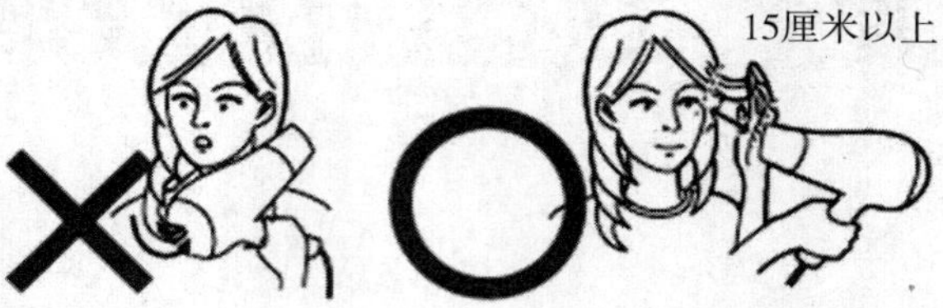

5．只要吹干就好，且勿超过半小时，若要连续长时间使用，最好间断停歇。

6．每次使用后，应立即拔断电源，待冷却后，存放于通风良好、干燥，远离阳光照射的地方。

【清洁方法】

1．清洁前请关闭电源并拔下电源插头。

2．负离子发射口内有一根针，请用棉球轻轻擦拭（约5次）该部件的尖端部分。

3．我们建议您使用婴儿专用的细棉球。虽然普通棉球也能使用，但它们很难插入发射口。

[1] 道容巴巴，http：//www.doc88.com/p-1913037216045.html.

4．请勿用硬物清洁或触碰负离子发射口内的部件，以免导致其变形，影响负离子的发射及产生危险。

【注意事项】

1．不要将电吹风用于吹干头发和整发以外的其他用途（如用于吹干鞋子和衣物等，可能会引起外壳受热变形）。

2．不要在盛水的浴缸、淋浴器、洗脸盆或其他器皿附近使用本电吹风。

3．避免在潮湿的地方使用吹风机，以免发生漏电的危险。尽量用中段或低段的温度，不过长时间使用高温，以免烫伤。

4．使用时确保手部是干燥的，切勿将电吹风浸入水中。

5．每次使用后，应立即拔断电源，待冷却后，存放于通风良好、干燥，远离阳光照射的地方。

【保修事项】

1．自购买之日起半年内，凡经我公司维修人员确认为正常使用情况下因制造工艺或其他质量问题导致的故障及损伤，都将获得免费保修服务。

2．因保修而发生的运费由卖方出，其余费用由买方支付。

以下情况不在保修范围内，本公司提供维修服务但收取一定的手续费。

① 私自维修和改造而造成的损坏。

② 错误、疏忽使用或意外事件而造成的损坏。

③ 自然灾害、电压异常而造成的损坏。

④ 超过保修期而出现的故障。

产品代号：817 750W 220V ~ 50Hz（国家强制性认证产品型号：JX817）

执行标准：GB4706.1　GB4076.15　GB4343.1　GB17625.1

制造商：×× 经济开发试验区超霸电器厂

地址：广东省 ×× 市经济开发区

电话：××-8327578

传真：××-8328078

网址：http：//www.yongri.net

E-mail：yongri@×××.com

服务热线：(0) 13927000×××

工作评价

这份商品说明书不拘一格，图文并茂。标题采用“商品名称 + 说明书”的形式，很标准；正文开头采用概述式，以最精练的语言概括商品的特点、功能等，语言优美，富有吸引力，带着强烈的鼓动性。接着分条列项逐一说明使用方法、清洁方法、注意事项和保修事项，环环相扣，不枝不蔓。尾部厂家相关信息翔实。

工作任务二　制作广告文案

工作情境

情境一：×× 同学去茅台酒厂实习，厂家为他提供了以下信息，希望能为其写一则广告文案，他该怎么办？

材料：茅台酒产于贵州省仁怀县茅台镇茅台酒厂，已有近 300 年的历史。酒质优良，风味独特，深受国内外消费者的欢迎。1915 年曾获得巴拿马国际博览会奖章和奖状，在全国第一、二届评酒会议上均被评为全国名酒。

这种酒酿造时用曲量大，用辅料少，经过 8 次蒸粮蒸酒（一般白酒只经过一次蒸粮蒸酒），再入库储存 3 年，才准许出厂。酒精度 55°。产品以酱香为主体香，味醇厚，回味悠长，饮后的空杯留香浓郁，经久不散。

情境二：我们到江苏经贸职业技术学院工作，院方领导给我们的第一个任务就是为学院写一则广告文案，以扩大学院的影响力。我们该怎么办？

要求：

① 团队作业，表现团队精神。

② 每个团队选一个代表上台展示。

③ 班委根据评分标准打分，去掉最高分和最低分，班委评分占 50%，老师评分占 50%。

④ 每个团队选一个点评员，点评不超过 1 分钟。

⑤ 完成工作任务之前先要自学、小组讨论。

⑥ 两个任务任选一个做。

工作结果

工作结果一

贵州茅台酒　相伴到永久

千年国酒，万古飘香，
岁月蹉跎，真情依旧。
此中有真味，茅台最相知。
三千年传世佳酿，三千年真情茅台。
相交相知相对饮，品情品味品茅台。
真情友情爱情，情情俱在。
笑声泪声心声，声声酒（久）存。
茅台，你我同伴。
欢聚时，茅台证温馨。

离别时，茅台衡真情。

重逢时，茅台鉴恒远。

贵州茅台，见证真情时刻！

工作结果二

喝茅台酒　养中国心

抽多了烟，伤肺

喝多了酒，伤肝

不喝茅台，伤心

人中吕布　马中赤兔　诗中李杜　酒中茅台

工作结果三

JSinstitute economic and trade technology

江苏经贸职业技术学院

取尽天下经

贸遍世间物

进一流学院

铸辉煌人生

江苏经贸学院——成长的摇篮

工作评价

评价一

这则广告文案包括标题、正文、广告语 3 部分，少了附文，即随文，随带告诉读者的一些内容，如企业名称、地址、电话号码、邮政编码、网络地址等基本资料。

标题可以是直接标题，也可以是间接标题，这里采用诗化的直接标题，把“贵州茅台酒”与“相伴到永久”联系起来，很有创意。正文可以是故事式、诗歌式、散文式、对话式……这里采用诗歌式，非常优美，尤其是“相交相知相对饮，品情品味品茅台。真情友情爱情，情情俱在。笑声泪声心声，声声酒（久）存”。运用谐音、叠字、反复、对偶等修辞手法，使内容、形式、情感、意境都达到了极点，足见作者的文学功底深厚。广告语“贵州茅台，见证真情时刻！”采用情感式，动之以情，朗朗上口。无疑，这则广告达到了宣传的目的性与明确性。

遗憾的是，“三千年传世佳酿，三千年真情茅台”这句，一字之误，形成了虚假广告文案，茅台酒只有 300 年的历史。

广告的一大特点是真实性，要求内容客观，实事求是。

西方有个关于广告和广告商的故事。广告商死后来到圣彼得面前，圣彼得先把他带进天堂，他看见几个天使在吹笛，许多人打着哈欠闲逛，无聊寂寞……圣彼得又把他带进地狱，他看见地狱的人，个个狂歌曼舞，自由自在，好快乐……于是，圣彼得问广告商：“想上天堂，还是下地狱？”广告商不假思索地说：“下地狱。”圣彼得说：“那你现在得下油锅。”广告商问：“怎么与刚才看到的不一样？”圣彼得说：“你刚才看到的是广告。”

准确真实是广告的生命线。任何虚假成分，都有蒙骗公众的嫌疑，应取缔。

评价二

标题“喝茅台酒养中国心”与最后的广告语相比，比较口语化，应该调到最后，作为广告语使用。

最后的广告语“人中吕布，马中赤兔。诗中李杜，酒中茅台”比较典雅，可以调上去作标题。虽然“人中吕布，马中赤兔。诗中李杜”雅是雅，但衬托多了，反而显得累赘繁杂，不如取其一与“酒中茅台”结合，如“诗中李杜，酒中茅台”，这样反而简洁有力，雅而不俗。

这则广告的正文采用反衬法，就是用“喝”来衬托“不喝”，达到相反相成的效果，更具艺术魅力。

评价三

这则广告的标题，中英文结合，且把学院的声母巧妙组合，赋予象征意义，使直接标题有了温婉含蓄的意味，有一定的创意。

正文似曾相识，好像是从网上搬下来的，没有一点儿自己的东西。剽窃比平庸更糟糕，华丽中透露着腐败。

创新是灵魂。广告的另一大特点是创新性，要求内容新颖，形式独特。请看江苏经贸职业技术学院另一组同学的广告文案。虽然内容不是很雅，但具有创新性。

简单运算法

你＝吃饭＋睡觉＋喝茅台
猪＝吃饭＋睡觉
代入上式得：你＝猪＋喝茅台
移项得：你－喝茅台＝猪
结论：你不喝茅台酒就是大蠢猪

人人都想喝茅台

这则具有创意的广告文案，当年在课堂上演示时，引起了哄堂大笑，一片喝彩，师生的评价分也最高，大有“一白遮九丑”的效果。创新确实重要，是人类社会进步的核心动力和源泉。在十八大报告中，这个词总共出现了40次。

工作任务三　进行市场预测

工作情境

2014年年初，××学院工商管理专业张健同学到××市粮油有限公司实习。公司游总经理要他抓紧时间摸清我国大豆、豆油市场情况，写一份市场预测报告，供公司经营决策。如果你是张健，想一想如何着手开展工作？

工作结果

2014 年中国大豆、豆油市场走势展望[1]

一、2014 年我国大豆种植面积或将企稳回升

国内大豆玉米比价自 2010 年以来一直处于历史均值线下方运行，2011 年更是创出历史新低，2012—2013 年该比值有所恢复，连续两年维持在历史均值线附近，从比价关系的角度来看，预计 2014 年大豆种植面积有望企稳。

另外，大豆目标价格补贴试点可能导致大豆种植面积企稳回升。2014 年 1 月，中央农村工作领导小组副组长、办公室主任陈锡文确认 2014 年东北三省一区实行大豆目标价格补贴试点，目标价格补贴试点将会步入实质性落实阶段，预计东北春播前将会公布大豆的目标价格。此外，市场对大豆目标价格补贴的期望值普遍较高。由于大豆是收储政策改革的试点品种，因此具有很强的示范效应。从这个角度来看，大豆直补试点只能成功，不能失败。财政必须拿出真金白银才能实现以上政策诉求。从 2014 年年初市场流传的 200 元 / 亩的大豆直补标准来看，按照 120 公斤 / 亩的单产水平来计算，每吨大豆可获得的直补超过 1 600 元，大豆种植效益将得到明显提升，大豆种植面积连年下滑的势头很有可能因此而得到扭转。

二、2014 年我国大豆进口量将继续增长，豆油进口量可能继续下降，大豆供需近紧远松

一方面，由于 2013 年我国大豆消费量和压榨产能上升，主产区油厂压榨收益为负值，4 600 元 / 吨的临储大豆收购底价将导致国产大豆大量被收储，上半年国内大豆供需可能偏紧。4 月底临储大豆收购结束之后，大豆拍卖可能提上议程。由于 2013 年大豆临储拍卖底价比较接地气，临储大豆拍卖成交率可能维持较高水平，临储大豆流入市场的数量将会较往年增加。因此，5 月之后，国产大豆供需将转向宽松。

豆油方面，由于国内临储菜油库存超过 500 万吨，加之临储成本高企，财政浮亏严重，所以政策性豆油进口可能性很小，2014 年我国豆油进口量可能呈现同比下滑趋势。

三、临储大豆库存将继续处于历史高位，利空远月豆价

2013 年 11 月公布的临储大豆收购底价高于市场价格，临储收购进度同比呈上升态势，2014 年 1 月临储收购量已经超过 2012—2013 全年度收购总量。预计 2013 年年底临储大豆库存量在 500 万吨以上，2014 年 4 月底临储收购结束后的大豆临储库存将超过 600 万吨。处于历史高位的临储大豆库存将增加国家调控筹码，也对大豆期价后期上涨产生负面影响，利空豆——远月期价。

四、国产大豆价格波动空间拓宽，豆油价格仍将受制于高库存

由于 2014 年国产大豆市场将会由临储收购改为目标价格，随着市场的去政策化，收储量的减少将会激活国产大豆市场，国产大豆价格波动空间将会有所拓宽，跟外盘的联动性将会更加紧密。4 月底临储大豆收购结束前，临储大豆收购底价将会有效支撑国产大豆价格，超预期收购量的公布，将会调动市场对豆——近月的做多热情，而远月合约则回应抛储的压力而偏弱运行，支持豆——买近抛远的套利操作。

---

[1] 中国产业洞察网 .2014 年中国大豆、豆油市场走势展望[DB/OL].(2014-05-07)[2017-01-24].
http：//www.51report. com/free/3040043.html.

但是由于2013年产国产大豆品质偏差，油厂收购价格或始终低于临储收购底价200—300元/吨。4月之后的市场将会更多受到大豆目标价格试点政策细则和进口大豆到港成本的影响。如果种植面积一如预期的上升，那么9月新豆上市价格预期将会进一步走低，国产大豆价格或将跌破4 000元/吨的整数关口。整体来看，受制于国内外油脂库存压力，国内豆油价格上涨阻力较大，春季可能跟随棕榈油天气炒作而出现阶段性反弹，但总体仍将追随国际市场油脂类价格走势。

综合看来，2014年国产大豆市场去政策化进程启动，国产大豆价格与CBOT大豆期价联动增加，受到上半年收储和下半年抛储的影响，价格近强远弱格局将会持续。2014年国产大豆种植面积将会企稳回升，国产大豆供给增加预期将会压制远月合约价格走势。由于2014年全球天气偏中性，其影响趋于正常，大豆及豆油价格走势将会更多地受到自身基本面的影响。

2014年年初全球经济复苏势头良好，全球发达经济体货币紧缩和新兴市场经济紧缩同步进行，大宗商品价格难言牛市。受此影响，豆油价格走势可能持续弱于大豆和豆粕，加之棕榈油及菜油的高库存压力，豆油价格上涨的阻力较大，而豆粕需求仍将受到全球饲料养殖需求快速上升的支撑，粕强油弱的格局仍难以扭转。

由于2014年年初中美大豆库存处于历史低位，而南美农户惜售导致南美丰产压力扩散至全球市场的时间延长，阿根廷农户可能要等到比索对美元进一步贬值后才能大规模出售大豆，因此南美丰产压力在二季度初才能显现。在全球天气较为正常的情况下，豆类全年价格走势将维持近高远低格局。如果不出现大的天气问题，全年美豆价格高点应该在一季度，而价格低点可能出现在三季度。

2014年，预计CBOT大豆期价运行区间为1 100~1 400美分/蒲式耳，价值中枢为1 200美分/蒲式耳，整体运行区间将低于2013年。对应的国产大豆价格运行下限为3 800元/吨，上限为4 600元/吨，价格集中运行区间为4 000～4 300元/吨；预计进口大豆到港成本价格运行区间为3 500～4 500元/吨。

中国产业洞察网研究员预计一级豆油价格上下限分别为8 000元/吨和5 500元/吨，集中运行区间为6 500～7 500元/吨。由于2014年阿根廷的货币政策可能导致全球大豆供需的剧变，因此宏观面对豆类价格走势的影响力将较往年更大。国产大豆去政策市后将会更加活跃，粕类可能表现更加抗跌，豆油仍将受制于弱需求与高库存，品种基本面的不同将会导致价格走势的分化，投资者宜“看清大方向，注意小细节”。

工作评价

这篇市场预测报告的标题《2014年中国大豆、豆油市场走势展望》是完整式标题，有预测范围——中国，预测时限——2014年，预测对象——大豆、豆油，预测文种写得比较含蓄——市场走势展望。

正文的结构模式是“文无定式”的体现，采用的是分—总式，如下。

1. 先分

预测分观点1：2014年我国大豆种植面积或将企稳回升。

① 历史现状分析。

② 观点1原因分析。

预测分观点 2：2014 年我国大豆进口量将继续增长，豆油进口量可能继续下降，大豆供需近紧远松。

① 历史现状分析。

② 观点 2 原因分析。

预测分观点 3：临储大豆库存将继续处于历史高位，利空远月豆价。

① 历史现状分析。

② 观点 3 原因分析。

预测分观点 4：国产大豆价格波动空间拓宽，豆油价格仍将受制于高库存。

① 观点 4 原因分析。

② 历史现状分析。

2. 后总

这篇市场预测用“综合看来”4 个字，巧妙过渡到总述部分，概括强化以上分观点，并结合国际情况进一步分析推理判断，得出更有参考价值的预测结果：豆油价格走势可能持续弱于大豆和豆粕；豆油价格上涨的阻力较大；粕强油弱的格局仍难以扭转；全年美豆价格高点在一季度，低点可能出现在三季度；国产大豆价格运行的上下限分别为 4 600 元 / 吨、3 800 元 / 吨，价格集中运行区间为 4 000 ~ 4 300 元 / 吨；进口大豆到港成本价格运行区间为 3 500 ~ 4 500 元 / 吨；一级豆油价格上下限分别为 8 000 元 / 吨和 5 500 元 / 吨，集中运行区间为 6 500 ~ 7 500 元 / 吨，等等。

全文结构严谨，逻辑性强。4 个分观点分别以 4 个小标题的形式呈现，鲜明且更加突出重点。这篇市场预测报告比较独特，没有对策建议部分，仅用“投资者宜‘看清大方向，注意小细节’”14 个字，明智地结尾了，达到了此时无声胜有声的效果。

工作参考

一、商品说明书

商品说明书是运用文字、图表、照片等如实介绍商品的特征、性能、用途，以及使用和保养方法等事项，帮助消费者正确使用商品，达到最佳使用效果的经济文书。

（一）商品说明书的特点

1. 真实性

要求说明清楚，用语准确，否则可能酿成大祸，危及生命。例如，××化工助剂厂发明了一种 PVE 海绵发泡剂，它本是易燃物，但为了促销，该厂在说明书中却称这一产品是替代二氯甲烷的理想材料，而二氯甲烷是一种阻燃物。华南××市一家塑料厂见到有关宣传后，把它当做原料使用。由于说明书的误导，易燃物被当做阻燃物搬进了车间，结果造成了特大火灾，整个车间变成一片火海，700 多万元的财产顷刻间付之一炬，10 余名工人葬身火海。

2. 针对性

不同的商品说明书侧重点应有所不同。可根据实际需要对以下各项有选择地或侧重地进行说明：商品概况（包括商品名称、规格、成分、产地等）、商品性质、性能、特点；使用方法，有的配合插图说明各部件名称、操作方法及使用注意事项；保养与维修，配合图表说明保养、排除一般故障和具体维修的方法；商品成套明细，只有成套商品才列此项，主要说明成套商品的名称和数量；附属备件及工具；附“用户意见书”或“系列商品订货单”。商品说明书如果没有针对性，就可能产生笑话。例如，美国航空公司随班机供应的花生米，包装袋上写着“请开袋食用”。试想谁会连袋吞吃。

3. 通俗性

要求大众化，通俗易懂，特别是药品说明书，一定要让人一目了然。有的病人看了药品说明书上写的每次服用 0.25 ~ 0.5 g，不知吃几片药好。剂量直接关系到药品的有效性和安全性，应引起厂家的高度重视。

（二）商品说明书的种类

① 按照所在位置，可分为外包式和内装式。

② 按照表现形式，可分为专门式和交叉式。

③ 按照写作格式，可分为短文式、条目式和图表式。短文式，也称概述式，即用简短的文字对商品作综合说明，一般用于不强调程序的商品说明；条目式，也称条文式、条款式，这种形式最常用，即将要说明的事项逐条分开来写；采用图表式的优点是眉目清晰，归类明了，工业产品的说明书常用这种形式。

（三）商品说明书的写法

商品说明书一般分为标题、正文和尾部三大部分。

① 标题有 3 种写法：一是只写“说明书”3 个字；二是只写商品名称，如诺氟沙星滴眼液；三是“商品名称 + 说明书”，如喜乐牌吸风熨衣板说明书。

② 正文可根据具体商品选择相适应的形式（短文式、条目式或图表式），对商品的性能、规格、使用和注意事项等进行具体的说明。

③ 尾部交代厂家的相关信息，可写明生产企业名称、地址、邮政编码、电话号码、传真号码、网址、电子邮箱等，以方便顾客联系。

内容复杂的说明书，可印成折子、书本等样式，包括封面、目录、前言、正文、封底等部分。书本式说明书在机电产品及成套设备出口中应用普遍。

① 封面。一般有“说明书”字样和厂名，有的还印有商标、规格型号、商品标准名称和图样。如果要加深顾客的印象，还可配商品彩照、图样、表格。封面的标题，要求鲜明醒目。

② 前言。前言有的采用书信式，更多的是采用概述式的短文形式。

③ 正文。这是商品说明书的主要部分，对商品用途、性能、特征、使用和保管方法等进行具体的说明。

④ 封底。为方便用户联系，封底上一般注明厂址、含国家地区代号的电话号码、电报挂号等。

（四）商品说明书的写作要求

① 情理并重，真诚告白。
② 科学严谨，教人以知。
③ 个性突出，与众不同。
④ 通俗易懂，亲和友善。
⑤ 图文并茂，形象直观。

二、广告文案

广告是通过网络、微信、电视、广播、报纸、路牌、灯箱、交通工具、包装物等媒体，以说服的方式（口头、文字、图画）进行商品和劳务销售等的公开宣传。

广告文案是指广告中的文字部分。广告效果中 50% ~ 70% 的部分来自于广告文案。

（一）广告的特点

① 真实性（内容客观、实事求是）。
② 目的性（影响受众、达到目的）。
③ 创新性（内容新颖、形式独特）。
④ 广泛性（覆盖域宽、到达率高）。
⑤ 艺术性（感染力强、注意率高）。

（二）广告文案的写法

广告文案一般包括标题、正文、广告语和附文 4 个部分。

1. 标题

标题是“万绿丛中一点红”，要新颖醒目，具有吸引力。可以是直接标题，即商品名称、企业名称及其他要告知公众的信息一目了然的标题，如“要买房，到建行”“蓝天六必治牙膏”；也可以是间接标题，即以含蓄委婉、引人注意、激发兴趣的语言引导公众进一步捕捉主题信息的标题，如巴比伦香水的标题“为了每一个男子都风度翩翩”，光看此标题，并不知晓商品名称等主题，可吸引顾客继续阅读广告正文；还可以是复合标题，即运用直接、间接相结合的方式表现商品主题信息的标题——往往采用正副标题的形式，如“独领风骚——泸州老窖”。

2. 正文

正文是广告的主体部分，要真实而艺术地用事实来说明商品的特点和功用。从文体看，广告文案的正文有散文体、诗歌体、故事体、对联体、问答体、证书体等多种体式；从语言看，广告文案正文的语言有双关式、幽默式、陈述式等。

3. 广告语

广告语也称广告口号，或者广告标语，是指表达企业理念或产品特征的宣传短句，如“海王的健康成就未来”。广告语包括商品口号和品牌口号。商品口号即定位于产品本身，强调功能与促销所达到的效果的广告语，如可口可乐的商品口号“永远的可口可乐，独一无二好味道”；品牌口号即定位于企业本身，强调企业的核心竞争和与品牌文化内涵的广告语。例如，海尔公司的品牌口号“真诚到永远”，则是纯理念性的宣传了。海尔从电冰箱起家，做空调、做电脑、做手机，这么庞杂的企业架构和企业业务范畴，如果没有“真诚到永远”的文化理念，就很难把这么多业务聚合到一起，更别提运作了。

4. 附文

附文也称随文，是随带告诉读者的一些内容，如企业名称、地址、电话号码、邮政编码、网络地址等基本资料。

（三）广告语与标题的区别

1. 作用不同

广告语是为经营和促销服务的，而标题是为了引起阅读兴趣的。标题是面孔和眼睛，只有面孔诱人，眼睛传神，才能吸引读者阅读。

2. 风格不同

广告语更倾向口头语，而标题更倾向书面语。

3. 位置不同

广告语在正文之后，而标题在正文之前。

4. 运用时限范围不同

标题是一则一题，运用时间短，范围窄，而广告语，尤其是品牌口号，往往是多则一语，长期一贯，运用时间长，范围广。

三、市场预测报告

市场预测报告是依据已掌握的有关市场的信息和资料，通过科学的方法进行分析研究，从而反映出市场未来发展趋势的一种预见性报告。

（一）市场预测报告的特点

1. 预见性

即用科学的方法使预测偏差最小化，达到对市场未来发展趋势的合理推断与准确预见。

2. 指导性

即以周密的调查研究为基础，运用科学的预测理论和预测方法，找出预测对象的客观规律，得出符合实际的结论，有效指导人们经济工作实践。

3. 时效性

即针对某一具体的经济活动或某一产品的发展前景的某一阶段的市场预测在一定时间阶段内是有效的。

（二）市场预测报告的分类

① 按预测范围分，可分为宏观和微观市场预测报告。

② 按预测时间分，可分为短期、中期和长期市场预测报告。

③ 按预测方法分，可分为定性和定量预测报告。

④ 按预测区域分，可分为国际、国内市场预测报告。

（三）市场预测报告的作用

市场预测报告作为主要的信息之一，在经济活动中发挥着越来越重要的作用，可以避免经济工作的盲目性，为经济决策提供依据。

（四）市场预测报告的写法

1. 标题

标题有完整式和不完整式两种。完整式标题包括预测范围、时间、对象、内容和文种，如《2013—2017 年中国矿泉水需求量预测》；不完整式标题可以省略时间或范围，如《江苏省大米市场现状及展望》。

2. 正文

正文一般由基本情况（或历史现状）、预测分析和对策建议 3 部分组成。

（1）基本情况

交代预测的目的、缘由、时间、地点、对象和方法，说明预测的主旨，阐明观点和意义；或者运用资料、数据，说明预测对象的历史、现状；也可以将预测的结果先提到这个部分来写，以引起公众的注意。

（2）预测分析

利用资料数据进行科学的定性分析和定量分析，从而预测经济活动的趋势和规律，是市场预测报告的重点所在，是核心部分。要运用具体详细的说明，真实可靠的材料，科学适当的方法去预测发展趋势，不能凭空臆想。

（3）对策建议

这一部分是为适应经济活动未来的发展变化，为领导决策提供有价值的、值得参考的建议，是写市场预测报告的目的。因此，这个部分可以根据预测分析的结果，提出切合实际的具体建议。

文无定式，市场预测报告的结构可以有所变化，有所侧重，但预测分析的结果不可少。

四、经济活动分析报告

经济活动分析报告是企业根据市场变化、经营成果和经济效益，借助计划指标、会计核算、统计报表和调查研究的情况和资料对某一领域一定时期的经济活动情况进行系统分析而形成的书面报告。它是经济领域常用的一种专业文书，没有固定格式，由经济活动分析的目的、需要决定。

（一）经济活动分析报告的种类

1. 根据分析目的划分

① 综合分析。即为了掌握经营管理普遍性、重要性、关键性问题，根据各项主要经济指标，对某一地区、某一部门、某一单位一定时期的经济活动进行系统综合的分析。

② 专题分析。即对某一经济领域某一重要问题作专题重点分析。

③ 单项分析。即对生产、销售、成本、利润、资金、产量、质量中的某一单项内容进行的分析。

2. 根据分析范围划分

① 行业分析。即对一个行业的经济情况所做的分析。

② 单位分析。即对某个公司、工厂、商店等经济实体的经济活动所进行的分析。

③ 部门分析。即对某单位内部某一部门的生产、仓储、销售等经济活动进行的小范围的分析。

3. 根据分析内容划分

① 财务分析。

② 统计分析。

③ 审计分析。

④ 库存分析。

⑤ 市场分析。

4. 根据分析阶段划分

① 定期分析。

② 不定期分析。

5. 根据分析时间划分

① 年度分析。

② 季度分析。

③ 月度分析 。

（二）经济活动分析报告的作用

① 促进企业全面完成生产经营计划。

② 督促企业生产经营活动遵纪守法。

③ 推动企业建立和健全经济责任制。

④ 提供优质经营、科学决策的资料。

（三）经济活动分析报告的内容

① 经营方针和经营决策。

② 人员配备和劳动效率。

③ 占用资金和资金运用。

④ 生产耗费和成本升降。

⑤ 企业收入和经济效益。

（四）经济活动分析报告的写法

1. 标题

综合分析报告的标题一般要写明分析单位、分析时间、分析内容和文种，如《××公司 2015 年销售情况分析》；专题分析报告的标题，一般是揭示分析报告的主要内容和范围，如《产品销售递减的原因》；部门分析报告的标题，一定要标明部门，如《××市建工系统企业 2015 年主要经济指标的分析》。

2. 正文

正文可分为导语、主体和结尾 3 部分。

（1）导语

导语即开头部分，可简要介绍被分析对象经济活动的基本情况，如评价产销形势、计划指标及指标完成情况；可交代分析的目的、起因；也可指出存在的问题等。这一部分应开门见山，直截了当，尽快引入主体部分。

（2）主体

这是经济活动分析报告的核心部分，主要阐释经济活动“怎么样”“为什么这样”“应该怎么办”等。体现在结构上即表现为“基本情况—原因分析—对策建议”3个相互关联的层次。

① 基本情况。可采用对比、分解、综合的方法，运用大量数据说明经济指标的完成和变化情况及其存在的问题，展示经济活动的基本情况。

② 原因分析。要从分析的对象和目的出发，对经济活动的具体情况予以具体细致的分析，找出主客观影响因素，并对其经济效益作出客观评价。在分析中，既要分析成绩取得的原因，总结经验，又要善于揭示矛盾，分析问题产生的症结；既要重视客观因素的分析，也不能忽视主观因素的分析。如果是全面分析报告，则要对各项重要的经济指标逐项进行分析；如果是专题分析报告，则要对该专题的内容和要点展开分析；如果是部门分析报告，则要抓住几个主要经济指标或一两个重点问题进行分析。这部分的写作必须实事求是，依据确凿的数字和翔实的资料（包括计划资料、统计资料、会计核算资料等），运用适当的分析方法（包括对比分析法、因素分析法、动态分析法、综合分析法、调查分析法等），对一种经济现象发展变化的全过程，追本溯源，抓主要矛盾，突出重点问题，恰如其分地进行分析评价。

③ 对策建议。应以主体部分为基础，有针对性地提出切实可行的建议或措施。观点要鲜明，切忌模棱两可；意见要中肯；措施要有的放矢。

（3）结尾

大部分经济活动分析报告没有单独的结尾，写完对策建议后自然作结，行文上显得干净利落；也有一些经济活动分析报告有独立的结尾，或者总结回顾以照应前言，或者预测前景以展望未来，或者补充说明，使内容更加全面。不管哪种写法，都要简短精粹，切合需要。

3. 落款

在正文之后右下方签署提出报告的单位或个人姓名，并写明写作日期。如果标题已标识单位或个人姓名，则只写日期即可。

五、招标书

招标书是指招标人为了综合竞标者的优势，利用投标者之间的竞争达到优选目的而形成的经济文书。正式招标书都采用通知、通告、公告等形式发布。

（一）招标书的种类

根据招标的范围，可分为国际招标书和国内招标书；根据招标的标的物，又可分为货物、工程、服务三大类。根据具体标的物的不同还可以进一步细分。例如，工程类进一步可分为施工工程、装饰工程、水利工程、道路工程、化学工程等。每一种具体工程的标书内容差异非常大。货物标书也一样，简单货物如粮食、石油，复杂货物如机床、计算机网络。标书的差异也非常大。

（二）招标书的写法

1. 标题

招标书的标题一般由招标单位名称、招标内容和文种构成。文种可以根据招标需要知晓范围的大小选择公告、通告、通知等，如《× × 公司电脑招标公告》，也可以省略招标内容，如《× × 大学招标通知》。

2. 正文

招标书的正文由前言、主体和落款组成。

① 前言。写明招标单位的基本情况和招标目的。

② 主体。主体包括招标项目名称、招标范围、招标投标方法、招标时限和招标地点等，可以直接冠以投标者须知的小标题。

③ 落款。写明招标单位的名称、地址、电话号码、传真和制定招标书的日期等。

（三）招标书的注意事项

① 招标方案应切实可行。

② 招标标准应合理明确。

③ 招标规格应准确无误。

六、合同

合同是指平等主体的自然人、法人，其他组织之间设立、变更、终止民事权利义务的协议。合同作为一种法律概念，有广义与狭义之分。这里所说的合同是指受《合同法》调整的合同。

（一）合同的特征

1. 对等性

合同是两个以上法律地位平等的当事人的意思表示一致的协议。订立合同的根本原则是平等互利。签订经济合同是一种法律行为，必须遵循平等互利、协商一致和等价有偿原则。

2. 合法性

订立合同的当事人要合法，订立合同的程序要合法，合同的内容要合法。合同必须是具有签约资格的当事人按照合法、公平、平等自愿、协商一致、诚实信用的原则，依法订立。合同的内容应当具备法定条款，采用书面形式订立，否则将被确认为无效。

3. 约束性

合同是一种民事法律行为，以产生、变更或终止债权债务关系为目的。合同一经依法成立，在当事人之间具有严格的法律效力，受法律约束和保护。

（二）合同的分类

1. 根据权利义务划分

根据权利义务划分，合同可分为双务合同和单务合同。双务合同是指双方当事人都享有权利，都要履行义务的合同，如买卖合同、租赁合同、借贷合同、运输合同等。在买卖合同中，卖方享有要求买方给付价款的权利，履行交付出让物的义务；买方享有要求卖方交付出让物的权利，履行支付价款的义务。单务合同是指一方当事人只享有权利而不需要尽义务，另一方当事人则只负义务而不享有权利的合同，如赠与合同，赠与人负有给付义务，而受赠人不需要向对方支付价款。

2. 根据拟定方式划分

根据拟定方式划分，合同可分为格式合同和非格式合同。格式合同，又称标准合同，是指合同内容由一方当事人预先拟定而不容对方当事人协商的合同，如铁路、公路、航空运输合同。其实，在购买火车票、汽车票、飞机票时就等于与对方签订了客运合同。非格式合同，是指合同内容由双方当事人协商确定的合同。实践中绝大多数合同为非格式合同。

3. 根据内容性质划分

根据内容性质划分，合同可分为购销合同、租赁合同、建设工程承包合同、赠与合同、委托合同、加工承揽合同、供用电合同、借款合同、运输合同、技术开发合同、保管合同和仓储合同等。

4. 根据写作形式划分

根据写作形式划分，合同可分为表格式、条款式、表格与条款结合的综合式 3 种。内容较简单，涉及金额数目较少的合同大都采用表格式；一般的经济合同都采用条款式或综合式。

（三）合同的写法

合同一般由标题、编号、当事人名称、正文、结尾 5 个部分组成。

1. 标题

合同的标题即合同的名称，需要写明合同的性质，如《租赁合同》《赠与合同》《保管》等。有的标题还需写明标的物，如《男士西装购销合同》《机动车辆保险合同》等。

2. 编号

为了进行合同的登记，标题下还应写明合同的编号。

3. 当事人名称

当事人名称即订立合同双方的名称，应按照其法定核准的名称写全称，不能写别人不了解的代称、代号或者简称。还要注意其是否与最后签字盖章的名称相符，以免因首尾不一致而造成混乱。当事人的名称应顶格书写在标题的下方，再用括号注明“以下简称甲方”“以下简称乙方”。

4. 正文

正文是合同的主要内容，包括两个部分，即引言和主体。

（1）引言

引言写在具体条款之前，说明订立合同的依据、目的、签订过程和签订方式。合同引言常式是“为了保护双方共同利益，根据《中华人民共和国合同法》，经双方协商同意，特签订本合同，以资共同恪守”。

（2）主体

主体部分要逐条写明双方协议的具体条款。格式条款通常事先印好，项目比较固定，只要把内容填好即可；非格式条款的内容根据需要而定，可多可少。主体部分根据《合同法》的规定主要包括以下几项。

① 标的。合同的标的就是合同关系中确定的双方当事人权利和义务共同指向的对象。它可以是具体的货物和劳务，还可以是技术和成果。

② 数量与质量。数量是以数字和计量单位来衡量标的物的尺度。合同中要明确地规定标的的数量、计量单位和计量方法，且计量标准和计量单位必须按照国家法定的标准来衡量，涉及的数字必须按规定采用大写形式。质量是标的物的素质和外观形态。它不仅指标的物的优劣，还包括产品的品种、规格、型号等。标的的质量规定力求详细、具体、明确，有规定标准的，如国际标准、国家标准等，按当事人双方认可的标准执行；没有规定标准的，由双方当事人协商确定。

③ 价款或酬金。价款或酬金，是标的物的价值，是为获取标的物而交付的货币数量，如货物的价格和总金额、服务的报酬等。价款或酬金一般都以人民币来计算。合同中还要明确价款或酬金的给付方式、银行账号等。

④ 履行的期限、地点和方式。履行合同的期限是合同当事人交货交款的时间和期限；地点是指交易的场所，包括交货、验货或承建工程的具体地点，必须规定具体、明确，不能产生歧义；方式是指履行的方法，如标的物的交付、运输、验收、价款结算等的方式，以及履行的次数，一次履行还是分期履行。

⑤ 违约责任。违约责任是指当事人一方或双方因为自己的过错造成合同不能履行或不能全部履行而应承担的法律责任。合同应先写明履行过程中可能出现的违约情况，以及违约方应承担的责任。违约责任是合同不可缺少的最重要的部分，是履行合同的重要保证，是出现矛盾分歧时解决合同纠纷的可靠依据。要写明制裁措施及违约金、赔偿金的数额等。

⑥ 解决争议的方法。履行合同的过程中，如发生争议特别是无法协商解决时，应如何解决，应在合同中注明。

总之，正文的主体部分是保证合同各方当事人合法权益的主要依据，必须明确当事人各方需解决的问题、达到的目的，以及各自的权利和义务。

5. 结尾

① 依次写明当事人的名称、法定地址、法人代表、委托代理人、开户银行、银行账号、电话、邮政编码等，双方代表的签名、签章。

② 鉴证、公证机关的鉴证、公证意见。

③ 合同的签订日期等。

（四）合同应遵循的基本要求

① 合同的内容必须合法，必须依据国家的法律和政策，内容必须具体、准确、完整。

② 合同的格式必须规范，必须体现平等、自愿、公平、诚信的原则。

③ 合同的条款必须完备，必须按《经济合同法》规定条款来撰写。

④ 合同的语言必须准确，要使用规范化的现代汉语，切忌语句含糊或歧义。应避免使用“希望”“尽可能”“争取”等模糊性用语，不说空话、套话。经济合同的数字应核对无误，金额应大写。同时，还要注意正确使用标点符号，防止句号、逗号用错或点错而造成不必要的纷争或造成损失。

一看就会

借　条

今借到 ×× 省艺术职业学院藏族舞蹈女装捌套、男装陆套，小提琴叁把。一周（2016 年 5 月 11 日至 17 日）归还。

此据！

××省艺术职业学院
经手人：刘 ××
二〇一六年五月十一日

借　条

今借到 ×× 贸易有限公司财务科人民币壹万伍仟元整。本年六月二十九日出差回来报销后马上归还。

此据！

借款人：张 ××
二〇一六年五月十一日

收　条

今收到刘 ×× 归还的 ×× 省艺术职业学院藏族舞蹈女装捌套、男装陆套，小提琴叁把。经验收无破损。

此据！

××艺术职业学院
经手人：唐 ××
二〇一六年五月十七日

情商培育

何为情商

心理学家通过研究发现，智商水平差异不大的人中，有的招人喜欢，有的惹人生厌；面对挫折之时，有的能迅速化解，有的却一筹莫展。这是为什么呢？主要是由于情商水平高低的不同导致的。在一个人成功的诸多因素中，智商只起到了 20% 的作用，而情商却占到了 80%。

说起情商，是一个同智商相对应的概念。情商又被称为情绪智力，主要是指人在情绪、情感、意志、耐受挫折等方面的品质。以往大家普遍认为，一个人能够取得成功，主要是因为他的智力水平高，即智商高，并且认为智商越高，这种成功的可能性也就越大。但是，在心理学家们提出情商的概念后普遍认为，情商水平的高低对于一个人能否取得成功是很重要的，有些时候，其作用甚至超过智力水平。其实，每个人的情商并没有特别明显的先天差别，更多的是由后天培养而来的。

情商包括：了解自己的情绪、情绪变化及变化的原因；善于控制自己的情绪，抑制消极情绪，并对自己作激励；了解他人的情绪，即善解人意，并由此与不同性格和类型的人平安相处、愉快合作等。因此，不难看出，情商和智商既有区别，又相辅相成。情商可以帮助智商更好地发挥作用，在工作、学习、事业、爱情、婚姻、健康、人际关系等方面，有着非常深刻的影响。

美国的一些学校已开始创造性地实施“情商扫盲”，开设了实用心理学、交际技巧、情绪控制技巧等课程。其中，教孩子如何控制或平息愤怒、焦躁、忧郁等不良或消极情绪的课程特别受欢迎。结果表明，在实施“情商扫盲”的学校里，孩子们的课堂纪律比以前好了，爱打架的行为明显减少了，学习成绩也提高了。最重要的是，许多孩子都有了“生活在温暖集体中”的观念，或者是拥有了更多的朋友。情商较低的人在儿童期就会显现出竞争的劣势，他们在挫折面前往往不知所措，难以在失败后重整旗鼓、迎头赶上。相反，那些善于分清自己种种感觉的孩子们，则往往可以明智地作出自我控制的选择。

情商的形成主要与非理性的因素有关，它深刻地影响着一个人认识事物和参加实践活动的动力。情商通过影响人的兴趣、意志和毅力，加强或弱化了认识事物的驱动力。智商不是很高，而情商却很高的人，在学习的效率上虽然不如智商高的人，但很多时候反而比智商高的人学得更好一些，成就更大一些。另外，情商对人际关系的处理有较大的影响，因为它是自我和他人情感把握与调节的一种能力。情商的作用与社会生活、人际关系、健康状况、婚姻状况有着密切的关联。

资料来源：王宇 . 何为情商［DB/OL］.（2012-01-06）［2017-01-25］. http：//lz.book.sohu.com/chapter-20924-116939255.html.

客观题自测

同步训练一

一、填空题（每空 1 分，共 10 分）

1．×× 职业技术学院拟购图书 1 万册，现准备邀请招标，请为其拟写个招标文书的标题《______________》。

2．药品《维生素 E 软胶囊说明书》的 3 种标题写法：____________、说明书和____________。

3．广告标题有直接标题、间接标题，还有____________标题。《献给母亲的爱》是____________标题；《何必撑把遮阳伞》是____________标题；《请喝可口可乐》是____________标题。

4．标题《2011 年鸿太 · 景区合作意向书》是由项目名称和文种构成的，它的另一种写法是《____________》。

5．黄 ×× 向李 ×× 租商铺，该合同的标题是《____________》，写明标的物的合同标题应该是《____________》。

二、单项选择题（每题 1 分，共 5 分）

1．火葬场广告语“一视同仁”是强调（　　）。

A．商品优点　　B．服务优势　　C．商品性能　　D．商品价值

2．美容店的广告语“旧貌换新颜”是（　　）。

A．赞美式　　B．综合式　　C．鼓动式　　D．情感式

3．浴室广告语“赤膊上阵”是（　　）

A．委婉　　B．含蓄　　C．典雅　　D．形象

4．“好人得好报”是（　　）的广告语。

A．《法制文萃报》　　B．《北京晨报》　　C．《新快报》　　D．《羊城晚报》

5．日本“救心丹”的广告，标题套用“心病还须心药医”的俗语，突出了该药物的（　　）。

A．性质　　B．功能　　C．特征　　D．优势

三、补充题（5 分）

合同正文包括两个部分：引言和主体。请为合同补充引言：______________________________。

四、评析题（20 分）

运用所学文体写作知识，对下面这篇市场预测报告进行评析。

提示：

① 评析应主要着眼于文章的一般写法，对文章的总体结构和各构成要素作简要的说明、分析。

② 既要注意运用所学知识，又要注意结合原文。

③ 分析要有条理。

2012 上半年空调市场调查报告及下半年市场预测[1]

据国家统计局的统计，1—4 月空调器累计产量 2 942.95 万台，比去年同期增长 6.82%；出口告别了去年的低迷状态，1—4 月出口 1 586.07 万台，比去年同期增长 18.38%，但国内市场则出现了较高的负增长率，约为 -10. 95%。据赛诺市场研究公司统计，1—4 月占有率排名在前 10 位的空调品牌中，除格力、松下外，其他品牌均出现负增长，其中奥克斯等个别品牌负增长高达 30% 以上。而且，根据国家统计局的统计，1—4 月空调器应收账款继续攀升，约为 229.41 亿元，高于去年同期 25.51 个百分点；库存占用资金 136.18 亿元，比去年同期上升 5.55%。整个空调行业资金周转不仅没有好转反而在继续恶化，这一点严重弱化了空调器行业利润增长的利好作用。预计今年下半年或者是说在即将结束 2012 年冷冻年的这两个月内，受铜、铝原材料巨幅涨价的强烈冲击，空调器行业所面临的形势将日益恶劣，极有可能无法扭转国内市场销量下滑的整体趋势。

概况：国内出现负增长

据国家统计局的统计，1—4 月空调器出口告别了去年的低迷状态，1—4 月出口 1 586.07 万台，比去年同期增长 18.38%。相对于国际市场的大幅增长，国内市场销量却呈现出了严重的负增长局面。赛诺市场研究公司发布的 1—4 月调查数据显示，包括窗机、挂机、柜机在内的总零售量 772.7 万台，同比下降 10.95%，零售额为 209.5 亿元，同比下降 6.16%。零售额下降幅度略低于零售量，说明空调器行业正逐渐向高端转型，但这无法掩盖行业的国内市场整体下滑的局面。

在排名前 10 位的空调品牌中，累计零售量除格力出现了 0.9% 的小幅度增长外，其他空调品牌均出现了平均在 15% 的大幅度下降，其中奥克斯高达 42.6%；累计零售额虽好于零售量，但仍然是大面积的负增长，幅度平均上来看同样超过 15%，其中奥克斯高达 35.3%。

---

[1] 报告网. 2012 上半年空调市场调查报告及下半年市场预测[DB/OL].(2012-04-18)[2017-01-26]. http://www.sanwen8.cn/fanwen/19484/xiabannian-shangbannian-kongdiao-yuce-shichangdiaochabaogao.

对于国内市场呈现的这一局面，中国家电协会副秘书长徐东生在接受采访时分析认为，这主要是受两方面因素的影响：其一，“五一”之后至今一直没有出现酷热天气；其二，城市市场日益饱和，但又未到产品更新换代时期，同时三、四级市场的开拓还没有取得应有的成效，在上下的挤压下，空调器在国内市场几乎没有释放的空间。

国外市场的快速增长，也与这两方面的因素有关，正是国内市场出现的这一压力，才致使空调企业加大了出口的力度。而在出口方面，一方面不受天气影响，另一方面程序简单。预计空调出口仍将继续稳步增长。

产品：向高端过渡

据赛诺数据显示，与去年同期相比，2012 年 1—5 月累计，2 000 元以上挂机和 5 000 元以上柜机的份额均有明显上升，其中 3 000 元以上机同比上升 3.54 个百分点，而 6 000 元以上柜机份额上升了 4.49 个百分点；1 500 元以下的则下降了 10.16%。

低端产品销量的下降及高端产品的增加，与厂家的实质性转型有着直接的关系。其实，当 2012 年 7 月末空调厂家提前一个月匆忙结束该冷冻年度，就已经预示着空调厂家要在经历过利润的滑坡之后必将开始转变战略。2012 年，空调器行业的整体赢利能力平均仅有百分之零点几！

这直接促使空调厂家开始向高端转型，并真正落实到实处。

2012 年年初空调厂家刚一亮相，便旗帜鲜明地打出了高端转型的口号，如美的“天钻星”空调、志高“三超”空调是两个转型较为明显的主流空调品牌，因为在此之前两者均游离在中低端范围之内。对于本已定位高端的品牌则加大了新品的投入，如海尔推出的“三超双新风变频空调”“鲜风宝”等，以及 LG、三星、松下等外资空调品牌在外观上更加高端的打造，如韩系印花图案的运用，松下变频技术、健康功能的深度开掘。另一个很明显的现象就是，大金空调对高端的直接切入，以全面进入大卖场为主要表征。对于 1 500 元以下的空调，目前市场已不多见。

价格：经历多次上调

向高端的过渡，直接带来价格的上涨，但近半年来，国内空调器市场价格并不只是因产品结构变化上调，而是出现多次涨幅，首次为年初推新品价格的调整，第 2 次调价是在三、四月份，第 3 次调价则是在 4 月末并延续到 5 月末。后两次调价均因原材料铜、铝价格的暴涨，尤其是在“五一”过后数天，伦敦金属交易所期铜价格飞涨至每吨 8 185 美元，而去年同期仅为 3 000 美元。国美、苏宁等连锁卖场在接受采访时甚至表示，有的空调厂家已经不止 3 次调价，从 3 月到 5 月末已经有多次调价的行为。

根据赛诺统计的数据显示，4 月份空调器国内市场价格平均为 2 664 元，同比增长了 8.9%，1—4 月累计平均价格为 2 745 元，同比增长了 7.1%。5 月份的统计数据虽然没有公布，但据商家反映，5 月份的这次涨价应该在 4 月价格基础上再涨 5% 以上，这样 5 月空调器价格同比增长的幅度大约为 15%。

除去原材料上涨压力的原因，空调器涨价的另一大主要原因是上述行业向高端的转型，即产品本身附加值的提升，如全面达到最低能效等级，以及健康技术的升级等。业内人士对价格的上涨普遍持肯定态度。中国家电协会秘书长姜凤在一次接受采访时明确表示：“今年空调行业不得不涨价。”

资金：利润和应收账款均攀升

在全行业转型高端、价格普遍上涨的近半年内，利润率开始有所回升。据国家统计局的统计，1—4 月份空调行业主营业务收入 656.58 亿元，比上年同期增长 16.35%，利税总额 27.56 亿元，比去年增长 12%；利润总额 14.69 亿元，比去年同期增长 16.94%。

青岛海尔 2012 年第一季报发布公告称，开发了一系列高附加值、差异化的产品，在“三超双新风变频空调”等产品的拉动下，使得公司 2012 年首季主营利润同比有较大增幅，实现净利润 8 385.81 万元，同比增长 32.63%。美的空调方面也表示，利润的增长与其施行的高端战略有着直接的关系。据美的空调第一季度财报公告，空调净利润同比增长 30%。与利润增长类似的是，空调器行业的应收账款也在继续攀升。根据国家统计局的统计，1—4 月家用空调器应收账款 229.41 亿元，4 月比上月上升 8.14 个百分点，高于去年同期 25.51 个百分点。

在应收账款攀升的同时，空调器库存占用资金的问题也显现出来。根据国家统计局的统计，1—4 月空调器厂家成品存货占用资金 136.18 亿元，比上月上升 2.62%，比去年同期上升 5.55%。这两组数据暴露了整个空调器行业在资金周转上的危机。而对于空调业来说，资金的良性周转是空调器厂家生存的关键，乐华、澳柯玛等空调器厂家的轰然倒下无一不是因为资金问题。因此，出口和整体利润率的上升局面，都难以掩盖空调器行业潜伏的危机。

品牌：前三占有率超四成

空调器行业所面临的严峻考验从行业洗牌的加剧也可窥见一斑。据中怡康统计的数据显示，1—5 月份前 10 位空调器品牌的市场零售量占有率已经高达 77.28%，市场零售额占有率也已经高达 74.91%。前 3 位的空调品牌市场零售量占有率都已经高达 43.16%，接下来这种集中度必然还将进一步提升，二线以下品牌的生存空间日益狭窄。

同时，赛诺和中怡康的数据同时显示，前 3 位分别是海尔、美的、格力，赛诺数据显示的 1—4 月累计销售量分别是 263 579 台、213 520 台、181 031 台（仅为赛诺市场研究公司监测到的数据），中怡康数据显示的 1—5 月份累计零售量市场占有率分别是 16.09%、13.82%、13.25%；外资品牌仅松下和 LG 进入前十，分别位列第 8 位和第 9 位，赛诺数据显示的 1—4 月累计销售量分别是 76 987 台、52 875 台，中怡康数据显示的 1—5 月份累计零售量市场占有率分别是 5.17%、3.65%。

可以看出，空调器市场虽然全面向高端过渡，但并没有因此影响国产品牌的占有量，这与产品有关。因为从市场来看，国产品牌在产品的更新上并不逊于外资品牌，在关键技术上也都有差异性表现，如海信在变频技术上的领先性。而部分外资品牌在外观上的改进并不会对空调产品产生根本性变化。向高端转化，对国产品牌来说难度不大。

需要指出的是，这些数据均是赛诺、中怡康监测一、二级市场数据获得，并不全面。如果加上三、四级市场的量，这一排名顺位会有些许变化。

趋势：严峻考验在即

从以上的分析可以看出，国内市场销量的难以释放，应收账款和库存占用资金的继续攀升，原材料价格未见下降的趋势及品牌之间的残酷竞争，都将集合起来严重考验今年的空调器行业。

虽然空调器出口目前表现出大幅度增长的态势，但是专家表示，越来越多的贸易壁垒及环保壁垒也正在考验中国空调业的出口。日前土耳其反倾销案已经显现了这一趋势，此外 7 月 1 日正式实施的 Rohs 指令也将进一步加大空调器的成本，挤压中国空调业的利润。出口利润下滑的潜在危机，有可能令空调器行业目前的利润增长失去光彩。

但也需要指出的是，如果空调器行业顶住现阶段的压力，顺利完成行业洗牌及高端转型的过渡，未来将可进入良性发展期。目前的任务是共同维护空调器产业安全，正如中国家电协会理事长霍杜芳在年初接受采访时所说："要提高产业集中度，保持合理的出口速度，尽量避免贸易壁垒，严格产业技术标准，特别是加强主导企业的沟通和建立正常的竞争合作关系，用整体的力量维护产业的安全。"

五、写作题（共 60 分）

1. 向阳职业技术学院拟购 2017 年教材，价值 200 多万元。请为其拟写一份招标文书，邀请书商前来投标。（20 分）

2. 请根据下述材料，拟定一份购销合同。（10 分）

××工厂赵××（甲方），于 2016 年 1 月 1 日与××木器加工厂李××（乙方）签订了一份合同。合同内容是甲方要向乙方订购 200 个文件柜，合同签订之后 1 个月内交货，交货地点在乙方厂内仓库，由甲方自运，质量和规格以乙方提供的样品为准。每个文件柜价格为人民币 150 元，共计货款为 30 000 元。货款在货物起运后 3 日内通过银行办理托收。双方每逾期一天，按总金额 0. 5% 支付对方违约金。合同一式四份，双方各执一份，各自的上级单位备案各一份。

3. 会计专业毕业生马××应聘到××厂财务科，财务科严科长给她下达了一个任务：利用 3 天时间调研，撰写一份经济活动分析报告。（30 分）

客观题自测

同步训练二

一、填空题（每空 1 分，共 3 分）

1. 正文是合同的主要内容，包括两个部分，即引言和主体。合同主体部分根据《合同法》的规定主要包括：标的；数量与质量；__________；履行的期限、地点和方式；__________和解决争议的方法。

2. 甲方与乙方合作，共同投资建设体育综合训练房，该合作项目需要签份协议，协议的标题是《____________________》。

二、单项选择题（3 分）

下面 3 段文字哪一段的表达最准确？（　　）

A. 甲方在签订合同后先交一部分建造费，其余在图书馆建成后抓紧归还所欠部分。

B. 甲方在签订合同后一周内，先付给乙方全部修建费的 50%，其余在图书馆建成后抓紧归还。

C. 甲方在签订合同后一周内，先付给乙方全部修建费的 50%，其余的 50% 在图书馆建成验收合格后一个月内全部付清。

三、下面的条款应如何写才能避免纠纷？（每题 3 分，共 6 分）

1. 南京某商场向广东一家袜子厂订了几万打男士袜子，每打××元。等到厂家袜子运到时，却发现每打只有 10 双，而不是通常的 12 双。商场责问厂家，厂家说它们一贯是按每打 10 双出售的。商场又问你为什么不早说？厂家说，你为什么不早问？告到法院，法院一查，厂家以前确实是按每打 10 双卖的。

____

2. 浙江省有一份 2015 年 3 月 6 日订立的购销合同，其中交货日期是这样写的："现货 6 吨，今年 7 月交货 7 吨。"后来第 1 次交货是在 5 月 26 日，计 8 吨。6 月 1 日国家对该货的价格作了下调的规定。供方要求 8 吨货按原价结算，而需方则认为，其中 6 吨迟交属违约，应按下调价结算，而且要依法罚违约金，2 吨提前交货可依法按原价结算。双方无法协商，供方上诉法院。

____

四、写出下列经济文书的标题（每题 2 分，共 10 分）

1. 招标书的标题有公文式写法，即招标单位名称 + 招标性质 + 内容 + 文种（必写）。爱国职业技术学院要建个高尔夫球场，请为其写个招标书的公文式标题。

____

2. 孙 ×× 要对 2017 年杭州市房价进行预测，请为其写个标题。

____

3. 请为贵州茅台酒写一条广告语：______________________________

4. 一篇经济活动分析报告对邯郸市 ×× 公司 2015 年财务状况进行分析，请为其补个完整式的标题：____

5. 为了方便群众，×× 建筑公司准备建造新世纪车库，请为其写个策划书标题。

____

五、评析题（20 分）

1. 请运用所学知识对广告语“百事可乐：新一代的选择”进行评析。（8 分）

2. 请从写法的角度对同步训练一写作题中的第 3 版的参考答案《×× 厂财务计划执行情况分析》进行评析。（20 分）

提示：

① 评析应主要着眼于经济活动分析报告的一般写法，要对经济活动分析报告的总体结构和各构成要素作简要的说明、分析。

② 既要注意运用所学知识，又要注意结合原文。

③ 分析要有条理。

3. 请对下面的购销合同进行评析。（15 分）

购销合同

×× 研究所（简称甲方）
立合同单位：
×× 家具厂（简称乙方）

为了发展生产，满足群众需要，经双方充分协商，特签订本合同，以便共同遵守。

一、甲方向乙方订购书橱 ×× 个，单价 ×× 元；书桌 ×× 张，单价 ×× 元。总计金额 ×××× 元。乙方在 2017 年 7 月 1 日前交货。

二、产品先由乙方做实样，经甲方同意后照原样施工。

三、所有原材料由甲方供应，乙方在甲方现场施工。

四、甲方按图纸实样验收产品，合格后结算费用，由甲方汇入乙方开户银行。

五、本合同一式四份，甲、乙方各执一份，另两份各自送上级有关部门存查。

六、本合同自签字之日起生效，有效期从 2017 年 3 月 1 日起至 2017 年 7 月 1 日止，任何一方不得任意毁约，否则应承担对方经济损失。

甲方：×× 研究所（章）　　　　乙方：×× 家具厂（章）
代表：×××　　　　代表：×××
签约时间：2017 年 3 月 1 日

4. 请运用所学知识对下面的招标书进行评析。(15 分)

×× 大学修建图书馆楼的招标公告

×× 大学经上级主管部门批准，拟修建一座图书馆楼，从 ×××× 年 3 月 8 日起开始建筑招标。现将具体事宜告知如下。

1. 工程名称：×× 大学图书馆楼

2. 建筑面积：×××× 平方米

3. 施工地址：×× 市 ×× 路 ×× 号

4. 设计及要求：见附件(略)

5. 材料中钢材、木材、水泥由招标单位供应，其余由投标人自行解决。所需材料见附表。(略)

6. 交工日期：×××× 年 2 月

7. 凡愿投标的国有、集体建筑企业，只要经主管部门和开户行认可，具有相应建筑施工能力者均可投标。

8. 投标人可来函或来人索取招标文件。

9. 投标人请将报价单、施工能力说明书、原材料来源说明及上级主管部门的有关鉴证等密封投寄或派人直送我校基建处招标办公室。

10. 招标截至 ×××× 年 4 月 8 日(信件以邮戳为准)。4 月 10 日，在我校办公楼会议室，在 ×× 市公证处公证下启封开标。

×× 大学基建处(印章)

×××× 年 × 月 × 日

六、写作题(20 分)

请运用所学知识对 2018 年国内房地产市场进行预测。

项目三 公务文书写作实训

gongwuwenshuxiezuoshixun

☞实训目标

通过以工作过程为导向的实训，培养学生公文写作、自学、信息获取与利用、理论联系实际、领悟沟通等能力，使学生有机会上岗就能比较规范地撰写、制发公文。重点掌握通知、通报、公告、通告、报告、请示、批复、函、会议纪要等文种的写法。

☞实训过程

工作任务一 → 工作任务二 → 工作任务三 → 工作任务……

⇩ ⇩ ⇩ ⇩

转发公文 → 请批编制 → 出国报批 → ……

工作任务一　转发公文

工作情境

2016届工商管理专业毕业生严 ××，在校没有学过公文写作，或者学了又忘记了。现在要到 ×× 省政府办公厅实习，接到了下列公文，并须迅速转发下去。真是书到用时方恨少，她应如何准备？如何制发公文？

国务院办公厅转发人力资源社会保障部财政部
关于调整机关事业单位工作人员
基本工资标准和增加机关事业单位离退休人员离退休费三个实施方案的通知

各省、自治区、直辖市人民政府，国务院各部委、各直属机构：

党中央、国务院决定，从2014年10月1日起，调整机关、事业单位工作人员基本工资标准、增加机关事业单位离退休人员离退休费。人力资源社会保障部、财政部《关于调整机关工作人员基本工资标准的实施方案》《关于调整事业单位工作人员基本工资标准的实施方案》《关于增加机关事业单位离退休人员离退休费的实施方案》已经国务院批准，现转发给你们，请认真贯彻执行。

调整机关事业单位工作人员基本工资标准，相应增加机关事业单位离退休人员离退休费，是贯彻落实党中央、国务院的决策部署，改革机关事业单位工资和津贴补贴制度的重要举措，是实施机关事业单位养老保险制度的重要配套措施。各地区、各部门要高度重视，加强领导，周密安排，精心组织，把各项政策落实到位。要严格执行实施方案，认真做好组织实施工作；严格组织人事纪律和财经纪律，确保各项工作平稳顺利进行。

自本通知印发之日起，冻结、规范津贴补贴（绩效工资，下同）的增长，各地区、各部门不得自行提高津贴补贴水平和调整津贴补贴标准，要严格执行国家规定的改革性补贴政策和考核奖励政策。

附件：人力资源社会保障部、财政部关于调整机关事业单位工作人员基本工资标准和增加机关事业单位离退休人员离退休费三个实施方案

中华人民共和国国务院办公厅

（公章）

2015年1月12日

工作结果

××省人民政府转发人力资源社会保障部财政部
关于调整机关事业单位工作人员
基本工资标准和增加机关事业单位离退休人员离退休费三个实施方案的通知

各地（市）人民政府、省直属各部门：

人力资源社会保障部、财政部《关于调整机关事业单位工作人员基本工资标准和增加机关事业单位离退休人员离退休费三个实施方案》已经国务院同意，现转发给你们，请认真贯彻执行。

附件：1. 国务院办公厅转发人力资源社会保障部财政部关于调整机关事业单位工作人员基本工资标准和增加机关事业单位离退休人员离退休费三个实施方案的通知

2. 关于调整机关事业单位工作人员基本工资标准和增加机关事业单位离退休人员离退休费三个实施方案

××省人民政府（公章）
2015年1月14日

工作评价

这份转发性通知写得好！好在以下几个方面。

一是文种选用正确。在15种公文中只有通知具有转发的功能。通知适用于批转下级机关的公文，转发上级机关和不相隶属机关的公文；是发布规章，传达要求下级机关办理和有关单位需要周知或共同执行的事项，任免人员的公文。用途广泛、使用频率高是通知的重要特点。

作者选用转发性通知更妙，当然这也离不开“工作情境”中领导的正确引导。如果是国务院发文，就应该用批准性通知，而“工作情境”中是国务院办公厅发文，当然应用转发性通知。想一想，为什么？

二是标题写作规范、美观。转发性、批转性通知的标题写法与一般公文不同。格式如下：

转发（批转）机关名称＋转发（批转）＋被转文件标题

例如，“人力资源社会保障部财政部关于调整机关事业单位工作人员基本工资标准和增加机关事业单位离退休人员离退休费三个实施方案”（三要素要齐全）＋的通知。

这篇转发性通知不仅标题写作规范，且分3行排列，美观、平稳、大方，断行也没有破词。如果把标题中“人员”两个字分开，分别排在上下行，就是破词，阅读起来就不那么顺畅了。

三是主送机关准确。符合“不越级行文，不送个人”等公文行文规则。

四是公文主体应该具备的要素（标题、主送机关、正文、附件、公文生效标识、成文日期）齐全，格式规范。尤其是成文日期的排列，能注意到应离右边4个字编排，能用阿拉伯数字将年、月、日标全，年份标全称，月、日不编虚位（即1不编为01）。

工作任务二　请批编制

工作情境

孟云竹同学到新兴市经济委员会顶岗实习，恰逢该单位为了加强能源管理，经市政府同意拟成立“新兴市节约能源中心”（简称节能中心）。经济委员会主任要求孟云竹同学向市编制委员会写份公文，请批编制，并告诉其节能中心的职能是：为市政府制定能源政策提建议，进行行业管理，负责全市节能工作的指导、监督，节能的科研工作，节能技术推广等。节能中心是市经委的直属事业单位，局级建制，设5个处室，需用人员48人（处室设置及人员配备见附表）。节能中心的人员调配由市经委解决。该公文的签发日期是2016年8月6日。

工作结果

新兴市经济委员会关于审批市节约能源中心编制的请示

新兴市编制委员会：

为了加强全市的能源管理，经市政府同意，拟成立“新兴市节约能源中心”（简称节能中心）。节能中心的职能是：为市政府制定能源政策提建议，进行行业管理，负责全市的节能工作的指导、监督，节能的科研工作，节能技术推广等。节能中心是市经委的直属事业单位，局级建制，设5个处室，需用人员48人。节能中心的人员调配由我委自行解决。

妥否，请审批。

附件：处室设置及人员配备表

新兴市经济委员会（章）

2016年8月6日

（联系人：×××　联系电话：××××××××××××）

工作评价

孟云竹同学的请示，一是体现公文规范性的特点，全篇有规范的标题、主送机关、正文、附件、发文单位、公文生效标识、成文日期、附注，即公文格式规范；二是“一事一请”，即审批“节能中心编制”，不像有的单位既要编制，又要资金，一文多事；三是把握了公文语言的平实性，语言通俗、准确、简洁、严谨。这篇请示的标题三要素齐全，事由概括精练；正文包括请示缘由、请示事项、结语3部分，流畅完整；“处室设置及人员配备表”作为附件很稳妥；尤其是附注能写明联系人与联系电话，说明该同学对请批事项的高度重视。

但是，文种用错了。请示适用于向上级机关请求指示、批准（必须是隶属关系），新兴市计划经济委员会与新兴市编制委员会没有隶属关系。

那么，这里应该用什么文种呢？换句话说，哪个文种也有请求批准的作用呢？

函适用于不相隶属机关商洽工作、询问和答复问题、请求批准和答复审批事项。可见，这里应该用函。因为“市经济委员会”与“市编制委员会”是平行单位，不相隶属。

更正如下：

新兴市经济委员会关于审批市节约能源中心编制的函

新兴市编制委员会：

为了加强全市的能源管理，经市政府同意，拟成立“新兴市节约能源中心”（简称节能中心）。节能中心的职能是：为市政府制定能源政策提建议，进行行业管理，负责全市的节能工作的指导、监督，节能的科研工作，节能技术推广等。节能中心是市经委的直属事业单位，局级建制，设 5 个处室，需用人员 48 人。节能中心的人员调配由我委自行解决。

妥否，请审批并函复。

附件：处室设置及人员配备表

新兴市经济委员会（章）

2016 年 8 月 6 日

工作任务三　出国报批

工作情境

××省教育厅拟于 2016 年 9 月 8 日派组（厅长沈 ×× 等 5 人）到德国柏林考察职业教育有关问题，考察时间 11 天，所需外汇该厅自行解决；各项费用预算，列有详表；蔡 ×× 是 ×× 省教育厅的办公室秘书，应就此事于 2016 年 6 月 16 日发文向省政府请求批准。假定你是 ×× 省教育厅办公室秘书蔡 ××，该怎样拟写公文？

省政府领导收到教育厅出国请批公文，经研究同意其出国，要求秘书赵 ×× 于 6 月 18 日予以回复。假设你是秘书赵 ××，应该如何拟写公文回复？

工作结果

蔡 ×× 工作结果如下。

×× 省教育厅

关于派组赴德国考察职业教育有关问题的请示

××省人民政府：

为了加强学术交流，进一步探讨职业教育的规律和改革发展趋势，我厅拟于 2015 年

9 月 8 日应邀派组（厅长沈 ×× 等 5 人）前往德国柏林考察，行期 11 天，所需外汇由我厅自行解决。

妥否，请批示。

附件：1. 邀请函

2. ×× 省教育厅赴德国柏林考察各项费用预算表

×× 省教育厅（印章）

2016 年 6 月 16 日

（联系人：蔡 ×× 联系电话：×××—×××××××）

赵 ×× 工作结果如下。

×× 省人民政府

关于同意派组赴德国考察职业教育的批复

×× 省教育厅：

贵厅《关于派组赴德国考察职业教育有关问题的请示》（× 发〔2016〕× 号）收悉。现批复如下：

为了开阔视野，加强学术交流，提高我省职业教育水平，经我们集体研究一致同意你厅于 2016 年 9 月 8 日派组前往德国柏林考察；核定出国人数 5 名，不另行增加；核定行期 11 天，应如期归国。

特此批复

×× 省人民政府（印章）

2016 年 6 月 18 日

工作评价

对蔡 ×× 工作的评价

请示符合公文标准的格式。标题是完整式标题，由发文机关、事由和文种组成，三要素齐全；主送机关符合“不越级行文”“不送个人”“党政机关不能交叉上行请示、报告性公文”的行文规则；正文没有照搬工作情境的原文，增加“应邀”二字，表意更准确，增加“为了……”的出国的理由，使行文与即将的出行有了依据，显示了合理性；对工作情境中的“各项费用预算，列有详表”能转换为附件《×× 省教育厅赴德国柏林考察各项费用预算表》，体现了灵活性，尤其是增加了附件《邀请函》，考虑十分周到；能在发文机关之后加注“印章”二字，有公文生效的强烈意识；成文日期的写作完全符合规范；在附注的位置标明联系人、联系电话，体现作者公文处理的慎重、细致。

对赵 ×× 工作的评价

这是一份有关出国的审批性批复。标题在事由中明确表示对请示事项的态度“同意”。正文包括批复依据、批复事项、执行要求 3 部分。批复依据先引对方公文的标题，再引发文字号，符合国家有关文件法规的要求，是最标准的引用公文的方法；接着采用批复常用的过渡句“现批复如下”，自然而然地转向批复事项，先表明态度“同意”，再提出要求“出国人数 5 名，不另行增加；核定行期 11 天，应如期归国”，语言精练，层次分明；尤其是“集体研究”“一致同意”，不仅用语准确，也体现了民主作风。

工作参考

一、公文概述与格式

（一）公文及其文种

公文（包括电报）是公务文书的简称，指党政机关公文，是在公务活动中使用的具有特定效力和规范体式的文书。

中共中央办公厅、国务院办公厅2012年4月12日颁布，2012年7月1日施行的《党政机关公文处理工作条例》规定了15种公文，即命令（令）、决议、决定、公告、通告、通知、通报、公报、议案、报告、请示、批复、意见、函和会议纪要。

① 命令。适用于依照有关法律公布行政法规和规章，宣布实行重大的强制性行政措施，嘉奖有关单位和人员。

② 决议。适用于多个主体根据会议表决原则作出的决定。

③ 决定。适用于对重要事项或重大行动作出安排，奖惩有关单位及人员，变更或撤销下级机关不适当的决定事项。

④ 公告。适用于向国内外宣布重要事项或法定事项。

⑤ 通告。适用于公布社会各有关方面应当遵守或周知的事项。

⑥ 通知。适用于批转下级机关的公文，转发上级机关和不相隶属机关的公文，传达要求下级机关办理和需要有关单位周知或执行的事项，任免人员。

⑦ 通报。适用于表彰先进，批评错误，传达重要精神或情况。

⑧ 公报。适用于党政机关和人民团体公开发布重大事件或重要决定事项的报道性公文。

⑨ 议案。适用于各级人民政府按照法律程序向同级人民代表大会或人民代表大会常务委员会提请审议事项。

⑩ 报告。适用于向上级机关汇报工作、反映情况，答复上级机关的询问。

⑪ 请示。适用于向上级机关请求指示、批准。

⑫ 批复。适用于答复下级机关的请示事项。

⑬ 意见。适用于对重要问题提出见解和处理办法。

⑭ 函。适用于不相隶属机关商洽工作，询问和答复问题，请求批准和答复审批事项。

⑮ 会议纪要。适用于记载、传达会议情况和议定事项。

（二）公文行文规则

行文规则是指行文时必须遵守的规矩、制度，是维持正常的行文关系，保证机关工作正常开展的重要条件。行文关系根据隶属关系和职权范围确定，一般不得越级行文，如图3.1所示。特殊情况需要越级行文的，应当同时抄送被越过的机关。

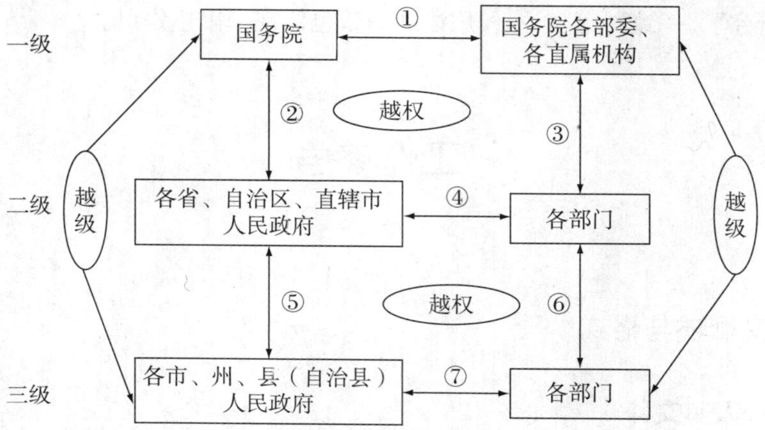

图 3.1　不能越级越权行文示意

1．下行公文行文规则

① 主送受理机关，根据需要抄送相关机关。重要行文应当同时抄送发文机关的直接上级机关。

② 党委、政府的办公厅（室）根据本级党委、政府授权，可以向下级党委、政府行文，其他部门和单位不得向下级党委、政府发布指令性公文或在公文中向下级党委、政府提出指令性要求。需经政府审批的具体事项，经政府同意后可以由政府职能部门行文，文中需注明已经政府同意。

③ 党委、政府的部门在各自职权范围内可以向下级党委、政府的相关部门行文。

④ 涉及多个部门职权范围内的事务，部门之间未协商一致的，不得向下行文。擅自行文的，上级机关应当责令其纠正或撤销。

⑤上级机关向受双重领导的下级机关行文，必要时抄送该下级机关的另一个上级机关。

2．上行公文行文规则

① 原则上主送一个上级机关，根据需要同时抄送相关上级机关和同级机关，不抄送下级机关。

② 党委、政府的部门向上级主管部门请示、报告重大事项，应当经本级党委、政府同意或授权；属于部门职权范围内的事项应当直接报送上级主管部门。

③ 下级机关的请示事项，如果需以本机关名义向上级机关请示，应当提出倾向性意见后上报，不得原文转报上级机关。

④ 请示应当一文一事，不得在报告等非请示性公文中夹带请示事项。

⑤ 除上级机关负责人直接交办事项外，不得以本机关名义向上级机关负责人报送公文，不得以本机关负责人名义向上级机关报送公文。

⑥ 受双重领导的机关向一个上级机关行文，必要时抄送另一个上级机关。

3．平行公文行文规则

同级党政机关、党政机关与其他同级机关必要时可以联合行文；属于党委、政府各自职权范围内的工作，不得联合行文；党委、政府的部门依据职权可以相互行文；部门内设机构除办公厅（室）外不得对外正式行文。

（三）公文格式图示

公文式样如图 3.2 至图 3.8 所示。A4 型公文用纸页边及版心尺寸如图 3.9 所示。

《党政机关公文处理工作条例》第九条规定：“公文一般由份号、秘密等级和保密期限、紧急程度、发文机关标志、发文字号、签发人、标题、主送机关、正文、附件说明、发文机关署名、成文日期、印章、附注、附件、抄送机关、印发机关和印发日期、页码等组成。”从大的方面看，党政机关公文格式各要素划分为版头、主体、版记 3 部分。公文首页红色分隔线以上的部分称为版头；公文首页红色分隔线（不含）以下、公文末页首条分隔线（不含）以上的部分称为主体；公文末页首条分隔线以下、末条分隔线以上的部分称为版记。

图 3.2 公文首页版式

图 3.3 公文末页版式

图 3.4 信函首页版式

图 3.5 命令（令）首页版式

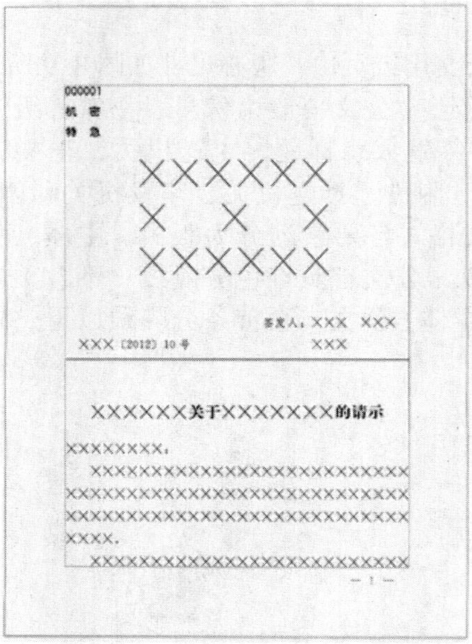

图 3.6　联合上行公文首页版式

图 3.7　联合行文末页版式 1

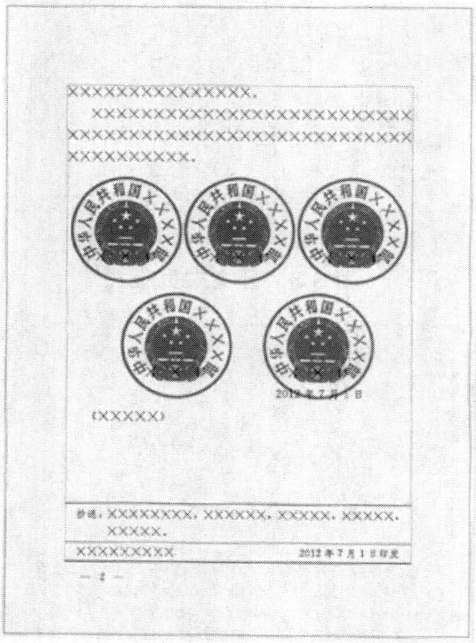

图 3.8　联合行文末页版式 2

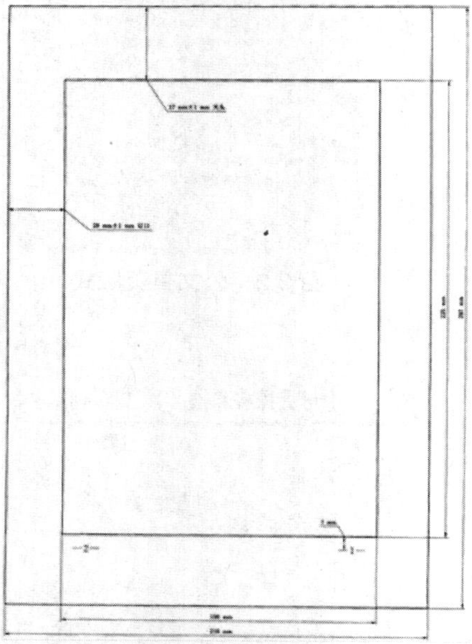

图 3.9　A 4 型公文用纸页边版心尺寸

1．版头部分

版头部分由份号、秘密等级和保密期限、紧急程度、发文机关标志、发文字号、签发人诸要素构成。它位于公文首页上端，一般占 A4 型公文纸的 1/3 或 2/5。

（1）份号

份号，又称份数序号，是同一文稿印制份数的顺序编号。如果需标注份号，一般用 6 位三号阿拉伯数字，顶格编排在版心左上角第 1 行。

（2）秘密等级和保密期限

秘密等级是指公文内容涉及秘密程度的等级。秘密等级分为“绝密”“机密”“秘密”三级。如果需标注秘密等级和保密期限，一般用三号黑体字，顶格编排在版心左上角第2行；保密期限中的数字用阿拉伯数字标注。秘密等级和保密期限之间用“★”隔开，如“机密★5年”。

（3）紧急程度

紧急程度是指送达和办理公文的时限要求，分“特急”“加急”。如果需标注紧急程度，一般用三号黑体字，顶格编排在版心左上角；如果需同时标注份号、秘密等级和保密期限、紧急程度，按照份号、秘密等级和保密期限、紧急程度的顺序自上而下分行排列。

（4）发文机关标志

发文机关标志由发文机关全称或规范化简称加“文件”二字组成，也可以使用发文机关全称或规范化简称。

发文机关标志居中排布，上边缘至版心上边缘35 mm，推荐使用小标宋字体，颜色为红色，以醒目、美观、庄重为原则。

联合行文时，如果需同时标注联署发文机关名称，一般应当将主办机关名称排列在前；如果有“文件”二字，应当置于发文机关名称右侧，以联署发文机关名称为准上下居中排布。

（5）发文字号

发文字号是发文机关同一年度发文排列的顺序号。发文字号由发文机关代字、年份、发文顺序号3部分组成，位于发文机关标志下空两行处、间隔线上面居中位置（下行公文、平行公文），紧靠间隔线。如果是上行公文，发文字号居左空1个字，签发人与姓名居右空1个字。发文字号使用与正文相同的字体。发文字号中3个部分的书写顺序是：先写发文机关代字，接着是年份，最后是序号，如“国发〔2012〕16号”，表示国务院在2012年度内发的第16号文。发文号中的年份，要用阿拉伯数字完整书写，用括号括起来，不能把“2012”简化为“12”。除命令（令）外，其他公文的序号前不加“第”，数字前也不加“0”。括号需用六角括号“〔 〕”，不能用圆括号“( )”或方括号“[ ]”。联合行文的发文字号，只要标明主办机关的发文字号。发文字号的作用主要有3个：一是便于登记；二是便于分类、归档；三是便于查找、引用。

（6）签发人

上行公文需在首页标识签发人姓名。签发人是指批准发出公文的机关领导人。签发人用三号仿宋体字，签发人后标全角冒号，冒号后用三号楷体字标识签发人姓名。如有多个签发人，主办单位签发人姓名置于第1行，其他签发人姓名从第2行起在主办单位签发人姓名之下按发文机关次序依次顺排，下移红色反线，使发文字号与最后一个签发人姓名处在同一行，与红色分隔线的距离为4 mm。

（7）红色分隔线

发文字号之下4 mm处居中印一条与版心等宽的红色分隔线。

2. 主体部分

公文的主体部分包括标题、主送机关、正文、附件说明、发文机关署名、印章、成文日期和附注等。

（1）标题

公文的标题是公文内容和作用的高度概括。完整的公文标题由发文机关名称、发文事由（或公文主题）、公文种类3部分组成。公文标题中除法规、规章名称加书名号外，一般不用标点符号。有些法规性公文在标题之下还有题注一项，用以说明某项法令、规定等通过或批准的时间、程序或开始生效的时间，其内容要写在括号里。公文标题的3个组成部分一般要写完整。转发性通知、批转性通知标题写法特殊，具体请参见通知的分类与写法。公文的标题应在红色分隔线下空两行，用二号小标宋体字，一行或分多行居中排布；回行时要做到词义完整、排列对称、长短适宜、间距恰当，整体排列呈梯形或菱形。

（2）主送机关

主送机关是负有公文处理责任的受理机关。它位于正文之前，标题之下，顶格写。如果主送机关不止一个，同类型、相并列的机关之间用顿号间隔，不同类型、非并列关系的机关之间用逗号间隔，最后用冒号。例如，人事部《关于开展国家公务员普通话培训的通知》的主送机关的写法如下。

各省、自治区、直辖市人事（人事劳动）厅（局），教委（教育厅），语委（语言文字工作机构），国务院各部委、各直属机构人事（干部）部门，新疆生产建设兵团人事局：

普发性下行公文，主送机关较多，一般使用泛称，如“厂各直属单位：”。上行公文的主送机关一般是一个。请示、批复、意见、函的主送机关只能是一个。一些行文方向不定，没有特指主送机关的公布性公文，如公告、通告及一部分通知，则不写主送机关。主送机关应在标题下空一行，左侧顶格用三号仿宋体字标识，回行时仍顶格，最后一个主送机关名称后标全角冒号。

（3）正文

正文是公文的核心部分，用来表述公文的具体内容。除个别极简短的公文外，正文内容分为开头（又称缘由或依据）、事项和结尾3部分。公文首页必须显示正文，一般用三号仿宋体字，编排于主送机关名称下一行，每个自然段左空两字，回行顶格。文中结构层次序数依次可以用“一、”“（一）”“1.”“（1）”标注；一般第1层用黑体字、第2层用楷体字、第3层和第4层用仿宋字体标注。

（4）附件说明

附件说明是指公文附件的顺序号和名称。如果有附件，在正文下空一行、左空两字编排“附件”二字，后标全角冒号和附件名称。如果有多个附件，使用阿拉伯数字标注附件顺序号，如“附件：1. ××××”。附件名称后不加标点符号。附件名称较长需回行时，应当与上一行附件名称的首字对齐。

（5）发文机关署名

署发文机关全称或规范化简称。

（6）成文日期

成文日期一般以领导人签发的日期为准，联合行文以最后签发机关领导人的签发日期为准；会议通过的公文，以通过日期为准；法规性公文，以批准日期为准，或者以专门规定的具体生效、开始执行的日期为准。成文日期一般位于正文尾部，发文机关署名下一行右空4字编排；会议通过的文件，成文日期则标在公文标题下。成文日期用阿拉伯数字将年、月、日标全——年份应标全称，月、日不编虚位（即 1 不编为 01）。

（7）印章

① 加盖印章的公文。印章应使用红色，不得出现空白印章。单一机关行文时，一般在成文日期之上，以成文日期为准居中编排发文机关署名，印章端正、居中下压发文机关署名和成文日期，使发文机关署名和成文日期居印章中心偏下位置，印章顶端应当上距正文（或附件说明）一行之内。联合行文时，一般将各发文机关署名按照发文机关顺序整齐排列在相应位置，并将印章一一对应、端正、居中下压发文机关署名，最后一个印章端正、居中下压发文机关署名和成文日期，印章之间排列整齐，互不相交或相切，每排印章两端不得超出版心，首排印章顶端应当上距正文（或附件说明）一行之内。

② 不加盖印章的公文。单一机关行文时，在正文（或附件说明）下空一行，右空两字编排发文机关署名，在发文机关署名下一行编排成文日期，首字比发文机关署名首字右两字。如果成文日期长于发文机关署名，应当使成文日期右空两字编排，并相应增加发文机关署名右空字数。联合行文时，应当先编排主办机关署名，其余发文机关署名依次向下编排。

③ 加盖签发人签名章的公文。单一机关制发的公文加盖签发人签名章时，在正文（或附件说明）下空两行，右空 4 字加盖签发人签名章，签名章左空两字标注签发人职务，以签名章为准上下居中排布；在签发人签名章下空一行，右空 4 字编排成文日期。联合行文时，应当先编排主办机关签发人职务、签名章，其余机关签发人职务、签名章依次向下编排，与主办机关签发人职务、签名章上下对齐；每行只编排一个机关的签发人职务、签名章；签发人职务应当标注全称。签名章一般用红色。

（8）附注

附注是用以说明在公文其他部分不便说明的各种事项，如说明有关引文的出处、发至级限、解释有关名词术语，如“此文发至县团级”“此件可以向群众传达”等。也可以在使用请示文种时注明联系人姓名和联系电话。附注标注在成文日期下一行，居左空两字，外加圆括号。

（9）附件

附件是指随文发送的文件、报表、材料等，是正文的补充说明或参考材料，是公文的组成部分。不是所有公文都需要附件，根据需要而定。附件应当另面编排，并在版记之前，与公文正文一起装订。“附件”二字及附件顺序号用三号黑体字顶格编排在版心左上角第 1 行，附件标题居中编排在版心第 3 行。附件顺序号和附件标题应当与附件说明的表述一致。附件格式要求同正文。

如果附件与正文不能一起装订，应当在附件左上角第 1 行顶格编排公文的发文字号并在其后标注“附件”二字及附件顺序号。

3．版记部分

版记部分包括分隔线、抄送机关、印发机关和印发日期。

（1）分隔线

版记中的分隔线与版心等宽，首条分隔线和末条分隔线用粗线（推荐高度为 0.35 mm），中间的分隔线用细线（推荐高度为 0.25 mm）。首条分隔线位于版记中第 1 个要素之上，末条分隔线与公文最后一面的版心下边缘重合。

（2）抄送机关

抄送机关是指除主送机关外需要执行或知晓公文内容的其他机关。对抄送机关应当使用全称或规范化简称、统称。公文如果有抄送机关，一般用四号仿宋体字，在印发机关和印发日期之上一行，左右各空一字编排。“抄送”二字后加全角冒号和抄送机关名称，回行时与冒号后的首字对齐，最后一个抄送机关名称后标句号。

如需把主送机关移至版记，除将“抄送”二字改为“主送”外，编排方法同抄送机关。既有主送机关又有抄送机关时，应当将主送机关置于抄送机关之上一行，之间不加分隔线。

（3）印发机关、印发日期

印发机关，即印发公文的机关，要写全称。印发日期，以公文付印的日期为准。

印发机关和印发日期一般用四号仿宋体字，编排在末条分隔线之上；印发机关左空一字，印发日期右空一字；印发日期用阿拉伯数字将年、月、日标全，年份应标全称，月、日不编虚位（即 1 不编为 01），后加“印发”二字。

版记中如有其他要素，应当将其与印发机关和印发日期用一条细分隔线隔开。

在印发机关、印发日期栏下要加一条分隔线。

（四）公文的特点

1. 法定性

公文用于发布法规与规章，使国家各项管理活动有法可依，有规可循，从而逐步实现法制化。首先，公文由法定作者制发。公文的法定作者指的是依法成立并能以自己名义行使职权和承担义务的国家机构与其他社会组织（以下统称为机关），公文必须以这些机关的名义或其法定代表人的名义制发，以便代表法定机关或组织的意图，作为开展工作的依据。其次，发文机关必须履行法定程序。为保证公文的有效性，国家有关机构规定了各类公文的生成程序。必须履行这些程序，依照法定权限和职能制发公文，不能越权行文、违法违章行文，只有这样，公文才能产生法定效用。最后，无论是事实、数字，还是各种意见、结论，一旦进入正式公文，就不能任意更改、解释和否定。

2. 政策性

公文是处理公务的工具，其内容必须完全符合党和国家的各项方针、政策，才能把党和国家的方针、政策贯彻落实到具体工作中。因此，公文具有较强的政策性，在各项工作中发挥着政策导向作用。

3. 效用性

公文的内容所针对的是现实公务活动，对受文者及其他有关方面的行为将产生为法律法规所规定的不同程度的强制性影响，如在规定的时间、空间和机构、人员范围内，强制执行内容，强制阅读、办理，强制复文等。因此，公文有法定的效用性。

4. 规范性

公文具有规范的体例。公文的撰写和处理，从起草到成文，到收发、传递、分办、立卷、归档、销毁等，都有一套规范化的制度。另外，公文的文体、结构、用纸的尺寸、文件标记也都有统一的规定。公文制发者必须认真遵循国家有关机构以法规、标准等形式，对公文的文体、结构、格式所做的统一规范。

（五）公文的分类

从不同的角度，依照不同的标准，可以对公文进行不同的分类。比较常见的分类方法有以下几种。

1. 按照行文关系和行文方向分类

行文是指一个机关给另一个机关的发文。按照行文关系和行文方向的不同，公文可分为上行文、平行文和下行文 3 种。

（1）上行文

上行文是指下级机关向所属上级机关呈送的公文，主要有报告、请示等。

（2）平行文

平行文是指同级机关或不相隶属的机关之间相互制发的公文，主要有函、议案等。

（3）下行文

下行文是指上级机关向所属的下级机关送发的公文，主要有命令（令）、决议、决定、通报、公报、通知、批复、意见等。

有些公文的行文方向并不十分固定，在不同的情况下有不同的归属，如通知、函。

2. 按照紧急程度分类

按照紧急程度的不同，公文可分为紧急公文和普通公文。紧急公文通常分为“特急”和“加急”两类。电报可分为特提、特急、加急和平急。

3. 按照有无保密要求及机密等级分类

按照有无保密要求的不同，公文可分为普通公文和保密公文两类。按照秘密等级的不同，保密公文可分为绝密、机密和秘密 3 种。

（1）绝密公文

绝密公文是秘密等级最高的文件，所反映的通常是党和国家的核心秘密，其内容一旦泄露，会使党和国家的安全和利益遭受特别严重的损害。

（2）机密公文

机密公文是秘密等级较高的文件，包含着党和国家的重要秘密，其内容一旦泄露，会使党和国家的安全和利益遭受重大的损害。

（3）秘密公文

秘密公文是秘密等级较低的文件，所反映的是党和国家的一般秘密，其内容也是不能随意泄露的，否则，也会给党和国家的事业或某项具体工作带来一定程度的损失。

4. 按照具体职能分类

按照具体职能的不同，公文可分为以下几类。

① 法规性公文。法规性公文是用来颁布法律、法令或对有关问题作出规定的公文，如命令（令）。这类公文一般都是下行文。

② 指挥性公文。指挥性公文是直接体现上级机关的决策意图、处理意见，起指令或指导作用的公文，如决议、决定、意见、批复。这类公文一般都是下行文。

③ 报请性公文。报请性公文是下级机关用以向上级机关汇报、请示工作的公文，如报告、请示。这类公文是上行文。

④ 知照性公文。知照性公文是用来告知事项的公文，如公告、通告、通知、通报、

公报、函。这类公文既有下行文，也有平行文。

⑤ 联系性公文。联系性公文是用来联系工作的公文，如函。

⑥ 实录性公文。实录性公文是指真实地记录有关工作情况的公文，如会议纪要。

此外，还可以按照传阅范围限定等来分类。这里不一一列举了。

（六）文种的选择

1. 文种释义

公文文种是指把具体的公文按性质和用途的不同划分为若干种，并为每种公文规定了固定名称，即文种的名称，简称文种。

现行党政机关公文文种共有15种，即决议、决定、意见、通知、通报、公报、请示、报告、批复、函、会议纪要、命令、议案、公告、通告。

2. 文种选定

确定与选择公文文种的要求如下。

① 公文名称必须符合公文管理法规的统一规定，不能乱起公文文种的名称。党的机关按中央办公厅规定的文种，行政机关用国务院规定的文种。每个文种只能单独使用，不能合并，千万不要使用“请示报告”这类不规范的文种。

② 要依据发文机关的职权范围选用适当的文种。例如，根据法律规定，命令（令）一般由国家领导人和国家部委负责人发布。

③ 依据行文方向选用相应的文种。

④ 依据不同的行文目的，选用不同的文种。例如，都是上行文，行文目的是让上级机关掌握信息，了解情况，或者是向上级汇报工作，反映问题，答复上级的询问，应使用报告；如果要上级机关解决问题，请求指示或批准的，则应使用请示。

⑤ 依据经验，注意近似文种的辨析。

（七）公文拟制程序

公文拟制包括公文的起草、审核、签发等程序。

① 起草。起草是指公文文稿的草拟，就是把领导人或单位的发文意图条理化。

② 审核。公文文稿签发前，应当由发文机关办公厅（室）进行审核。审核的重点是：是否需要行文；行文方式是否妥当；是否符合行文规则和拟制公文的要求；公文格式是否符合规定等。

③ 签发。公文应当经本机关负责人审批签发。签发人签发公文，应当签署意见、姓名和完整日期；圈阅或签名的，视为同意。联合发文由所有联署机关的负责人会签。

（八）公文的办理

公文办理包括收文办理、发文办理和整理归档。

1. 收文办理的主要程序

① 签收。对收到的公文应当逐件清点，核对无误后签字或盖章，并注明签收时间。

② 登记。对公文的主要信息和办理情况应当详细记载。

③ 初审。对收到的公文应当进行初审。初审的重点是：是否应当由本机关办理；是否符合行文规则；文种、格式是否符合要求；涉及其他地区或部门职权范围内的事项是否已

经协商、会签；是否符合公文起草的其他要求。经初审不符合规定的公文，应当及时退回来文单位并说明理由。

④ 承办。阅知性公文应当根据公文内容、要求和工作需要确定范围后分送。批办性公文应当提出拟办意见报本机关负责人批示或转有关部门办理；需要两个以上部门办理的，应当明确主办部门。紧急公文应当明确办理时限。承办部门对交办的公文应当及时办理，有明确办理时限要求的应当在规定时限内办理完毕。

⑤ 传阅。根据领导批示和工作需要将公文及时送传阅对象阅知或批示。办理公文传阅应当随时掌握公文去向，不得漏传、误传、延误。

⑥ 催办。及时了解掌握公文的办理进展情况，督促承办部门按期办结。紧急公文或重要公文应当由专人负责催办。

⑦ 答复。公文的办理结果应当及时答复来文单位，并根据需要告知相关单位。

2. 发文办理的主要程序

① 复核。已经发文机关负责人签批的公文，印发前应当对公文的审批手续、内容、文种、格式等进行复核；需做实质性修改的，应当报原签批人复审。

② 登记。对复核后的公文，应当确定发文字号、分送范围和印制份数并详细记载。

③ 印制。公文印制必须确保质量和时效。涉密公文应当在符合保密要求的场所印制。

④ 核发。公文印制完毕，应当对公文的文字、格式和印刷质量进行检查后分发。

需要归档的公文及有关材料，应当根据有关档案法律法规及机关档案管理规定，及时收集齐全、整理归档。两个以上机关联合办理的公文，原件由主办机关归档，相关机关保存复制件。机关负责人兼任其他机关职务的，在履行所兼职务过程中形成的公文，由其兼职机关归档。

（九）公文的页码

页码一般用四号半角宋体阿拉伯数字，编排在公文版心下边缘之下，数字左右各放一条一字线；一字线上距版心下边缘 7 mm。单页码居右空一字，双页码居左空一字。公文的版记页前有空白页的，空白页和版记页均不编排页码。公文的附件与正文一起装订时，页码应当连续编排。

（十）公文印装规格

国家标准《党政机关公文格式》（GB/T 9704—2012），不仅对公文的构成要素及格式作出了明确规定，而且对公文的印装规格也有详细说明。

1. 公文用纸规格

公文用纸要采用国际标准 A4 型纸，其成品幅面尺寸为 297 mm × 210 mm（长和宽）。公文用纸的页边（留空处）与版心的具体尺寸为：公文用纸天头（上白边）为 37 mm ± 1 mm，公文用纸订口（左白边）为 28 mm ± 1 mm，公文版心尺寸为 156 mm × 225 mm（不含页码）。

2. 公文排版规格和要求

正文用三号仿宋体字，一般每面排 22 行（以三号字高度加三号字高度 7/8 的距离为一基准行），每行排 28 个字。要做到版面干净、无底灰，字迹清楚、无断画，尺寸合乎标准，版心不斜，误差不超过 1 mm。

3. 印刷要求

公文应双面印刷，页码要套正，两面误差不得超过 2 mm。黑色油墨应达到色谱所标 B1100%，红色油墨应达到色谱所标 Y80%，M80%。印品着墨实、均匀，字面不花、不白，无断画。公文中未作特殊说明的图文项目，颜色均为黑色。

4. 装订要求

公文应左侧装订，不掉页。包本公文的封面与书心不脱落，后背平整、不空；两页页码之间误差不超过 4 mm；骑马订或平订的订位为两钉钉锯，外订眼距书心上下各 1/4 处，允许误差 ±4 mm。平订钉距与书脊的距离为 3~5 mm；无坏钉、漏钉、重钉，钉脚平伏牢固；后背不可散页明订。裁切成品尺寸误差 ±1 mm，四角成 90°，无毛茬或缺损。

二、公文写法与示例

（一）命令（令）与决定

1. 命令（令）的特点

（1）强制性

命令的最大特点是具有强制性，一经发布，受令者必须绝对服从，不允许抵制和违反。这就是通常所说的“令行禁止”。

（2）权威性

命令（令）是所有公文中最具权威性的下行文种。

（3）限制性

命令（令）的使用权受到严格限制，只有全国人民代表大会的常务委员会及其委员长、国家主席、国务院及其总理、国务院各部委及其部长、地方各级人民政府和各级人民代表大会，才有权力发布命令（令）。党的领导机关可以和同级人民政府联合发布命令（令），但是要以行政公文的形式出现。

2. 命令（令）的分类与写法

命令（令）主要包括发布令、行政令、嘉奖令 3 种基本类型。

（1）发布令

发布令是用以发布各种法规或规章的命令。例如，《中华人民共和国国务院令》第 576 号发布了《第六次全国人口普查办法》。发布令的标题包括发令机关名称或发令机关领导人职务名称和文种名称；标题下的令号一般不按年度编排，而是从发令机关领导人任职开始编流水号，到任满为止，下任另行编号。发布令正文说明什么法规由何机关或会议于什么时间批准或通过，以及施行时间。发布令大都带有附件——法规或规章。

（2）行政令

行政令是用于国家领导机关或领导人发布重大的强制性行政措施的命令。

（3）嘉奖令

嘉奖令是宣布奖励事宜时使用的命令，内容一般包括嘉奖缘由、嘉奖事项和号召学习 3 部分。

例 3—1

国务院关于对胜利粉碎劫机事件的民航杨继海机组的嘉奖令

中国民航兰州管理局第八飞行大队杨继海机组，1982 年 7 月 25 日驾驶民航伊尔十八 220 号机执行西安至上海 2505 航班任务，在飞临上海附近上空时，机上五名歹徒突然采取暴力手段劫持飞机。杨继海机组怀着高度的爱国主义精神和保证旅客安全的责任感，临危不惧，坚定沉着，配合有方，在地面正确指挥和机上旅客的协助下，与歹徒进行了机智勇敢的搏斗，终于战胜歹徒，飞机载着全部中外旅客在上海虹桥机场安全着陆。他们在当地人民政府和驻军的配合下，粉碎了一起劫机的严重事件，谱写了我国民航反劫机的一曲胜利凯歌。杨继海机组的英雄事迹，体现了他们热爱党、热爱社会主义祖国的坚定立场，体现了他们为确保旅客安全，为维护祖国声誉而英勇顽强、不怕牺牲的革命英雄主义高尚品德。他们为国家和人民争了光。为表彰这一英雄事迹，国务院决定授予杨继海机组中国民航英雄机组的称号。给机长杨继海记特等功一次；给杨继海机组八位同志各晋升一级，并分别给予奖金奖励。

国务院号召民航全体空勤人员和广大职工向英雄的杨继海机组学习，兢兢业业，戒骄戒躁，提高警惕，做好工作，确保飞行安全，全心全意为中国人民和世界人民服务，为我国的社会主义现代化建设作出贡献。

国务院（章）

1982 年 8 月 12 日

3．决定的特点

（1）权威性

决定虽然没有命令那样强硬，但从内容到口气，都坚定不容置疑，也是一种权威性很强的下行文。决定一经发布，就对受文单位具有很强的约束力，必须遵照执行。

（2）指挥性

决定在对重要事项进行安排时，通过原则、任务、措施、方案的确定，指挥下属单位统一思想，保证工作取得预期效果。因此，决定具有指挥性。

4．决定的分类与写法

决定包括知照性决定、指挥性决定、奖惩性决定和事项性决定 4 类。决定正文一般由决定依据、决定事项和结语 3 部分组成。

（1）知照性决定

知照性决定是针对一个具体问题或事项的决策，并不要求下级执行，可省去受文对象。如果是正式会议讨论的决定，在标题下要写明什么日期、什么会议通过或批准。

（2）指挥性决定

指挥性决定偏重统一认识或确定某一方面的方针，带有纲领性、法规性和指导性，要求下级机关认真遵照执行。这类决定一般篇幅较长，说理透彻，具有指挥性质，如《国务院关于加强节能工作的决定》等。

（3）奖惩性决定

奖惩性决定是对事迹突出、有典型意义的先进个人或集体进行表彰，或者对一些影响较大、群众关心的事故、错误进行处理。前者如《中央文明办、教育部、团中央、全国妇联关于表彰“抗震救灾英雄少年”和“抗震救灾优秀少年”的决定》《国务院关于授予赵春娥、罗健夫、蒋筑英全国劳动模范称号的决定》，后者如《国务院关于处理“渤海二号”事故的决定》《全国人大常委会关于惩治侵犯著作权的犯罪的决定》等。奖惩性决定和用于奖惩的命令、通报作用接近，但决定从规格上看低于命令，高于通报。一般性的奖惩或基层单位的奖惩活动，用通报即可。用于奖惩的这 3 种文体，在写法上比较接近。

（4）事项性决定

事项性决定多用于处理具体事务，设置、撤销或变更组织机构，安排有关人事，如《关于设立 ×××× 的决定》。

5．命令（令）与决定的异同

命令与决定同是具有强制性、指挥性的公文，但二者区别较大。从语气上看，命令指示性强，要求下级机关坚决照办，不容违背，而决定指示性较弱，语气比较缓和，允许下级机关结合自己的特点执行公文的内容；从时间上看，命令要求果断迅速，而决定则允许有一个执行完成的过程。

（二）公告与通告

1．公告的特点

① 庄重性。发布的是重大、法定事项，内容严肃、庄重。

② 广泛性。公告是向国内外发布事项，知照范围很广泛。

③ 限制性。公告的发文机关受限制，一般是全国人民代表大会及其常委会，国务院及其所属部委，各省市、自治区、直辖市行政领导机关及税务局、人民银行、检察院、法院等法定机关。

例 3—2

中华人民共和国外交部公告

（1999 年 11 月 30 日）

中华人民共和国政府恢复对澳门行使主权后，为便利澳门特别行政区同世界各国和地区人员往来，从 1999 年 12 月 20 日起，目前可免办签证进入澳门的国家及地区的人员进入澳门特别行政区，原则上继续给予免办签证待遇。根据《中华人民共和国澳门特别行政区基本法》第 139 条“对世界各国或各地区的人入境、逗留和离境，澳门特别行政区政府可实行出入境管制”的规定，给予免办签证待遇的国家和地区以及非免办签证国家人员申办赴澳签证的具体办法，将由澳门特别行政区政府决定并予公布。

外国人前往中国内地及香港特别行政区，需办理签证的仍应按现行有关规定申请签证，办理必要的手续。

2．通告的特点

① 普遍性。通告使用频率很高，国家机关、各级地方政府和企事业单位都可以使用，所公布的事项也要求在一定范围内普遍遵守。

② 务实性。通告内容专业，直指某项事务，务实性较强。

例 3—3

北京市财政局关于 2015 年下半年会计从业资格考试有关事项的通告

根据财政部《会计从业资格管理办法》（财政部令第 73 号）、《北京市会计从业资格管理实施办法》（京财会〔2013〕1023 号）要求，结合年度会计管理工作安排，现将 2015 年下半年会计从业资格考试有关事项通告如下。

一、应试对象范围

符合下列条件的人员，可以申请参加会计从业资格考试：

1．遵守会计和其他财经法律、法规；

2．具备良好的道德品质；

3．具备会计专业基础知识和技能。

以下人员在限制期内不得申请参加会计从业资格考试：

因有《会计法》第四十二条、第四十三条、第四十四条所列违法情形，被依法吊销会计从业资格证书的人员，自被吊销之日起 5 年内（含 5 年）不得参加会计从业资格考试，不得重新取得会计从业资格证书。

因有提供虚假财务会计报告，做假账，隐匿或者故意销毁会计凭证、会计账簿、财务会计报告，贪污、挪用公款，职务侵占等与会计职务有关的违法行为，被依法追究刑事责任的人员，不得参加会计从业资格考试，不得取得或者重新取得会计从业资格证书。

参加会计从业资格考试舞弊的，2 年内不得参加会计从业资格考试。

二、报名时间要求

北京市会计从业资格考试报名采用网上报名、审核确认、网上缴费的方式。报考人员登录北京财政网站会计业务板块（http://kuaiji.bjcz.gov.cn）进行网上报名。报考人员应如实填写报名信息，网上提交后由区县财政局对照片进行审核，审核通过后方可进行网上缴费，缴费成功即可认定报名成功。报名成功的人员可自行在报名系统打印报名回执。

会计从业资格考试网上报名具体办法详见网上报名须知。

网上报名时间：2015 年 8 月 18 日 9：00 开始至 8 月 27 日 17：00 结束

审核确认时间：2015 年 8 月 18 日 9：00 开始至 8 月 28 日 17：00 结束

网上缴费时间：2015 年 8 月 18 日 9：00 开始至 8 月 29 日 17：00 结束

三、考试时间安排

2015 年下半年起，北京市会计从业资格考试采用双休日加工作日连续考试的方式，考试时间从 2015 年 10 月 31 日开始至全部报考人员考完为止。考试期间如遇特殊情况，考试时间顺延。具体考试时间以准考证上打印的时间为准。

四、收费标准依据

收费标准执行北京市发展和改革委员会《关于会计从业资格无纸化考试收费标准的函》

（京发改〔2011〕396号），报名考试收费标准每科80元，三门考试科目共计240元。

五、考试科目题型

2015年下半年北京市会计从业资格考试以财政部新版《会计从业资格考试大纲（修订）》（财办会〔2014〕13号）作为考试范围，并统一使用财政部根据新版考试大纲组织建设的新版无纸化考试题库。考试科目为：财经法规与会计职业道德、会计基础、会计电算化。各考试科目题型如下：

考试科目	题　型
财经法规与会计职业道德	单选题、多选题、判断题、案例分析题
会计基础	单选题、多选题、判断题、计算分析题
会计电算化	单选题、多选题、判断题、实务操作题

六、考试方式及成绩查询

会计从业资格考试采取无纸化考试方式，考试试卷由无纸化考试系统随机生成，每个考试科目一个小时，中间不休息，连续完成三个科目考试。各考试科目总分100分，60分及格。

各科目考试完成后当时显示成绩。网上查询成绩时间详见准考证相关内容。考生的电子试卷保存1年。

七、准考证打印安排

报考人员应于2015年10月20日至10月30日登录北京财政网站会计业务板块（http://kuaiji.bjcz.gov.cn）自行打印准考证，具体办法详见网上报名须知。

八、证书颁发领取

报考人员应当一次性通过会计从业资格考试三门科目，全部考试成绩合格者到各区县指定地点领取《会计从业资格证书》。领证时间安排详见准考证上相关内容。

九、相关事项说明

1．为提高报名效率，报考人员网上报名时应严格按照报名须知中照片规格要求上传本人标准证件照。

2．已在网上报名但未在规定时间内进行网上缴费的，视为自动放弃考试报名。

3．报考人员网上缴费确认后，所有报名信息将不能修改，且不再办理退考手续，请报考人员谨慎操作。

4．会计从业资格考试不设补报名，请报考人员务必在规定时间内完成全部报名手续。

5．报考人员考试时间由计算机随机分配，一旦确定不能更改。

特此通告

附件：北京市2015年下半年会计从业资格考试报名信息表

北京市财政局（章）

2015年5月30日

3. 公告与通告的区别

公告与通告都具有周知性，都用来向公众宣布事项，但又有区别。

① 发布内容不同。公告发布的是重大、法定事项，通告发布的是一般事项。

② 发布范围不同。公告是向“国内外”发布，通告只在国内一定范围发布。

③ 发布机关不同。公告只能由中央最高权力机关、管理机关或相当级别的政府机关以及一些特殊部门发布，通告大小单位均可发布。

4. 公告与通告的写法

公告与通告的写法相似，标题都有3种形式：一是由发文机关、事由和文种组成；二是由发文机关和文种组成；三是只写文种“公告”“通告”即可。正文一般都包括缘由、事项和结语（有时不写）。只是公告的发布日期有时加括号放在标题之下，而通告一般不这么做。

（三）通知与通报

1. 通知的分类

根据内容的不同，通知大体可以分为6类，即颁发性通知、转发性通知、批转性通知、指示性通知、告知性通知和任免性通知。

转发性通知、批转性通知的标题写法特殊，应特别注意，其他类别的通知与公文标题常用的写法相同。正文一般由缘由、事项、要求组成，但各类通知在实际写作中的侧重点有所不同。

（1）颁发性通知

颁发性通知用于发布行政法规和规章或印发有关文件。例如，《关于发布实施〈旅游发展规划管理暂行办法〉的通知》《××市政府关于印发〈××市城镇企业职工养老保险费征收暂行规定〉的通知》。

注意“颁发”“发布”“印发”3个词的使用。公布比较重要的行政法规和规章用“颁发”或“发布”；公布一般的规章或其他文件用印发。

（2）转发性通知

转发性通知用来转发上级机关、同级机关和不相隶属机关的公文。其写法见工作任务一，尤其要注意标题写法，与一般公文不同。

（3）批转性通知

批转性通知用来批转下级机关发来的公文。其写法与转发性通知相似。

例3—4

国务院批转教育部国家教育事业发展“十一五”规划纲要的通知

各省、自治区、直辖市人民政府，国务院各部委、各直属机构：

国务院同意教育部制定的《国家教育事业发展“十一五”规划纲要》，现批转给你们，请认真贯彻执行。

国务院（章）
2007年5月18日

这份批转性通知的标题采用特殊格式：批转机关名称＋“批转”＋被批转文件标题（教育部国家教育事业发展“十一五”规划纲要）＋“的通知”。正文表明批转机关的态度，提出执行要求——“现批转给你们，请认真贯彻执行”，简明扼要。

（4）指示性通知

上级机关要求下级机关办理或执行事项时，不便用命令（令）或决定的，可用指示性通知。例如，《关于开展国家公务员普通话培训的通知》等。

（5）告知性通知

告知某一具体事项，可用告知性通知。例如，设立或撤销机构、启用或更换印章、调整办公时间、迁移办公地点等，都可以用告知性通知。会议通知是告知性通知的一个重要类别。

（6）任免性通知

其实任免人员也应当算告知性通知的一种，但《党政机关公文处理工作条例》把“任免人员”单列为通知用途的一项，因此，这里就把任免性通知单独作为通知的一个类别来讲述。

2. 通报的分类与写法

通报可分为表彰性通报、批评性通报和情况通报。

（1）表彰性通报

表彰性通报是用来表扬先进，树立典型，推广经验，号召大家学习先进的通报。

例 3—5

关于表彰抗震救灾先进集体和个人的通报

各区县委、政府，人武部：

“5·12”特大地震灾害发生以来，全市民兵预备役人员坚决贯彻党中央、国务院和中央军委决策指示，视灾情为命令，视时间为生命，在抗震救灾中临危不惧，顽强拼搏，连续奋战，争分夺秒解救被困群众，进村入户尽心尽力为受灾群众帮困解难，辗转战场不怕疲劳执行直升机搜救和救灾物资装卸运输任务，为夺取抗震救灾阶段性胜利作出了重要贡献，涌现出一大批先进集体和先进个人。为褒扬先进，激励斗志，鼓舞士气，做好持续动员支持重灾区抗震救灾和眉山市抗震自救重建家园工作，市委组织部、市人事局和军分区政治部决定，对下列民兵集体和民兵预备役个人予以通报表彰。

一、先进集体 18 个（略）

二、先进个人 35 名（略）

希望受表彰的单位和个人珍惜荣誉，再立新功。全区民兵预备役人员要以先进典型为榜样，牢固树立长期作战、艰苦作战、持久作战的思想，一手抓支援灾区的抗震救灾，一手按市委、市政府要求，发扬眉山人民“自力更生、自救互救、自强不息”的精神，不等不靠，搞好家乡的恢复重建，为夺取抗震救灾的全面胜利作出更大贡献。

特此通报

眉山市委组织部（章）
眉山市人事局（章）
眉山军分区政治部（章）
2008 年 6 月 19 日

（2）批评性通报

批评性通报是用来批评后进，处罚错误，使大家吸取教训，引以为戒的通报。

例 3—6

×× 学院关于 7·19 交通事故的通报

7 月 19 日上午 9 点 37 分左右，学院后勤处临时工于 ××，无驾驶执照，偷偷将张 ×× 的小车开出，在院内行驶到学院办公楼前时，将在道路左侧与机动车同方向正常行走的吴 ×× 撞倒，造成吴 ×× 身体软组织挫伤（经医院诊治，无危险）。

于 ×× 违法违规，无照驾驶，技术不熟练，遇事后手忙脚乱，采取措施不力，酿成交通事故，后果是严重的。当日在吴 ×× 的正前方有两名女学生坐在路边看书，如果事态继续发展，后果更不堪设想。

保卫处在事故发生后立即赶到现场，责成于 ×× 带吴 ×× 去医院检查，事后对于 ×× 进行严肃批评，并令其对事故受害方吴 ×× 进行经济赔偿。

为进一步做好学院交通安全工作，保障学院正常秩序和师生员工的生命安全，学院要求驾驶员养成良好的驾驶习惯。不要开快车，与行人抢道；不能随意停放，破坏绿地，占用人行道；私车应按规定交纳停车费，再通过大门。学院还要求各部门接此通报后，开展一次安全教育，将文明行车纳入单位管理范围和日常考核，提高公共安全意识；对所属人员进行调查摸底，排查隐患。

希望各有关部门以此为鉴，重视安全，构建平安校园。

特此通报

××学院（章）

2008 年 7 月 × 日

这份批评性通报的正文包括错误事实、性质危害、处理决定和希望要求等方面内容，由此可见这份通报的目的很明确，即杜绝类似事件发生。

（3）情况通报

情况通报是传达重要情况、发布重要信息，以便协调工作的通报。

内容单一的情况通报的正文包括通报的缘由，通报的情况，通报的要求；内容复杂的情况通报的正文可按问题分成若干部分来写。

3. 通知与通报的区别

（1）行文目的不同

通报主要是沟通信息，对下级进行宣传教育，不像通知那样作具体工作部署。

（2）行文对象不同

通报的对象一般是全体下属，通知往往下达给某一个或某几个单位。

（3）发挥用途不同

通报可用来奖惩有关单位和个人，通知没有这个作用。

（四）报告与请示

1. 报告的分类与写法

报告按照不同的标准划分，可分为各种不同的类型。按照性质划分，可分为综合报告和专题报告；按照时间划分，可分为定期报告和不定期报告；按照内容划分，可分为工作报告、情况报告、答复报告、报送报告、会议报告；按照写作意图划分，可分为呈报性报告和呈转性报告，等等。下面介绍几种主要的报告。

（1）综合报告

综合报告主要是用于向上级全面汇报本单位各项工作的报告。正文一般包括成绩经验、问题教训和下一步的工作打算。

（2）专题报告

专题报告主要是用于专门向上级汇报某一问题或某一项工作的特定情况的报告。其特点是内容集中，一文一事。

（3）报送报告

报送报告是向上级报送文件、物件时使用的报告。正文只要写清报送的文件、物件名称、数量就可以了。

（4）答复报告

答复报告是答复上级询问的报告。

（5）呈报性报告

呈报性报告是让上级了解有关情况，不要求批转的报告。

（6）呈转性报告

呈转性报告是要求上级批转给有关方面的报告。它主要解决两方面的问题：一是解决职能问题，即解决需要其他部门、地区配合又不能下发指令性公文的问题；二是解决职权问题，即该份文件需要许多单位执行，这些单位的行政管辖权限又不属于本单位。

2. 请示的分类与写法

请示按照内容，可分为请求指示的请示和请求批准的请示两种。请示的标题要求发文机关、事由和文种三要素齐全；请示只能主送一个机关，一般不能越级请示；请示的正文包括缘由、事项和结语 3 部分，要求一文一事；请示还必须有附注，标明联系人姓名与联系电话。

3. 请示与报告的异同

请示与报告都是上行文，这是它们的共同点。但它们的区别也是明显的，具体体现在以下几方面。

（1）行文目的不同

请示的目的是请求指示或批准，具有请求的性质；报告的目的是汇报工作，反映情况，答复上级的询问，具有陈述的性质。

（2）行文时间不同

请示必须事前行文，而报告则事前、事中、事后都可以行文。

（3）内容结构不同

请示必须一文一事，而报告则不一定，可以一文多事，内容较丰富。

（4）上级态度不同

请示需要上级的批复，而报告不要求批复。

（5）主送机关不同

请示只能主送一个上级机关，而报告可以主送多个机关。

（五）批复与函

1. 批复的分类与写法

批复是被动行文，根据内容的不同，分为审批性批复和指示性批复两种。批复在写作时应把握内容的针对性，答复的明确性，依据的政策性。

2. 函的分类与写法

按照性质的不同，函可以分为公函和便函两种。公函属于正式公文；便函不属于正式公文，不编发文字号，不拟标题，必要时可加盖公章，使用极为方便。公函按发文目的可分为发函（去函）和复函两种，相当于民间的来信和回信。函的正文包括缘由（交代发函的目的、原因、背景、依据等）、事项（需商洽、请求、询问、告知的事项）和结语（即“请函复”“特此函告”等）。

复函的写法与批复相似。

（六）会议纪要

1. 会议纪要的概念

会议纪要是适用于记载、传达会议情况和议定事项的公文。

2. 会议纪要与会议记录的区别

（1）性质不同

会议纪要是法定公文，应概括要点；会议记录是事务文书，应原始实录。

（2）作用不同

会议纪要应在一定范围内报道其精神并贯彻执行，有行政效力；会议记录不公开，起保存备查的凭证作用。

（3）形成不同

会议纪要在会议结束后，根据记录等相关材料提炼加工而成；会议记录与会议同步，在会议过程中形成。

（4）表达不同

会议纪要突出问题与观点，常以“会议”作为表达主体，如会议认为、会议指出、会议决定、会议要求、会议号召等；会议记录依照会议自然过程，以发言人为单位分段记载。

（5）要求不同

会议纪要要求去伪存真、去粗取精，由表及里地反映实质，抓住要点；会议记录要求准确、详细、完整地反映会议的本来面貌。

3. 会议纪要的写法

例 3—7

《全民科学素质纲要》实施工作会议纪要

（二〇〇八年五月十三日）

4 月 24 日上午，《全民科学素质行动计划纲要》（以下简称《全民科学素质纲要》）实施工作会议在北京召开。中国科协常务副主席、书记处第一书记邓楠同志主持会议，承担纲要实施任务的 23 个部门的有关负责同志出席了会议。会议听取了关于《全民科学素质工作 2007 年工作总结和 2008 年工作要点》《科普基础设施发展规划（2008—2010—2015 年）》以及《〈全民科学素质纲要〉实施工作机制》的汇报。

据汇报，自 2006 年国务院颁布《全民科学素质纲要》以来，在国务院和全民科学素质工作领导小组的领导下，各部门、各地区按照“政府推动，全民参与，提升素质，促进和谐”的工作方针，以“节约能源资源、保护生态环境、保障安全健康”为主题，共同努力、扎实工作，组织机构和工作制度初步建立，大联合、大协作的工作格局初步形成，各项工作取得了明显进展。

会议认为，全民科学素质工作是建设创新型国家和构建社会主义和谐社会的重要基础性工程。（略）

会议强调，今后要在国务院的领导下，进一步做好《全民科学素质纲要》实施工作。（略）

会议议定以下事项：

（略）

这份会议纪要的标题包括会议名称和文种，是会议纪要标题的最常见写法。正文开头简介会议基本情况（包括会议召开的时间、地点、与会人员、会议内容、议题等）；正文主体包括基本评价（例文第 2 段）、主要观点（例文第 3 段）、今后要求（例文第 4 段）和议定事项 4 部分，层次分明。

（七）意见与议案

1. 意见的概念

意见是适用于对重要问题提出见解和处理办法的公文。

例 3—8

发展改革委关于 2015 年深化经济体制改革重点工作的意见

2015 年是全面深化改革的关键之年，是全面推进依法治国的开局之年，是全面完成“十二五”规划的收官之年，也是稳增长、调结构的紧要之年，经济体制改革任务更加艰巨。根据《中央全面深化改革领导小组 2015 年工作要点》和《政府工作报告》的部署，现就 2015 年深化经济体制改革重点工作提出以下意见。

一、总体要求

全面贯彻落实党的十八大和十八届二中、三中、四中全会精神，按照党中央、国务院决策部署，主动适应和引领经济发展新常态，进一步解放思想，大胆探索，加快推出既具有年度特点、又有利于长远制度安排的改革，进一步解放和发展社会生产力。以处理好政府和市场关系为核心，以政府自身革命带动重要领域改革，着力抓好已出台改革方案的落地实施，抓紧推出一批激活市场、释放活力、有利于稳增长保就业增效益的改革新举措，使改革新红利转化为发展新动力。

牢牢把握问题导向，使改革更好服务于稳增长、调结构、惠民生、防风险。把有效解决经济社会发展面临的突出问题作为经济体制改革成效的重要标准。针对经济下行压力加大、发展中深层次矛盾凸显、新老问题叠加、风险隐患增多等困难和问题，推动有利于稳增长保就业增效益的改革措施及早出台、加快落地，通过改革激发市场活力、释放发展潜力、化解潜在风险，促进经济稳中有进和提质增效升级。

坚持顶层设计与基层创新相结合，充分激发社会活力和创造力。既高度重视改革的顶层设计，又坚持眼睛向下、脚步向下，充分尊重和发挥地方、基层、群众实践和首创精神，善于从群众关注的焦点、百姓生活的难点寻找改革的切入点，使改革的思路、决策、措施更加符合群众需要和发展实际，从实践中寻找最佳方案，推动顶层设计与基层探索良性互动、有机结合。

（略）

持续提高改革方案质量，更加注重改革实效。把质量放到重要位置，提高总体性改革方案和具体改革举措的质量。建立改革的前期调研制度，在做实做细调查研究的基础上搞好方案设计，多深入基层听取各方意见，严格方案制定程序，确保改革方案接地气、有针对性、能解决问题。

二、持续简政放权，加快推进政府自身改革

以深化行政审批制度改革为突破口，把简政放权、放管结合改革向纵深推进，逐步形成权力清单、责任清单、负面清单管理新模式，实现政府法无授权不可为、法定职责必须为，市场主体法无禁止即可为，从根本上转变政府职能，努力建设法治政府和服务型政府。

（一）继续深入推进行政审批制度改革，做好已取消和下放管理层级行政审批项目的落实和衔接，加强事中事后监管。再取消和下放一批行政审批事项，全部取消非行政许可审批，规范行政审批行为，推广网上并联审批等新模式。大幅缩减政府核准投资项目范围，精简前置审批，规范中介服务，实施企业投资项目网上并联核准制度，加快建立健全投资项目纵横联动协同监管机制。推进药品医疗器械审评审批制度改革，进一步完善新药注册特殊审批机制。完善认证机构行政审批程序。

（略）

（三）不失时机加快价格改革，制定加快完善市场决定价格机制的若干意见。修订中央和地方政府定价目录，大幅缩减政府定价种类和项目。稳步分批放开竞争性商品和服务价格，取消绝大部分药品政府定价，建立健全药品市场价格监管规则，放开烟叶收购价格和部分铁路运价，下放一批基本公共服务收费定价权。实现存量气与增量气价格并轨，理顺非居民用天然气价格，试点放开部分直供大用户供气价格。扩大输配电价改革试点，完善煤电价格联动机制。总结新疆棉花、东北和内蒙古大豆目标价格改革试点经验，改进补贴办法，降低操作成本。推进农业水价综合改革，合理调整农业水价，建立精准补贴机制。督促各地完善污水处理和排污收费政策并提高收费标准。全面实行保基本、促节约的居民用水、用气阶梯价格制度。

（略）

（六）全面实施中央和国家机关公务用车制度改革，做好车辆处置、司勤人员安置等后续工作。本着从实际出发、有利于工作、有利于节约开支、有利于机制转换的原则，因地制宜推进地方党政机关和驻地方中央垂直管理单位公务用车制度改革，启动国有企事业单位公务用车制度改革。出台深化出租汽车行业改革指导意见。

（七）推进地区生产总值统一核算改革，完善发展成果考核评价体系。加快建立和实施不动产统一登记制度。出台行业协会商会与行政机关脱钩改革方案并开展试点。出台改革社会组织管理制度促进社会组织健康有序发展的意见。

三、深化企业改革，进一步增强市场主体活力

以解放和发展社会生产力为标准，毫不动摇巩固和发展公有制经济，提高国有企业核心竞争力和国有资本效率，不断增强国有经济活力、控制力、影响力、抗风险能力。毫不动摇鼓励、支持、引导非公有制经济发展，激发非公有制经济活力和创造力。

（八）推进国企国资改革，出台深化国有企业改革指导意见，制定改革和完善国有资产管理体制、国有企业发展混合所有制经济等系列配套文件。制定中央企业结构调整与重组方案，加快推进国有资本运营公司和投资公司试点，形成国有资本流动重组、布局调整的有效平台。

（略）

（十二）支持非公有制经济健康发展，全面落实促进民营经济发展的政策措施。鼓励非公有制企业参与国有企业改制，鼓励发展非公有资本控股的混合所有制企业。出台实施鼓励和规范国有企业投资项目引入非国有资本的指导意见。

（十三）完善产权保护制度，健全归属清晰、权责明确、保护严格、流转顺畅的现代产权制度，让各类企业法人财产权依法得到保护。修改国有产权交易流转监管办法和实施细则，提高国有资产交易流转的规范性和透明度。查处侵犯市场主体产权的典型案例，引导和改善保护产权的舆论环境和社会氛围。

四、落实财税改革总体方案，推动财税体制改革取得新进展

立足当前，着眼长远，积极稳妥深化财税体制改革，进一步完善公共财政体系，为科学发展奠定坚实的财税体制基础，更有效地发挥财政政策对稳增长、调结构的积极作用。

（十四）实行全面规范、公开透明的预算管理制度。（略）

（十五）力争全面完成营改增，将营改增范围扩大到建筑业、房地产业、金融业和生活服务业等领域。（略）

（十六）研究提出合理划分中央与地方事权和支出责任的指导意见，研究制定中央和地方收入划分调整方案，改革和完善中央对地方转移支付制度，推动建立事权和支出责任相适应的制度。

五、推进金融改革，健全金融服务实体经济的体制机制

围绕服务实体经济推进金融体制改革，进一步扩大金融业对内对外开放，健全多层次资本市场，促进资源优化配置，推动解决融资难、融资贵问题。

（十七）制定完善金融市场体系实施方案。在加强监管前提下，加快发展民营银行等中小金融机构。推进开发性政策性金融机构改革。深化农村信用社改革。推出存款保险制度。制定健全银行业监管体制机制改革方案。出台促进互联网金融健康发展的指导意见。制定推进普惠金融发展规划。探索构建金融业综合统计制度框架。

（略）

（二十）推出巨灾保险，推动信用保证保险领域产品创新，出台食品安全责任保险试点指导意见。研究启动个人税收递延型商业养老保险试点。制定完善保险稽查体制改革方案。

六、加快推进城镇化、农业农村和科技体制等改革，推动经济结构不断优化

经济结构不合理严重制约经济持续健康发展，优化经济结构必须加快推进结构性改革，充分发挥市场在资源配置中的决定性作用，着力消除导致经济结构失衡的体制机制弊端，加快调整产业、城乡、区域经济结构，促进经济行稳致远。

（二十一）推进城镇化体制创新，统筹推进国家新型城镇化综合试点、中小城市综合改革试点和建制镇示范试点，以点带面，点面结合，推进新型城镇化实现新突破。完善设市标准，制定市辖区设置标准，开展特大镇扩权增能试点。

（二十二）抓紧实施户籍制度改革，落实放宽户口迁移政策，完善配套措施，建立城乡统一的户口登记制度。出台实施居住证管理办法，以居住证为载体提供相应基本公共服务。制定实施城镇建设用地增加规模与吸纳农业转移人口落户数量挂钩政策。研究提出中央对地方转移支付同农业转移人口市民化挂钩机制的指导意见。

（略）

（二十五）以体制创新促进科技创新，出台深化体制机制改革加快实施创新驱动发展战略的若干意见和实施创新驱动发展战略顶层设计文件，在一些省份系统推进全面创新改革试验，增设国家自主创新示范区。研究制定支持东北老工业基地创新创业发展的实施意见。改革中央财政科技计划管理方式，建立公开统一的国家科技管理平台，制定科研项目和资金管理配套制度。深入推进中央级事业单位科技成果使用、处置和收益管理改革试点，适时总结推广试点政策，修订促进科技成果转化法。健全企业主导的产学研协同创新机制，制定科技型中小企业标准并开展培育工程试点。完善人才评价制度，研究修订国家科学技术奖励条例，制定更加开放的人才引进政策。

七、构建开放型经济新体制，实施新一轮高水平对外开放

适应经济全球化新形势，把深化改革和扩大开放紧密结合起来，更加积极地促进内需和外需平衡、进口和出口平衡、引进外资和对外投资平衡，加快构建开放型经济新体制，以开放的主动赢得发展的主动、国际竞争的主动。

（二十六）健全促进外贸转型升级的体制和政策，完善出口退税负担机制，调整规范进出口环节收费，提高贸易便利化水平。制定创新加工贸易模式指导意见，修订加工贸易限制类商品目录。扩大跨境电子商务综合试点，增加服务外包示范城市数量。出台实施加快海关特殊监管区域整合优化改革方案，在符合条件的海关特殊监管区域开展高技术高附加值项目境内外检测维修、融资租赁和期货保税交割海关监管制度等改革试点。总结苏州、重庆贸易多元化试点经验，适时研究扩大试点。继续引导加工贸易向中西部地区转移，促进区域产业升级。

（二十七）实施新的外商投资产业指导目录，重点扩大服务业和一般制造业开放，缩减外商投资限制类条目。（略）

（二十八）加快完善互利共赢的国际产能合作体制机制。制定关于推进国际产能和装备制造合作的指导意见。充分发挥“走出去”工作部际联席会议制度作用，加强统筹指导。发挥现有多双边合作机制作用，加快与有关重点国家建立互利共赢的产能合作机制，推动装备“走出去”和国际产能合作重点项目实施。改革对外合作管理体制，深化境外投资管理制度改革。综合利用债权、股权、基金等方式，更好发挥政策性金融机构作用，为装备和产能“走出去”提供支持。

（略）

（三十一）实施落实“三互”推进大通关建设改革，加快口岸管理条例立法进程，推进地方电子口岸平台和“单一窗口”建设，建立信息全面交换和数据使用管理办法。加快推进京津冀、长江经济带、广东地区区域通关和检验检疫一体化改革，逐步覆盖到全国。开展口岸查验机制创新试点，探索口岸综合执法试点。

八、深化民生保障相关改革，健全保基本、兜底线的体制机制

把改善民生与增强经济动力、社会活力结合起来，围绕解决基本公共服务公平、效率、供给等方面的问题，着力深化教育、医药卫生、文化、收入分配、社会保障、住房等领域改革，促进社会公平，更好兜住民生底线。

（三十二）落实考试招生制度改革，改进招生计划分配方式，提高中西部地区和人口大省高考录取率，增加农村学生上重点高校人数，完善中小学招生办法破解择校难题，开展高考综合改革试点。深化省级政府教育统筹改革和高等院校综合改革。落实农民工随迁子女在流入地接受义务教育政策，完善后续升学政策。出台深化高校创新创业教育改革实施意见。制定职业教育校企合作办学促进办法。出台进一步鼓励社会力量兴办教育若干意见。

（略）

（三十五）完善机关事业单位工作人员工资制度，制定完善艰苦边远地区津贴增长机制的意见和地区附加津贴制度实施方案，在县以下机关建立公务员职务与职级并行制度。（略）

九、加快生态文明制度建设，促进节能减排和保护生态环境

要加强生态文明制度顶层设计，完善国土空间开发、资源节约利用、环境治理和生态修复相关制度，加快建立源头严防、过程严管、后果严惩的制度体系，用制度保障生态文明。

（三十六）出台加快推进生态文明建设的意见，制定生态文明体制改革总体方案。出台生态文明建设目标体系，建立生态文明建设评价指标体系。深入推进生态文明先行示范区和生态文明建设示范区建设。加快划定生态保护红线。加强主体功能区建设，完善土地、农业等相关配套制度，建立国土空间开发保护制度。启动生态保护与建设示范区创建。建立资源环境承载能力监测预警机制，完善监测预警方法并开展试点。开展市县“多规合一”试点。在9个省份开展国家公园体制试点。研究建立矿产资源国家权益金制度。加快推进自然生态空间统一确权登记，逐步健全自然资源资产产权制度。

（略）

（三十九）推进国有林场和国有林区改革，总结国有林场改革试点经验，抓紧制定林场林区基础设施、化解金融债务、深山职工搬迁、富余职工安置等配套支持政策，研究制定五大林区改革实施方案。出台深化集体林权制度改革意见。

十、完善工作机制，确保改革措施落地生效

各地区、各部门要进一步强化责任意识、问题意识、攻坚意识，加强组织领导，完善工作机制，以钉钉子精神抓好工作落实，确保完成各项改革任务。

完善务实高效的改革推进机制。各项改革的牵头部门要会同参与部门制定工作方案，明确时限、责任和目标，主动搞好沟通协调，发挥好参与部门的优势，充分调动和运用各方力量。对一些关系全局、综合性强的改革，建立跨部门和上下联动的工作机制联合攻关，加强系统研究和整体设计。进一步发挥好经济体制改革协调工作机制的作用，加强部门间沟通衔接和协作互动，确保重点改革任务得到有效落实。

狠抓已出台改革方案落地实施。（略）

充分发挥试点的先行先试作用。（略）

加强重大改革问题研究和调研。（略）

做好改革宣传和舆论引导工作。通过召开重点改革新闻发布会和媒体通气会、组织专家解读等多种方式，加强对改革的主动宣传、正面解读，正确引导社会预期，及时回应社会关切，推动形成深化改革的社会共识。加强对改革舆情的监测，准确把握舆情动向，及时发现苗头性、倾向性问题，对不实报道及时澄清，有效引导舆论导向，努力营造全社会关心改革、支持改革、参与改革的良好氛围。

发展改革委（公章）

2015 年 5 月 × 日

这份意见的标题由发文机关、事由和文种 3 个要素组成，是完整式标题。正文包括开头和主体两部分。开头写清制发意见的目的、根据和背景，简明扼要，然后以过渡句“现就 2015 年深化经济体制改革重点工作提出以下意见”引出主体。主体部分先提出深化经济体制改革，服务于稳增长、调结构、惠民生、防风险的总体要求，接着对“简政放权”“企业改革”“财税改革”“金融改革”“推进城镇化”“民生保障”等九大重点工作，分别提出 39 条指示性、建议性意见，措施具体，步骤清楚。这份意见自然收尾，没有“以上意见如无不妥，请批准执行”之类的结束语。

2. 议案的概念

议案是各级人民政府按照法律程序向同级人民代表大会或其常务委员会提请审议事项而使用的公文，包括立法性议案、决策性议案、任免性议案和建议性议案。

议案的实际使用范围要大于上述限定，不仅是政府可向人大提出议案，非政府机关、人大代表联名也可向人大提出议案。

例 3—9

国务院关于提请审议国务院机构改革方案的议案

全国人民代表大会：

中国共产党第十七次全国代表大会明确提出，要加快行政管理体制改革，抓紧制定行政管理体制改革总体方案。根据党中央的部署，经过认真调研，广泛听取意见，反复研究论证，形成了《关于深化行政管理体制改革的意见》和《国务院机构改革方案（草案）》，并先后经国务院常务会议、中央政治局常务委员会会议、中央政治局会议讨论和修改。党的十七届二中全会审议通过了这两个文件。现将《国务院机构改革方案》提请第十一届全国人民代表大会第一次会议审议。

国务院总理温家宝

2008 年 3 月 4 日

这是一份决策性议案，标题与一般公文写法相同，发文机关、事由、文种三要素齐全。主送机关是全国人民代表大会，采用全称，很规范。正文包括案据、方案和结语 3 个层次。案据简明扼要地阐述两个文件形成的背景，形成的过程与目的。因为这是提请审议的文件，解决问题的方案就在文件之中，所以这部分只写明提请审议的两个文件的名称；结语提出审议请求，采用模式化写法“现将……提请……审议”，言简意赅。特别要引起注意的是，一般行政公文，最后签署的都是发文机关的名称，而议案有所不同，要由政府首长签署。国务院提交给全国人民代表大会的议案，要由总理签署；各省、市、自治区提交给同级人民代表大会的议案，要由省长、市长或自治区主席、州长签署。

例 3—10

关于建立节约型社会应大力发展小型车的议案

一、案由

党中央国务院提出建立节约型社会和循环经济，为中国社会经济发展建立了新的目标。中国是一个拥有 13 亿人口的国家，人均主要资源的占有量远远低于世界平均水平，只有世界平均水平的 1/2~1/3。如果要实现世界发达国家水平，我们的资源压力将非常大，同时有可能产生大量的环境问题。另外，我国经济的快速发展在很大程度上仍然是建立在资源消耗的基础之上，快速发展的经济与资源能源短缺之间的矛盾日益显现。因此，我们必须尽快建设资源节约型和环境友好型社会。建立节约环保型社会，必须从国情出发，坚持以科学发展观为指导，具体到中国汽车工业的发展来看，应大力发展节能、环保和低排放的小型车，这样更有利于中国汽车工业的可持续发展，对加快建设节约型社会、环境友好型社会，加快推进全面建设小康社会的实现，具有重要的现实意义。

二、案据

1．节能减排，维护国家能源安全和保护环境需要大力发展小型车（略）

2．小型车是世界汽车发展的大趋势，世界各国都大力扶持本国的小型车的发展（略）

3．在国家建设资源节约型、环境友好型社会的过程当中，小型车既可以满足人们提高生活质量的需求，又可以满足节能、环保的需求（略）

4．我国小型车发展的怪现状

（1）油价上涨，国内小排量车不升反降（略）

（2）政策鼓励，国内小排量车不升反降（略）

三、有关建议

1．国家应积极引导民众树立节约型汽车消费理念，出台更多实实在在的优惠政策，鼓励民众使用小型汽车，特别是自主品牌小型车

国家应调动各种社会媒体，特别是中央各大媒体，广泛宣传教育民众正确认识我国基本国情，树立节约型的消费理念，努力营造建设节约型社会的良好氛围。各级政府和部门要从自身做起，带头使用节能环保型低排量的小型汽车，充分发挥表率作用。新闻媒体要坚持正确的舆论导向，大力宣传节能环保型小型汽车在能耗、性能、安全、操作、停车、价格等方面的优点，对国家能源、环保、缓解交通拥堵、社会发展等方面的好处，树立节能环保型小型汽车的良好信誉，唤醒更多民众的节能、环保和理性消费意识。同时，降低小型车的各种税金以及养路费、停车费、过路过桥费、保险费等相关费用，鼓励消费者优

先购买节能环保的小型车，让民众从使用小型车中得到真正的实惠，使小型汽车走进千家万户，深入人心。（略）

2．给予小型车生产和消费在税收和征费方面更多的优惠

建议借鉴日本的经验，采取支持小型车发展的区别对待原则。具体方案是：在乘用车在生产环节中，把小型车的消费税从3%降至1%或完全取消，其余不变。在使用环节上，乘用车车船使用税可按照发动机排量实行较高的累进税率；在汽车强制保险上对小型车进行较大幅度的优惠。

3．国家应尽快出台燃油税，并且税率应该在50%以上

有关调查显示，燃油税一旦开征，将有超过40%的消费者改买小排量经济型车，我国小型车将进入一个快速发展的时期。燃油税征收之后，汽车的许多收费项目将随之取消，各类费用分摊在燃油的使用费用上，汽车的使用成本，将直接与油耗成正比，小型车的使用成本优势将明显凸现。

一辆发动机排量在1.0升以下的小车，油耗基本在每百公里5升以下，这与排量1.6升的家庭经济型轿车比，每百公里要省2~3升油，而与2.5~3.0升大排量高档车相比，每百公里要省8~10升油。以国内轿车市场为例，一辆排量1.0升的汽车和排量1.6升的经济型轿车相比较，假定一辆家用车每年跑20 000公里，1.0升比1.6升一年节油400~600升。以目前93号汽油5.34元／升的油价计算，每车每年可以节约2 136元。

	1.0升排量的轿车	1.6升排量的轿车	节省
油费（不含燃油税）/元	5 340	7 476	2 136
油费（含燃油税30%）/元	6 942	9 719	2 777
油费（含燃油税50%）/元	7 476	11 214	3 738

注：以每年行驶2万公里计算，使用93号汽油。每百公里油耗5~7 L。

从上表我们可以发现，如果按30%或50%的比例实施燃油税，排量为1.0 L的小型车的经济性得到了更为充分的体现，在每年行驶20 000公里的情况下，1.0排量的汽车比1.6排量的汽车一年节约2 777元或3 738元的油费，而在没有实施燃油税时，这一数值为2 136元。另外，再加上节省的养路费、过路过桥费等费用的话，小型车的经济性优势更加明显。

4．全面取消针对节能环保低排量的小型汽车的各种限制，制定国家统一的小型车标准，防止地方二次限小政策抬头

各地区、各有关部门应按照《中华人民共和国节约能源法》《汽车产业发展政策》和《节能中长期专项规划》等有关法规和政策的要求，对现有规定再进行一次全面清理，切实取消一切针对节能环保低排量小型汽车在行驶线路和出租汽车运营等方面的限制。另外，出台政策规范地方政府不得以缓解交通拥堵等为由，专门对节能环保低排量小型车采取交通管理限制措施。

应该由国家发改委制订一个全国统一的、科学的小型车标准，防止像上海这样提出一个自己的标准很高的小排量车的标准，重新产生新的限小政策。

5．大力推进政府公务车采购改革，政府部门应带头坐节能、环保、低排量的小型汽车

（略）

党中央提出建设节约型社会，必须首先建立节约型政府。政府部门理应按照中央精神

的要求和国家政策的规定，带头坐节能、环保、低排量的小型汽车。2007年底，国管局和中央国家机关事务管理局联合下发《关于做好中央和国家机关节能减排工作的紧急通知》（国管办〔2007〕365号），明确要求中央和国家机关各部门、各单位切实做好公务用车节能减排工作，带头使用国产自主品牌、小排量、经济环保、手挡变速的汽车，除特殊需要外，原则上不配备越野车。

×××

2008年×月×日

这是中国南方工业汽车股份有限公司总经理、重庆长安汽车股份有限公司董事长、长安福特马自达公司董事长尹家绪在2008年3月两会时提的议案。这是一份建议性议案，全文8 000多字，案由、案据与建议都有明确的标示，使人一目了然。

（八）公报与决议

1. 公报的概念

公报是用于公布重要决定或重大事项的公文。

例3—11

中国共产党第十八届中央纪律检查委员会第五次全体会议公报

（2015年1月14日中国共产党第十八届中央纪律检查委员会第五次全体会议通过）

中国共产党第十八届中央纪律检查委员会第五次全体会议，于2015年1月12日至14日在北京举行。出席会议的中央纪委委员125人，列席365人。

中共中央总书记、国家主席、中央军委主席习近平出席全会并发表重要讲话。李克强、张德江、俞正声、刘云山、王岐山、张高丽等党和国家领导人出席会议。

这次全会的主要任务是：高举中国特色社会主义伟大旗帜，以邓小平理论、“三个代表”重要思想、科学发展观为指导，深入学习贯彻习近平总书记系列重要讲话精神，回顾总结2014年党风廉政建设和反腐败工作，研究部署2015年任务。全会由中央纪律检查委员会常务委员会主持，审议通过了王岐山同志代表中央纪委常委会所作的《依法治国依规治党，坚定不移推进党风廉政建设和反腐败斗争》的工作报告。

全会认真学习了习近平总书记的重要讲话。一致认为，讲话站在党和国家全局高度，全面总结一年来党风廉政建设和反腐败斗争取得的新成效。2014年，党中央以强烈的历史责任感、深沉的使命忧患感、顽强的意志品质推进党风廉政建设和反腐败斗争，坚持无禁区、全覆盖、零容忍，严肃查处腐败分子，着力营造不敢腐、不能腐、不想腐的政治氛围。讲话深刻分析反腐败斗争依然严峻复杂的形势，明确提出当前和今后一个时期的总体要求和主要任务，强调党风廉政建设和反腐败斗争永远在路上，要坚守阵地、巩固成果、深化拓展，打赢这场攻坚战、持久战。严肃责任追究，强化党风廉政建设主体责任；横下一条心纠正“四风”，常抓抓出习惯、抓出长效；保持高压态势不放松，坚决遏制腐败蔓延势头；深化党的纪律检查体制改革，强化党内监督。讲话着重强调，要加强纪律建设，严明政治纪律和政治规矩，特别是对遵守政治规矩进行了全面阐释。指出要全面深化改革，推进反腐倡廉制度建设。讲话充分肯定了一年来纪律检查工作取得的成绩，对纪检监察干部队伍建设提出明确要求、寄予殷切期望。习近平总书记的重要讲话，体现了崇高的党性品格、担当精神，对加强新形势下党的建设具有十分重要的指导意义。学习宣传、贯彻落实好习近平总书记重要讲话精神，是全党的重要政治任务。各级党组织和广大党员、干部要密切联系思想实际，深刻学习领会，融会贯通；紧密结合工作实践，认真贯彻落实。

全会总结2014年党风廉政建设和反腐败工作，认为过去的一年，在党中央坚强领导下，党风廉政建设和反腐败斗争不断深入，“四风”问题和腐败蔓延势头得到一定遏制，严肃查处周永康、徐才厚、令计划、苏荣等严重违纪案件，深得党心民心。各级纪检监察机关聚焦中心任务，强化监督执纪问责，转职能、转方式、转作风，清理省一级纪委参与的议事协调机构，解决职能越位、错位、不到位问题。坚持立行立改，扎实推进纪律检查体制改革，落实党风廉政建设主体责任。完成对31个省区市和新疆生产建设兵团巡视全覆盖，对19个部门和中央企事业单位开展专项巡视，巡视强度力度全面提升、效果显著。推进双重领导体制具体化、程序化、制度化。深化派驻机构改革，强化党内监督。严明政治纪律、组织纪律，坚持巩固深化落实中央八项规定精神成果，持之以恒纠正“四风”。加大纪律审查力度，处理好“树木与森林”的关系，治病树、拔烂树，形成震慑，深入开展国际追逃追赃，保持高压态势。严格教育监督管理，以铁的纪律建设过硬纪检监察队伍。

全会指出，党风廉政建设和反腐败斗争取得新成效，得益于党中央旗帜鲜明、立场坚定、意志品质顽强、领导坚强有力，得益于各级党组织和广大党员、干部的共同努力，得益于人民群众支持和参与，得益于纪检监察干部付出的辛劳和智慧。（略）

全会强调，2015年工作的总体要求是：深入贯彻党的十八大和十八届三中、四中全会精神，认真贯彻习近平总书记系列重要讲话精神，保持政治定力，坚持全面从严治党、依规治党，严明政治纪律和政治规矩、加强纪律建设，深化纪律检查体制改革、完善党风廉政建设法规制度，落实“两个责任”、强化监督执纪问责，持之以恒落实中央八项规定精神，坚决遏制腐败蔓延势头，以更严的纪律管好纪检监察干部，坚定不移推进党风廉政建设和反腐败斗争。

全会要求，纪检监察机关要巩固深化“三转”成果，进一步解决组织、形式转变后思想认识的深化和工作的到位问题。深入推进市级纪委清理议事协调机构，重点研究探索县及县以下纪检机构职能定位、工作方式和作风转变问题。

第一，从严治党、依规治党，加强党的纪律建设。强化对四中全会精神落实情况的监督检查，确保中央政令畅通。纪律是党的生命，纪律建设就是治本之策。我们党是肩负着历史使命的政治组织，必须有严明的政治纪律和政治规矩。党员领导干部特别是高级领导干部，必须遵守政治规矩，以更强的党性意识、政治觉悟和组织观念要求自己。守纪律是底线，守规矩靠自觉。我们党决不容忍结党营私、拉帮结派；决不允许自行其是、阳奉阴违。要强化对纪律执行情况的检查，抓紧修改党风廉政建设党规党纪和相关法律，保证党内监督权威、有效。

第二，深化纪律检查体制改革，推动组织和制度创新。实行下级纪委向上级纪委报告线索处置和案件查办情况制度，制定实施省区市、中管企业纪委书记、副书记提名考察办法。围绕“四个着力”，聚焦突出问题，创新方式方法，深入开展专项巡视，提高频次、机动灵活，扩大巡视覆盖面。对已巡视过的地方或部门开展回头看。今年要加大对国有企业的巡视力度，实现对中管国有重点骨干企业巡视全覆盖。加强派驻监督，新设8家中央纪委派驻机构，完成对保留派驻机构的改革和调整，实现派驻全覆盖。

（略）

第五，持续保持高压态势，坚决遏制腐败蔓延势头。突出纪律审查重点，严肃查办发生在领导机关和重要岗位领导干部中插手工程建设、土地出让，侵吞国有资产，买官卖官、以权谋私、腐化堕落、失职渎职案件。把违反政治纪律、组织纪律等行为作为审查重点，对转移赃款赃物、销毁证据，搞攻守同盟、对抗组织审查的行为，必须纳入依规惩处的重点内容。加大对群众身边不正之风和腐败问题查处力度。

第六，加强国际合作，狠抓追逃追赃，把腐败分子追回来绳之以法。健全追逃追赃协调机制，强化与有关国家、地区司法协助和执法合作，突破重大个案，形成威慑。加强法规制度建设，推动落实《北京反腐败宣言》，做好防逃工作，布下天罗地网。

第七，落实监督责任，建设忠诚、干净、担当的纪检监察干部队伍。坚决克服不想监督、不敢监督、不作为、乱作为问题，对尸位素餐、碌碌无为的干部，该撤换的撤换、该调整的调整。对不敢抓、不敢管，监督责任缺位的坚决问责。打铁还需自身硬，信任不能代替监督。要充分发挥纪检监察干部监督机构的作用，完善自我监督机制，健全内控措施，严肃查处跑风漏气、以案谋私行为，坚决防止“灯下黑”。

全会审议并通过了中央纪律检查委员会常务委员会关于申维辰、梁滨严重违纪问题的审查报告，确认中央纪律检查委员会常务委员会之前作出的给予申维辰、梁滨开除党籍处分的决定。

全会号召，全党要紧密团结在以习近平同志为总书记的党中央周围，扎实工作、锐意进取，不断取得党风廉政建设和反腐败斗争新成效，为实现两个百年奋斗目标、实现中华民族伟大复兴的中国梦提供有力保证。

2. 决议的概念

决议适用于会议讨论通过的重大决策事项，是具有权威性和指导性的公文。

例 3—12

中华人民共和国第五届全国人民代表大会第五次会议
关于中华人民共和国国歌的决议

（1982 年 12 月 4 日第五届全国人民代表大会第五次会议通过）

第五届全国人民代表大会第五次会议决定：恢复《义勇军进行曲》为中华人民共和国国歌，撤销本届人民代表大会第一次会议 1978 年 3 月 5 日通过的关于中华人民共和国国歌的决定。

一看就会

中华人民共和国主席令

第一号

根据中华人民共和国第十二届全国人民代表大会第一次会议的决定，任命李克强为中华人民共和国国务院总理。

中华人民共和国主席　习近平

2013 年 3 月 15 日

中华人民共和国国务院令

第662号

现公布《国务院关于修改〈建设工程勘察设计管理条例〉的决定》，自公布之日起施行。

总理 李克强

2015年6月12日

国务院关于授予夏衍同志
“国家有杰出贡献的电影艺术家”荣誉称号的决定

广播电影电视部、中国人民对外友好协会：

今年是夏衍同志从事革命文艺工作65周年。半个多世纪以来，夏衍同志为中国电影事业的繁荣和发展作出了重大贡献。为了表彰夏衍同志在电影事业方面的成就，弘扬他的敬业、奉献精神，决定授予夏衍同志“国家有杰出贡献的电影艺术家”荣誉称号。

国务院（印章）

1994年10月28日

关于发布《并购重组私募债券试点办法》的通知

各会员单位：

为推进产业转型升级，支持企业兼并重组，规范并购重组私募债券在机构间私募产品报价与服务系统的发行和转让业务，保护投资者合法权益，经中国证监会同意，中国证券业协会制定了《并购重组私募债券试点办法》（详见附件），已经协会第五届常务理事会第二十七次会议表决通过，现予发布，自发布之日起实施。

特此通知

附件：并购重组私募债券试点办法

中国证券业协会（印章）

2014年11月5日

住房城乡建设部关于印发推进建筑信息模型应用指导意见的通知

各省、自治区住房城乡建设厅，直辖市建委（规委），新疆生产建设兵团建设局，总后基建营房部工程局：

为指导和推动建筑信息模型（Building Information Modeling，BIM）的应用，我部研究制定了《关于推进建筑信息模型应用的指导意见》，现印发给你们，请遵照执行。

中华人民共和国住房和城乡建设部

（印章）

2015年6月16日

关于推迟普通话培训与测试报名时间的通知

为了让有志学习而又错过报名时间者提供机会，原定于1月5日—1月14日普通话培训与测试报名时间推迟至1月23日。

特此通知

湘西自治州普通话培训测试站
（印章）
2015年1月15日

××总公司关于召开销售工作会议的通知

各分公司、各处室：

经总公司领导研究，决定召开一次销售工作会议。现将有关事项通知如下：

一、会议时间：2015年7月6日9：00点

二、会议地点：总公司二楼报告厅

三、会议对象：各分公司经理、销售总监、财务科长；各处室主任

四、会议内容：上半年销售完成情况；下半年销售工作要点以及需要协调解决的问题

特此通知

××总公司（印章）
2015年7月1日

成都市锦江区人民政府关于郑××任免的通知

区政府各部门、各街道办事处：

经区政府第115次常务会议讨论决定，任命：郑××为成都市锦江区劳动和社会保障局局长。

特此通知

锦江区政府（印章）
2015年7月16日

国家卫生计生委办公厅关于鱼肝油相关问题的复函

食品药品监管总局办公厅：

你厅《关于请明确鱼肝油可否作为普通食品及其原料的函》（食药监办食监三函〔2014〕162号）收悉，经研究，现回复意见如下：

鱼肝油是列入《中华人民共和国药典》的物品，在我国无传统食用习惯，不属于普通食品。

特此函复

国家卫生计生委办公厅（印章）
2014年4月14日

情商培育

执着与精明

——犹太人罗斯柴尔德的创业故事和生意经[1]

犹太孩子梅耶·阿姆谢尔·罗斯柴尔德，出生时家产是负数，但后来的“罗斯柴尔德家族”，财产超过万亿美元。他是如何做到的？来看这个犹太人的生意经。罗斯柴尔德10岁时，被父母强行送去宗教学校，而他逃学去捡垃圾，老师问他为何不学习，他说：“我最喜欢钱币的响声！”老师判定他终生无望，父母也只好对他放弃。

这是他10 000亿美元的萌芽。

穷极返真，没那么多理想，就是钱。犹太人走在路上，只要有人往他前面一站，他就得跪下来。这样的低贱民族，没有自己的国家，没有固定的家园，没有人格的基本保障，怎样“成才”？什么东西最好？钱！只有钱发出的响声是一样的，只有拿钱去买东西是公平的，只有搞来好多钱才有希望出头——10岁的他想到了。

他没有本钱，也没有任何办法搞到本钱，就捡垃圾。但其他民族也有捡垃圾的，因此，有时，他会为保护一枚钱币流血流泪，但没人能抢走他一个子。他爱钱如命，为这一个子他敢拼命，敢用刀子扎进自己的大腿示威。

捡垃圾时，当他发现有人专门在垃圾里找旧钱币、旧勋章时，几秒之内，他就有了收购旧钱币、旧勋章的决定。这几秒钟，决定了日后的万亿。而这个决定，是同为捡垃圾的其他人绝对想不到的，因为他是犹太人，他走过了德国的上百个小国，每个国家发行的货币、勋章千奇百怪，只有他能想到，攀比此类收藏品，可以成为贵族们相互斗富、显示身份的重要手段。更重要的是，他可以通过出售这些玩意儿接触贵族，借势铺路。

很快，他的收购店专业化了——货色品种齐全，分类清楚，并以犹太人特有的智慧，很快吃掉古董中间商，直销达官贵人。每次接待贵客，他都会先去澡堂洗个澡，把胡须修剪得整整齐齐，再到租衣铺租上一套礼服，戴上借来的假发，全身光鲜地出场。几桩漂亮的买卖做下来后，他在法兰克福古董界打出了名号，并从行商变成了坐商。这时，昔日同在垃圾场上“寻宝”的人，都成了他的雇员。

很快，“古董商罗斯柴尔德先生”声名远播，而且成了法兰克福贵族和富人关于古董的口头禅。很快，他真正的目的达到了：结识了黑森王国的王储威廉。威廉王子是欧洲贵族里少有的生意人，天生对挣钱有一种狂热，与罗斯柴尔德钱味相投。罗斯柴尔德一套已经绝版的15世纪图林根银币，让二人成为互通密友。罗斯柴尔德由此成了王室供应商，威廉派出的宫廷事务大臣亲临法兰克福市政厅，在众目睽睽之下，把带有国徽的王室供应牌匾颁给了罗斯柴尔德。随着罗斯柴尔德将那块亮闪闪的王室供应商铜牌钉在自己仍显寒碜的店面门口，他的社会地位发生了翻天覆地的变化。

至此，罗斯柴尔德的万亿家财，乃至无穷无尽的连绵金山，就只是应时而来的事儿了。从那块牌匾到世界最负盛名的金融家庭，数年而已。

已入宝库，怎么一桶又一桶往家里提金子，就不必细说了。是龙是虫，是垃圾乞丐还是万亿富翁，已经定论了。

---

[1] 励志网．犹太人罗斯柴尔德的创业故事和生意经（正标题是编者添的）[DB/OL]．(2013-11-16)[2017-01-02]．http：//www. 201980.com/lzgushi/xueshu/2041.html.

很简单，罗斯柴尔德的万亿财富，是三样东西换来的：一是5岁时钱币的响声，二是垃圾堆里臭币，三是犹太人自身苦难结出的执着与精明。

信心与定位

——新辣道创始人李剑自述创业故事和创业经验[1]

新辣道鱼火锅创立于2004年，通过打造可以标准化的核心产品，建立稳定可靠的源头采购供应链体系，完善公司的人才制度，最终实现了自身产品和服务的标准化。目前，已经在国内开设了近百家店，其中直营店占80%，年销售额近8亿元。

以下是创始人李剑自述的创业经历：

在创立新辣道之前，我还曾经有另一段创业经历。我创立过一家年流水超过3亿元的员工连锁餐厅。凭借这家企业的效益，我很快实现了财务自由。但是好景并不长，由于没有看清楚互联网泡沫破灭之后的中关村餐饮市场，再加上内部管理问题的爆发，我的企业最终倒闭了。第1次创业之后，我就想清楚了二次创业不只是赚钱，所以会想得比第1次创业远。当时我想，一定要做一个能做大的生意。首先，生意要跟城镇化及消费升级趋势有结合。其次，我自身的优势能不能同这个生意结合起来。最后，这个生意一定是简单化、可复制、能做大。最终我还是把自己的创业方向锁定在餐饮业。

完成定位之后，就要去寻找一个能够满足我上面要求的产品。因此，当我在成都吃到梭边鱼的时候，突然觉得很惊艳。我决定把它改良为火锅。原因有3个：首先，味道非常好，这是一切的核心。其次，如果变成火锅，既能标准化也能简单化。最后，是差异化很强。如果只是简单的标准化，对消费者而言没有意义。一瓶矿泉水很标准，却没有差异化。要实现这一点，就要求有四川特有的东西，所以在鱼的酱料中很重要的腌菜都是在四川做的。虽然市面上很容易买到，但吃起来和我们的还是有差别的。

在完成产品选择和定位之后，要考虑选址的问题。我们的目标客户群基本还是以年轻人为主，所以确定要选一家目标人群流量大的街边店。我们第一家店开在惠新东街，因为那里消费人群中年轻人居多，同时还有写字楼、居民区、医院，有白领，有医生，而且容易停车。

开始生意还不太好。我最担忧的一个问题：是不是真的味道好，能被大家所认可。创业一开始最需要的是建立信心。为了解决信心的问题，我用了两个到现在还有意义的推广方法：

第一，请客。我请朋友们过来免费吃，吃的过程中，我会跟他们讲清楚是怎么做的，为什么好吃，吃完了之后就发现10个人中会有七八个觉得不错。很快就有朋友免费吃完之后，跟我打电话说，帮我订位子。这样就建立起了自己对这个产品的信心。连续请了两三个月后就顺利覆盖到了上千人。因为你对产品有信心，你会相信他们会带来一桌人。一传十，十传百，生意就打开了局面。

第二，借力。我跟学校的学生会合作，出钱让他们在学生刊物上做广告，发放联名的学生优惠卡，这样把中午的生意给带起来。发展学生客户有一个好处，若干年之后，他们

[1] 励志网.新辣道创始人李剑自述创业故事和创业经验（正标题是编者添的）[DB/OL].（2013-12-06）[2017-01-02].http：//www.201980com./lzgushi/xueshu/2041.html.

很多人留在了北京，会继续变为你的客户，因为他们对于学生时代的味道是很怀念的。

当然现在新店的推广有完善的体系了，围绕不同的新店有不同的策略，但还是延续了我第一家店的思路。现在的推广也是一个为期3个月的套餐，顾客全场五折，还送代金券。只有一个目的，就是为了让顾客接触到我们。

在第一家店成功之后，我思考如何实现从一家店到一家餐饮公司的跨越。我认为餐饮业之所以无法做大，总是停留在作坊阶段，原因是：餐饮业创业者创业精神缺失，在囤积了大量现金后，觉得餐饮创业太辛苦，容易安于现状。餐饮是一个控制点太多的行业，太不容易标准化、流程化。

我一开始就确定要按照企业思维来经营新辣道。我们不是一个饭馆，而是一家餐饮企业，所以要回到企业的逻辑：必须有核心产品。新辣道有最初起家的有梭边鱼，还有罗非鱼等好产品。为了保证持续出好产品，需要机制。我们设立了产品委员会，花重金设立了一个实验室给合伙人用于新产品的研发。我们基本围绕以鱼为中心的火锅，提前一年研发新产品。

为了实现鱼和火锅底料的标准化，我们用了两个方法。一是自己在山东温泉养鱼。能否养出好吃的鱼靠水，我们建立水循环系统，保证水温一直保持在27～28℃，百分之百的温泉水和地下水混合。二是我们和科研院所进行多代合作，培育出鲜美有品质的鱼苗，这样保证了鱼的标准化生产。后续的冷链环节，比如宰杀排酸我们都严格按照统一标准。

有些鱼的品种，如罗非鱼不是我们养殖的，我们也会想办法解决标准化的问题——我们会同国内最大的罗非鱼供应商合作。解决底料标准化重要的原则是，里面的辣椒、蒜都必须原产地采购。

当然光是产品标准化是不够的，还必须有服务的标准化：围绕顾客和产品需求把流程服务画出来，再把流程拆解为标准是什么、执行者是谁、检核者是谁，这个就是SAP。目前新辣道的几千个SAP，包含技术、服务和管理。为了保证这个标准化，每个店经理的巡店路线，从每天早上开始要做什么，表格表单都是严格规定的，你要上传给上级管理者批阅。

目前新辣道有一些店面实行加盟管理，那么如何保证加盟商和直营店的标准化？遵循两条标准：首先供应原料和ERP软件系统统一，一旦加盟商不按照标准执行，可以直接停掉加盟商的系统和鱼的供应，而没有这两条，基本很难运营。另外，要严格筛选加盟商，对于加盟商要保证价值观一致。

除了标准化之外，人力资源管理也是需要考虑的问题。我用了3条策略：明晰招聘标准、摒弃强人治理、建立完善的店长选拔机制。

① 明晰招聘标准：招基层跟店经理是不一样的。我们必须执行标准考核，有面试评估系统。然后按照招人—使用—培训—挽留4个生命周期来管理人才。

② 摒弃强人治理：要保证一个餐饮店在千里之外，你的员工在尽职尽责地劳动，每一级干部都在工作，就需要好的管理，需要好的体系，而不是依靠老板自身的巡店。因此，要淡化个人英雄主义。

③ 选拔店长：两年半到3年，有机会从基层成长为店长。还有一种途径——招应届毕业生，6个月就能到管理层，两年成长为店经理。这两个途径培养起来的店长都好用。

同步训练一

一、单项选择题（每小题1分，共20分）

1. 中华人民共和国建设部部长发布《房屋建筑和市政基础设施工程施工招标投标管

理办法》，应使用的文种是（　　）。

客观题自测

A．公告　B．通告　C．命令　D．决定

2．给直属上级的请示，使用第一人称最恰当的是（　　）。

A．该　B．本人　C．我　D．本单位

3．联合行文的成文时间，以（　　）为准。

A．领导人签发的日期　B．最后签发机关领导人签发的日期

C．发出的日期　D．会商的日期

4．签署是指（　　）。

A．机关领导人在定稿上亲笔签名

B．以机关领导人名义颁发的公文，领导人在正本上亲笔签名

C．机关领导人对收文的办理签注批示意见

D．文件的承办人在文件处理单上亲笔签名

5．收文处理的中心环节是（　　）。

A．签发　B．批办　C．查办　D．承办

6．撰写请示，要求（　　）。

A．主送一个主管的上级机关

B．主送上级机关的领导人

C．受双重领导的机关主送两个上级机关

D．主送主管的与有关的上级机关

7．以机关名义对外签发公文，必须遵循（　　）。

A．集体会商的原则　B．先核后签的原则

C．正职签发的原则　D．规范签发的原则

8．《党政机关公文处理工作条例》中所规定的文种“议案”，其作者是（　　）。

A．各级人民政府　B．各级人民代表大会的代表

C．各级政协的代表　D．各级政府领导

9．盖印章时，应做到（　　）。

A．上压正文，下不压成文日期　B．既压正文，又压成文日期

C．上不压正文，下压成文日期　D．上不压正文，下不压成文日期

10．注发是指（　　）。

A．在定稿上注明办理情况　B．在定稿上批注缮印要求

C．在定稿上批注发文要求　D．在定稿上落款处签署

11．向同级业务主管部门请求批准时，应使用的文种是（　　）。

A．议案　B．报告　C．请示　D．公函

12．核签是指（　　）。

A．联合行文时各机关领导人共同审核签发文件

B．领导人审核拟办意见并签署姓名和日期

C．对重要的发文稿进行批注

D．重要的发文稿请上级机关领导人再次签发

13．公文用纸采用的尺寸是（　　）。

A．140 mm × 203 mm　B．210 mm × 297 mm

C．176 mm × 250 mm　D．184 mm × 260 mm

14. 发文字号中的“年度”需要（　　）。

A. 用中括号括起来　　B. 用六角括号括起来

C. 用大括号括起来　　D. 用方括号括起来

15. 对重要事项或重大行动作出安排，应使用的文种是（　　）。

A. 命令　　B. 通告　　C. 决定　　D. 公告

16. 联合行文的作者，应为（　　）。

A. 具有隶属关系的机关

B. 同级别的机关

C. 同一组织系统中的上下级机关

D. 具有业务指导关系的机关

17. 国家主席依照有关法律公布行政法规和规章，应当用（　　）。

A. 令　　B. 公告　　C. 通知　　D. 决定

18. 应标识签发负责人姓名的文件一般是（　　）。

A. 重要的请示　　B. 重要的通报

C. 重要的会议文件　　D. 重要的通知

19. 撰写批复的意见，不能（　　）。

A. 态度明确　　B. 有问必答

C. 意见可行　　D. 泛泛而谈

20. 公文正文一律采用（　　）。

A. 三号宋体字　　B. 三号仿宋体字

C. 五号宋体字　　D. 四号宋体

二、多项选择题（每小题 2 分，共 10 分）

1. 清退工作的意义在于（　　）。

A. 防止公务文书丢失，确保党和国家秘密的安全

B. 防止无用信息的扩散，避免造成被动局面和不良影响

C. 保护文件，便于立卷归档

D. 通过对文书清退分流，提高其运转速度

E. 退回错误来文，避免工作失误

2. 向不相隶属的机关发文请求事项，不能用（　　）。

A. 请示　　B. 报告　　C. 公函　　D. 通知　　E. 通报

3. 不能作为请示结束语的是（　　）。

A. 上述要求如无不妥，请予批复

B. 上述要求妥否，请批复

C. 以尽快批复为要

D. 以尽快批复为宜

E. 请速批复，谨致谢忱

4. 应当标明文件份数序号的公文有（　　）。

A. 绝密文件　B. 机密文件　C. 秘密文件　D. 一般文件　E. 紧急文件

5. 公文标题中除（　　）加书名号之外，一般不加标点符号。

A. 法规名称　B. 规章名称　C. 被转发的文件名称

D. 被印发的文件名称　　E. 被批复的文件名称

三、修改下列公文字号（每题 1 分，共 5 分）

1. 国发〔2015〕06 号
2. 国发〔2015〕第 7 号
3. 国发〔二〇一五〕153 号
4. 商发〔15〕14 号
5. ×× 职业学院发〔2015〕101 号

四、为下列公文补写标题（每题 5 分，共 10 分）

____

各省、自治区、直辖市人民政府，国务院各部委、各直属机构：

国务院同意发展改革委《关于 2015 年深化经济体制改革重点工作的意见》，现转发给你们，请认真贯彻执行。

国务院（公章）

2015 年 5 月 18 日

____

各省、自治区、直辖市人民政府，国务院各部委、各直属机构：

银监会《关于促进民营银行发展的指导意见》已经党中央、国务院同意，现转发给你们，请认真贯彻执行。

国务院办公厅（公章）

2015 年 6 月 22 日

（此件公开发布）

五、指出下列公文文稿的不足之处，并根据公文写作与处理的要求，改写为一份正确的公文（25 分）

海口市财政局关于协助提供相关数据的函

海财库函（2013）2680 号

海口市城建集团有限公司：

根据《2012 年海口市本级权责发生制政府综合财务报告试编工作方案》的要求，需要贵单位协助提供政府综合财务报告试编工作所需的公共基础设施资产数据，并于 2013 年 8 月 16 日上午前报送海口市财政局基建处。联系人：张学广（68722680）。

此函。

附件：公共基础设施资产明细表

海口市财政局

2013 年 8 月 15 日

六、根据指定要求写作（15 分）

1. 根据指定内容写作。

李 ×× 同学到 ×× 市政公司顶岗实习，该公司正为该市修建 WF 大街路面，为期 20 天，因影响交通，公司领导要李 ×× 同学以公司的名义特向各界告知。

2. 自选文种，拟定公文标题。
3. 字数不限，将要办之事说清楚即可，文字要简洁明了。

七、对下面公文进行评析（15 分）

财政部关于 2011 年中央决算的报告[1]

全国人民代表大会常务委员会：

第十一届全国人民代表大会第五次会议审查批准了《关于 2011 年中央和地方预算执行情况与 2012 年中央和地方预算草案的报告》。现在，2011 年中央决算已经汇编完成。按照《中华人民共和国预算法》等法律规定和全国人大常委会的安排，受国务院委托，我向全国人大常委会提出 2011 年中央决算报告和中央决算草案，请审查。

一、2011 年中央决算情况

2011 年，在中国共产党的坚强领导下，各地区、各部门全面贯彻中央决策部署，认真落实第十一届全国人民代表大会第四次会议和第十一届全国人民代表大会常务委员会第二十一次会议的有关决议，以及十一届全国人大财政经济委员会审查意见的要求，牢牢把握科学发展主题和加快转变经济发展方式主线，加强和改善宏观调控，国民经济朝着宏观调控预期方向发展，人民生活不断改善，改革开放继续深化，实现了“十二五”经济社会发展良好开局。在此基础上，财政发展改革深入推进，中央决算情况较好。

（一）中央公共财政收支决算情况

2011 年，中央公共财政收入 51 327.32 亿元，完成预算的 111.9%，比 2010 年（下同）增长 20.8%。加上从中央预算稳定调节基金调入 1 500 亿元，使用的收入总量为 52 827.32 亿元。与向第十一届全国人民代表大会第五次会议报告的预算执行数相比，中央公共财政收入增加 21.17 亿元，主要是在决算清理期间一些专项收入、行政事业性收费等非税收入增加。中央公共财政支出 56 435.32 亿元，完成预算的 103.8%，增长 16.8%。其中，中央本级支出 16 514.11 亿元，完成预算的 96.9%，增长 3.3%；中央对地方税收返还和转移支付支出 39 921.21 亿元（相应形成地方财政收支），完成预算的 107%，增长 23.4%。加上用于补充中央预算稳定调节基金 2 892 亿元，支出总量为 59 327.32 亿元。与向第十一届全国人民代表大会第五次会议报告的预算执行数相比，中央公共财政支出增加 21.17 亿元，主要是保障性安居工程支出增加。

中央公共财政收支总量相抵，赤字 6 500 亿元，比预算减少 500 亿元。2011 年末中央财政国债余额 72 044.51 亿元，控制在年末国债余额限额 77 708.35 亿元以内。

1. 中央公共财政收入决算情况

主要收入项目具体完成情况如下：

（1）国内增值税 18 277.38 亿元，完成预算的 104%。

（2）国内消费税 6 936.21 亿元，完成预算的 106.7%。

（3）进口货物增值税、消费税和关税 16 119.54 亿元，完成预算的 120.4%。高于预算主要是进口额增幅超过预计，相应增加了进口税收。

（4）出口货物退增值税、消费税 9 204.75 亿元，完成预算的 115%。超过预算主要是出口额多于预计，出口退税相应增加。

（5）—（10）（略）

［1］ 中国人大网．财政部关于 2011 年中央决算的报告［DB/OL］．（2012-07-11）［2017-01-03］．http：//news.xinhuanet.com/fortune/2012-07/11/c_123400618_4.htm.

2. 中央公共财政支出决算情况

按照第十一届全国人民代表大会第四次会议批准的预算，中央各部门认真组织执行，各项重点支出得到较好保障。部分支出科目决算数与预算数存在差异：一是按照有关法律规定和着力保障重点支出要求，用中央财政超收收入增加了教育、科学技术、公路建设支出和对地方转移支付，以及保障性安居工程补助、成品油价格补贴、对困难群众生活补贴等支出。二是年初预算一些未分配到具体科目而暂列在“其他支出”中的基本建设支出，在执行中按照实际用途列相关科目。三是用中央预备费安排“三农”等支出，相应增加农林水事务等相关科目支出。四是按有关制度规定，一些项目实行据实结算办法，决算数与预算数存在差异。

中央本级主要支出项目具体完成情况如下：

（1）教育支出999.05亿元，完成预算的127%。超过预算主要是用中央财政超收收入增加了中央高校本科生生均综合定额提标经费、研究生教育补助经费等支出。

（2）科学技术支出1 942.14亿元，完成预算的102.1%。

（3）文化体育与传媒支出188.72亿元，完成预算的100.2%。

（4）社会保障和就业支出502.48亿元，完成预算的103.6%。

（5）—（17）（略）

中央对地方税收返还和转移支付情况如下：

（1）对地方税收返还支出5 039.88亿元，完成预算的99.4%。

（2）对地方一般性转移支付支出18 311.34亿元，完成预算的105.6%。超过预算主要是因企业所得税和个人所得税增加，按财政体制规定相应增加对地方均衡性转移支付，以及为支持救灾和灾后恢复重建、落实国家区域发展规划增加对地方财力补助。

（3）对地方专项转移支付支出16 569.99亿元，完成预算的111.2%。超过预算主要是按照有关法律规定，用中央财政超收收入和预备费增加了对地方教育、文化、社会保障、保障性安居工程、交通运输、公共安全等方面的转移支付。

预备费使用情况。中央预备费预算500亿元，实际支出500亿元，已列入相关支出科目决算数中。具体情况是：一般公共服务支出44.2亿元，外交支出5.17亿元，文化体育与传媒支出30亿元，农林水事务支出75.79亿元，社会保障和就业支出14.67亿元，公共安全支出41.83亿元，商业服务业等事务支出3.2亿元，住房保障支出200亿元，青海玉树灾后恢复重建支出47.81亿元，对地方救灾综合财力等补助支出35亿元，其他支出2.33亿元。

汇总以上各项支出，2011年中央财政用在与人民群众生活直接相关的教育、医疗卫生、社会保障和就业、保障性住房、文化方面的民生支出合计11 659.31亿元（包括中央本级支出和中央对地方转移支付支出，下同），增长30.7%。用在农业水利、公共交通运输、节能环保、城乡社区事务等方面与民生密切相关的支出合计13 944.32亿元。中央财政对地方的税收返还和一般性转移支付支出经地方统筹安排后也大部分用于保障和改善民生。2011年中央财政用于“三农”的支出合计10 497.7亿元，增长22.4%。其中，支持农业生产支出4 089.7亿元，对农民的粮食直补、农资综合补贴、良种补贴、农机购置补贴支出1 406亿元，促进农村教育、卫生等社会事业发展支出4 381.5亿元，农产品储备费用和利息等支出620.5亿元。需要说明的是，民生和“三农”支出不是单独的预算科目，为了便于审议，将与民生和“三农”相关的支出项目综合反映出来，因而存在一些交叉重复。

汇总2011年中央行政单位（含参照公务员法管理的事业单位）、事业单位和其他单位用当年财政拨款开支的出国（境）经费、车辆购置及运行费、公务接待费（以下简称"三公经费"）支出，合计93.64亿元。其中，出国（境）经费19.77亿元，车辆购置及运行费59.15亿元，公务接待费14.72亿元。

汇总2011年中央行政单位（含参照公务员法管理的事业单位）履行行政管理职责、维持机关运行开支的行政经费，合计899．7亿元，比上年增长1．42%。

（二）中央政府性基金收支决算情况

中央政府性基金收入3 130.82亿元，完成预算的110.8%。其中，铁路建设基金收入648亿元，完成预算的100%；民航机场管理建设费收入147.08亿元，完成预算的99.8%；港口建设费收入136.03亿元，完成预算的109.8%，高于预算主要是港口货物吞吐量高于预计；新增建设用地土地有偿使用费收入304.1亿元，完成预算的104.9%，超过预算主要是新增建设用地数量比计划略有增加；大中型水库移民后期扶持基金收入217.41亿元、完成预算的109.7%，国家重大水利工程建设基金收入214.43亿元、完成预算的108.3%，这两项基金收入超过预算主要是因为全国销售电量增长超过预计；彩票公益金收入317.45亿元，完成预算的121.4%，高于预算主要是因为彩票销售量高于预计。

中央政府性基金支出3 103.48亿元，完成预算的85.8%。低于预算主要是一些项目执行中因实际情况发生变化，难以按计划实施。其中，铁路建设支出682.92亿元，完成预算的100%；民航机场管理建设费安排的支出149.02亿元，完成预算的79.8%；港口建设费安排的支出115亿元，完成预算的83.1%；新增建设用地土地有偿使用费安排的支出457.21亿元，完成预算的78%；大中型水库移民后期扶持支出185.88亿元，完成预算的63.5%；国家重大水利工程建设支出166.75亿元，完成预算的67.5%；彩票公益金用于社会福利、体育、教育等社会公益事业支出284.72亿元，完成预算的85.3%。

2011年中央政府性基金收支决算数，与向第十一届全国人民代表大会第五次会议报告的预算执行数相比，收入增加4.89亿元，支出减少0.01亿元。

（三）中央国有资本经营收支决算情况

中央国有资本经营收入765.01亿元，完成预算的90.6%。与预算有差异主要是国有股减持数量少于预计。加上2010年结转收入35.59亿元，使用的收入总量为800.6亿元。

中央国有资本经营支出769.53亿元，完成预算的89.6%。与预算有差异主要是国有股减持收入减少，支出相应减少。具体使用情况是：中央企业兼并重组支出80亿元，国有经济和产业结构调整支出491.66亿元，中央企业改革脱困补助支出23.12亿元，重大科技创新支出35亿元，重大节能减排支出35亿元，境外投资支出23.18亿元，安全生产保障能力建设支出9.55亿元，新兴产业等发展支出26.09亿元，调入公共财政预算用于社会保障等支出40亿元。

2011年中央国有资本经营收支决算数，与向第十一届全国人民代表大会第五次会议报告的预算执行数相比，收入、支出均减少0.01亿元。

二、2011年预算执行效果

2011年，各地区、各部门认真落实积极的财政政策，严格执行中央和地方预算，切实加强和规范财政管理，积极发挥财政职能作用，着力保障和改善民生，努力服务改革发展稳定大局，取得积极成效。

（一）加强和改善财政宏观调控，促进经济平稳较快发展（略）

（二）加大强农惠农富农政策力度，推动农村改革发展（略）

（三）进一步保障和改善民生，支持社会事业加快发展（略）

（四）推动优化经济结构，促进经济发展方式转变（略）

（五）深化财税体制改革，完善公共财政体系（略）

在全国人大的支持指导和审计的监督促进下，财政预算管理工作不断改进和加强，同时我们也清醒地认识到，在预算执行过程中还存在一些不容忽视的问题：代编预算规模虽然逐年压缩但仍然较大，部分项目支出年初到位率不高；预算支出执行进度持续加快但一些专项支出完成情况仍不太理想；转移支付结构不尽合理，均衡性转移支付占比较低，专项转移支付管理仍需加强；中央政府性基金补助地方支出预算执行效率有待提高，国有资本经营预算实施范围需进一步扩大；财政管理基础工作还不够扎实；财政支出绩效评价体系尚需健全，工作力度有待加大；损失浪费现象时有发生，资金使用效益仍需进一步提高等。审计情况也表明，2011 年中央预算执行情况总体较好，但在预算编制、预算执行、项目管理等方面也存在一些需要研究解决的问题。对此，国务院已要求中央有关部门按照全国人大有关决议要求和审计意见，采取有力措施切实整改。

三、进一步提高财政管理的科学化精细化水平

针对存在的问题，我们将根据当前经济运行的新形势加强和改善财政宏观调控，并不断健全财税体制机制，同时深入推进财政科学化精细化管理，进一步提高财政资金使用绩效。

（一）着力强化预算编制和执行管理，提高预算管理规范化水平（略）

（二）着力抓好管理基础工作和基层建设，夯实预算管理基础（略）

（三）着力推进预算绩效管理，努力提高财政资金使用效益（略）

（四）着力加强地方政府性债务管理，积极防范财政风险（略）

（五）着力推进预决算公开，进一步提高财政运行透明度（略）

（六）着力强化财政监督，切实保障财政资金安全（略）

委员长、各位副委员长、秘书长、各位委员，加强和改进财政预算管理，对于推动科学发展、促进社会和谐意义重大。我们将在以胡锦涛同志为总书记的党中央领导下，坚持以邓小平理论和“三个代表”重要思想为指导，深入贯彻落实科学发展观，诚恳接受全国人大常委会的指导和监督，扎实做好各项财政工作，积极发挥财政职能作用，确保预算任务圆满完成，促进经济社会又好又快发展，以新的成绩迎接党的十八大胜利召开！

2012 年 7 月 11 日

客观题自测

同步训练二

一、单项选择题（每小题 1 分，共 20 分）

1．一般业务部门向档案管理部门移交档案的时间是（　　）。

A．当年 12 月份　B．次年 1 月份　C．次年 2 月份　D．次年 6 月份

2．用数词表示文件层次时，数词表示层次的顺序是（　　）。

A．第一层为“一、”，第二层为“（一）”，第三层为“1.”，第四层为“（1）”

B．第一层为“一”，第二层为“一、”，第三层为“(一)”，第四层为“1”
C．第一层为“(一)”，第二层为“一、”，第三层为“(1)”，第四层为“1.”
D．第一层为“一、”，第二层为“1.”，第三层为“(1)”，第四层为“I”

3．函的重要功能之一是（　　）。
A．商洽工作　　B．记载情况　　C．反映情况　　D．传达重要精神

4．“意见”适用于（　　）。
A．对下级机关布置工作，提出开展工作的原则和要求
B．对重要问题提出见解和处理办法
C．对下级机关不适当的决定予以撤销
D．答复下级机关的请示事项

5．拟办是指（　　）。
A．对公文的办理提出建议　　B．做好处置办毕文件的准备工作
C．拟写需要办复的公文　　D．针对待办理的重要文件撰写公文摘要

6．下列在请示中的结束语得体的是（　　）
A．以上事项，请尽快批准！
B．以上所请，如有不同意见，请来函商量。
C．所请事关重大，不可延误，务必于本月10日前答复。
D．以上所请，妥否？请批复。

7．下面的批复开头最不恰当的是（　　）
A．你单位×年×月×日《关于××问题的请示》已收悉，经研究，批复如下。
B．你单位《关于××问题的请示》(×发〔2002〕×号)已收悉，经研究，批复如下。
C．你单位《关于××问题的请示》已收悉，经研究，批复如下。
D．你单位的请示已收悉，经研究，批复如下。

8．签发人标识用于（　　）。
A．所有的公文　　B．上行文　　C．平行文　　D．下行文

9．呈送给上级的报告或请示，第二人称称谓最为恰当的是（　　）。
A．贵单位
B．根据上级机关的级别，称为“厅、局、处……”
C．你单位
D．该单位

10．×省交通厅以加强交通管理为内容的公文，要使全省周知执行，最适宜使用的文种是（　　）。
A．通知　　B．通报　　C．决定　　D．通告

11．公文中一般不采用的表达方式是（　　）。
A．议论　　B．说明　　C．叙述　　D．描写

12．向下级机关的重要行文，应抄送（　　）。
A．直接上级机关　　B．其他下级机关　　C．同级机关　　D．业务主管机关

13．公文格式中，属于主体部分的是（　　）。
A．发文字号　　B．成文日期　　C．抄送机关　　D．份号

14．承办是指（　　）。
A．对公文的办理提出建议

B．做好处置办毕文件的准备工作
C．对来文贯彻或办复
D．针对来文批示办理意见

15．最有效的催办方式是（　　）。
A．电话催办　B．文字催办　C．登门催办　D．会议催办

16．向不相隶属机关发文，属于（　　）。
A．上行文　B．平行文
C．下行文　D．上行文或平行文

17．发文字号指的是（　　）。
A．代字　B．文件年号
C．同文本文件的印刷份数编号　D．标识机关、年度的发文序号

18．写请示必须（　　）。
A．用“请示报告”这个文种　B．一文一事
C．注明办理期限　D．用“报告”这个文种

19．判定文件主送机关的依据是（　　）。
A．机关级别层次的高低　B．是否对文件承担主办或答复的责任
C．是否具有直接的上下级关系　D．是否是本系统内的机关

20．以领导人名义制发的文件，其生效标识是指（　　）。
A．单位的公章　B．在签发文稿上所盖的公章
C．领导人在公文正本上的签署　D．领导人在签发文稿上的签字

二、多项选择题（每小题1分，共5分）

1．公文的紧急程度分为（　　）。
A．特急　B．急件　C．火急　D．加急　E．平件

2．发文文稿的形成包括的环节有（　　）。
A．拟稿　B．会商　C．核稿　D．签发　E．注发

3．不能作为批复结束语的是（　　）。
A．上述批复如无不妥，请参照执行
B．上述批复如有不妥，请予回函
C．特此批复　D．此致敬礼
E．此复在执行中若有新问题，必须立即上报

4．下列文种必然属于上行文的是（　　）。
A．命令　B．通知　C．请示　D．报告　E．通报

5．写主送机关应当标明（　　）或（　　）或（　　）。
A．主送机关的全称　B．主送机关的规范化简称
C．同类机关的统称　D．约定俗成的称谓
E．本单位言谈中的简称

三、修改下列文件标题（每小题2分，共10分）

1．××建筑公司向建设局的请示报告
2．××百货公司扩大经营范围决定的请示
3．××文化有限公司关于开展春季运动会的决定的通知
4．××贸易有限公司关于完全彻底地开展增收节支活动的通报

5. ×× 交通局要求批准增加编制的报告

四、为下列公文补写标题（每题 5 分，共 10 分）

____

××县财政局：

为进一步提高我县失业人员和返乡农民工的劳动技能和自主创业能力，我局于 2015 年 3 月 12 日至 3 月 18 日对 50 名创业青年进行了创业培训，参加培训人员全部考核合格。根据《××省财政厅、人力资源和社会保障厅关于就业专项资金使用管理有关问题的通知》（省财发〔2012〕51 号）规定，第一步创业培训补贴标准为 800 元 / 人。本次培训费共计 40 000（800 元 / 人 ×50 人）元。恳请贵局及时核拨。

当否，请批示

附件：1. 创业培训开班计划

2. 创业培训班课程安排表

3. 创业培训班学员花名册

××县人力资源和社会保障局（章）

2015 年 3 月 26 日

____

各省、自治区、直辖市人民政府，国务院各部委、各直属机构：

经国务院批准，现将 2015 年元旦、春节、清明节、劳动节、端午节、中秋节和国庆节放假调休日期的具体安排通知如下。

一、元旦：1 月 1 日至 3 日放假调休，共 3 天。1 月 4 日（星期日）上班。

二、春节：2 月 18 日至 24 日放假调休，共 7 天。2 月 15 日（星期日）、2 月 28 日（星期六）上班。

三、清明节：4 月 5 日放假，4 月 6 日（星期一）补休。

四、劳动节：5 月 1 日放假，与周末连休。

五、端午节：6 月 20 日放假，6 月 22 日（星期一）补休。

六、中秋节：9 月 27 日放假。

七、国庆节：10 月 1 日至 7 日放假调休，共 7 天。10 月 10 日（星期六）上班。

节假日期间，各地区、各部门要妥善安排好值班和安全、保卫等工作，遇有重大突发事件，要按规定及时报告并妥善处置，确保人民群众祥和平安度过节日假期。

国务院办公厅（章）

2014 年 12 月 16 日

五、指出下列公文文稿的不足之处，并根据公文写作与处理的要求更正为一份完整正确的公文（20 分）

×× 学区文件

×× 学区发〔2015〕× 号

×× 学区关于解决办公经费的请示

××县教育局：

近年来，我学区在局的领导下，各项工作有了长足的发展，由于“两基”经费与实际支出缺口太大，已经影响正常工作的开展，所以，我学区恳请贵局按实际支出追拨以下经费。

1．日常办公用品的购置费用：现有的办公设备严重紧缺，原先电脑、复印机因年代已久，经常死机，已无法适应工作需要。为了提高工作效率，急需购置电脑 2 台、复印机 1 台，计划资金 8 600 元（急需）。

2．“两基”债务：秋池湾小学粉刷教室换门窗 4.2 万元（连工带料内粉 7.5 元 / 平方米，外粉 16.5 元 / 平方米），已还 2 万元，仍欠 2.2 万元（待还），工程队讨债由教师工资垫付；门楼寺小学校内修建围墙 80 米、硬化校园 200 平方米欠工程款 4.3 万元（待还），工程队讨债由教师工资垫付；峡城中心小学硬化校园、水渠、围墙投资 8.7 万元，拨款 2.4 万元，还欠工程款 6.3 万元（待还）。三所小学正常的教学秩序受到影响。

3．出差补贴费用：学区由于偏僻，道路经常不畅，交通费用偏高，各类安排部署、学区人员出差费、网费、教师苏谨龙溺水死亡事件处理后事所耗费用及债务 16 000 元，已拨 7 000 元，余欠 9 000 元（急需）。已经一年无法开销，造成预算经费失衡。学区正常工作无法运转。

4．学区新修幼儿园图纸设计、招标等费用需 2.2 万元（急需）。以上几项合计款项中急需 3. 96 万元。特请局领导根据目前我学区的实际情况，从办公经费中给予倾斜，以解决我学区经费困难问题，渡过难关，保证各项工作正常开展。

妥否，请批示！

主题词：××××××××

抄送：××××××。

××学区办公室　　　　　　　　　　2015 年 × 月 × 日印发

六、根据指定要求写作（20 分）

1．根据以下指定内容写作。请为双方各拟写一份公文。

××学院为了安排摄影系二年级学生去实习，广泛联系报社、婚纱影楼等实习单位，现拟请朱××同学于 2015 年 6 月 18 日与××报社联系，希望本月 26 日安排 50 名同学前去参观，并请主编介绍该社新闻摄影情况，还请求留下 5 名实习。

2．自选文种，拟定公文标题。

3．字数不限，将要办之事说清楚即可，文字要简洁明了。

七、请对下面公文进行评析（15 分）

提示：

1．评析应主要着眼于公文的一般写法，要对公文的总体结构和各构成要素作简要的说明、分析。

2．既要注意运用所学知识，又要注意结合原文。

3．分析要有条理。

江西省委关于认真学习贯彻中央八项规定的通知

各市、县（市、区）委，省委各部门，省直各单位党组（党委），各人民团体党组：

最近，中央政治局会议审议通过了关于改进工作作风、密切联系群众的八项规定，强调要从中央政治局做起，切实改进调查研究、精简会议活动、精简文件简报、规范出访活动、改进警卫工作、改进新闻报道、严格文稿发表、厉行勤俭节约。这是新一届中央领导集体向全党全国各族人民作出的庄严承诺，为全党和各级领导干部作出了表率。全省各地各部门和各级领导干部要认真学习，坚决贯彻，真正落实，切实改进工作作风、密切联系群众。现就有关事项通知如下：

一、充分认识改进工作作风、密切联系群众的重大意义

作风建设，是党的建设的重要组成部分。作风问题，本质上是政治问题，关系党和政府的形象，关系人心向背，关系党和国家的生死存亡。各地各部门和各级领导干部要切实增强政治意识、责任意识、忧患意识，深刻领会以习近平同志为总书记的党中央从工作作风抓起的深谋远虑，深刻领会中央政治局八项规定的丰富内涵，深刻把握改进工作作风的新部署新举措新要求。要充分认识改进工作作风、密切联系群众是加强党的执政能力、先进性和纯洁性建设的重大举措；是坚持立党为公、执政为民，以良好党风带动政风民风的战略之举；是推动科学发展、实现绿色崛起，建设富裕和谐秀美江西的重要保障。省委一直高度重视干部作风建设，近年来，先后部署开展了机关效能年、创业服务年、发展提升年和影响发展环境的干部作风突出问题集中整治活动，坚持和完善了领导干部挂点联系、定点扶贫和干部定期下基层等密切联系群众的制度，对损害群众利益不正之风进行了专项治理，取得了明显成效，广大人民群众对干部作风反映总体是好的。但也必须看到，一些地方和领导干部宗旨意识不强、群众观念淡薄，形式主义、官僚主义和弄虚作假等问题仍没有从根本上解决，脱离群众、侵害群众利益的现象仍时有发生，对这些问题必须下决心切实解决好。我们必须站在实现党的十八大确定的宏伟目标、加快建设富裕和谐秀美江西的战略高度，充分认识改进工作作风、密切联系群众的现实紧迫性和极端重要性，切实做到重实际、说实话、办实事、求实效，以优良作风取信于民，凝聚起全省人民的智慧和力量，谱写江西科学发展、绿色崛起新篇章。

二、扎实推进改进工作作风、密切联系群众取得重要进展

改进工作作风、密切联系群众，是深入学习贯彻党的十八大精神的重要内容。各地各部门和各级领导干部要高度重视，立即警醒起来，立即行动起来，从我做起，从现在做起，努力在改进工作作风、密切联系群众方面取得新的重要进展。

要改进调查研究。完善领导干部调查研究制度，切忌走过场、搞形式主义。既要到工作形势好的地方去总结经验，更要到问题较多、矛盾尖锐的地方去同干部群众商量解决问题。坚决防止弄虚作假，不得对考察调研点进行临时应景布置。要轻车简从，一般安排集体乘车，减少随行人员。考察调研地各级党政主要领导不得到机场、车站、码头和辖区边界迎送，不得组织人员献花和列队迎送，不得在考察点或住地临时铺设地毯、摆放花草，不得以任何形式悬挂或显示欢迎标语和放鞭炮。省级及省级以下领导同志到基层调研，不上警卫、不派警车、不布路线，不得封路和清场闭馆。

要密切联系群众。完善领导干部挂点联系制度，面对面听取基层群众的意见和建议，帮助基层解决实际问题。健全领导干部定期接访制度。涉及人民群众切身利益的重大决策，要广泛论证，征求群众意见。推进干部下基层常态化，时刻关心人民群众生产生活，特别是着力解决好困难群众衣食住行等基本生活问题。

要精简会议活动。压缩会议数量和规模，能通过文电、网络或其他方式传达会议精神、部署工作的不再召开会议，会议内容相同或相近的应合并召开。必须召开的会议，要准备充分，简化程序，讲实话、讲短话、讲管用的话。未经批准，不得举办各类节会、庆典活动。未经批准，领导干部不得出席各类节庆活动和一般事务性活动，不得在活动中挂名任职、发贺信贺电、题词、剪彩等。春节期间，党政机关之间不相互走访拜年。

要精简文件简报。减少发文数量，法律法规已有明确规定的一律不再发文，现行文件规定仍然适用的不再重复发文，没有实质内容、可发可不发的文件一律不发。控制发文规格，能以党委、政府办公部门名义发文的不以党委、政府名义发文，一家发文能解决问题的不联合发文，属于部门职责的工作一律由部门发文。压缩公文篇幅，不讲空话、套话，做到文风清新、文字精练、意尽文止。压缩简报种类，能停的停、能并的并。

要改进公务接待。公务接待用餐、住宿要严格执行有关规定，不得提高接待标准。推行公务接待自助餐，餐饮以当地家常菜为主。省级领导同志和省直各单位的同志到市、县（市、区）调研，一律不得接受宴请。各地一律不得安排宴请。不得额外配发生活用品。

要规范出国（境）管理。坚决制止无实质性内容的出访，不得以任何名义进行一般性考察和照顾性出访，杜绝公款出国（境）旅游。严禁通过中介机构联系或出具出访邀请函。必须按照批准的内容、路线、日程执行出国（境）任务。

要改进领导同志公务活动新闻报道。压缩领导同志出席会议和活动的报道及报道字数、时长。严格控制领导同志到基层考察调研随行的记者人数，不得层层加派记者随行采访。领导同志参加一般外事活动及礼仪性会见活动播发标题新闻。逐步推行领导同志考察调研播发标题新闻。

要厉行勤俭节约。压缩公用行政经费支出，压缩一切不必要的开支。严格执行廉洁从政各项规定。严禁超编、超标购置公务用车，严禁为公务用车增加高档配置或豪华内饰。从严控制楼堂馆所建设，严禁豪华装修办公室。严格执行公款消费各项管理规定，杜绝铺张浪费和大手大脚。严格执行住房等生活待遇规定，不得搞特殊化。

三、加强对改进工作作风、密切联系群众的组织领导和监督检查

各地各部门要加强对改进工作作风、密切联系群众工作的领导，加强宣传发动，精心组织实施，强化监督管理，务求取得实效。省委常委会成员和省级领导干部要率先垂范，当好表率，要求别人做到的自己先要做到，要求别人不做的自己坚决不做。各级领导干部要带头改进调查研究、带头深入群众、带头解决实际问题、带头真抓实干、带头厉行节约，以模范行动推进全省党风政风建设，真正赢得广大人民群众的信任和支持。

要大力推进党务、政务公开。各地各部门和各级领导干部都要自觉接受法律监督、组织监督、群众监督和舆论监督。各地各部门每年年底对贯彻执行改进工作作风、密切联系群众的有关规定进行专项检查。各级纪检监察机关要把监督执行改进工作作风有关规定作为改进党风政风的一项经常性工作来抓，审计部门每年对各地各部门公用经费使用情况进行审查。省委办公厅、省政府办公厅定期开展督促检查，每年年底通报执行情况，对违反规定的要严肃处理。

特此通知！

中共江西省委（公章）
2012 年 12 月 11 日

项目四 事务文书写作实训

shi wu wen shu xie zuo shi xun

☞实训目标

以工作过程为导向，通过模拟法、讨论法、案例法等，培养学生理论联系实际的能力、社会观察的能力、调查研究的能力、选择材料的能力、概括综合的能力，以及计划、总结、简报、调查报告、会议记录等的写作能力。重点掌握计划和总结的写作。

☞实训过程

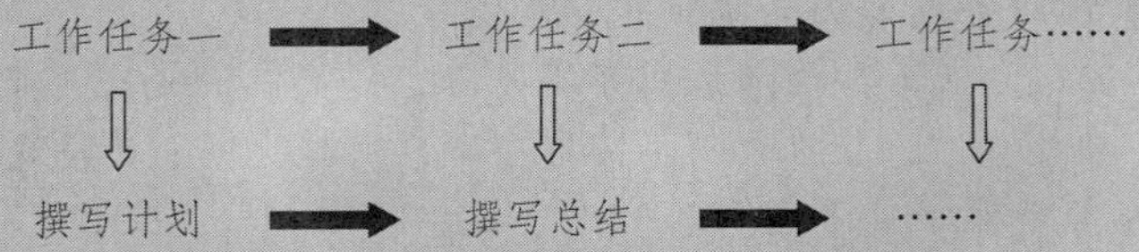

工作任务一　撰写计划

工作情境

××财经学院毕业生许××，进××公司财务部工作刚一年，部长要他撰写2015年财务工作计划。

工作结果

××公司2015年财务工作计划[1]

俯首是秋，抬头是春。2014年即将结束，2015年春光在望。为了更好地开展新一年的工作，根据总经办的要求并结合2014年的工作实际，现制订2015年财务工作计划如下。

一、工作目标与原则

1．经营目标：年收入人民币32 730.00万元，毛利率增长目标15%，净利润目标2 000万元以上。

2．财务目标：组建7个人的财务团队，提升个人素质，严格会计核算，确保准确性、及时性和收支平衡；提高资源的使用效率，建立财务风险管控体系，使财务服务水平、管理水平跃上新台阶，让财务成为公司决策的强有力支撑。

3．工作原则：以人为本，加强培训；夯实基础，提高提升；宏观把握，细节着手；结果导向，积极沟通；规划先行，重在落实；按章办事，有据可循；流程规范，科学决策。

二、任务、措施与步骤（见下表）

序号	工作任务	工作措施与步骤
1	部门建设	工作量化、职责分工、绩效考核、奖罚分明
2	团队建设	提高业务水平、调整工作心态、职业规划引导、培训
3	人员招聘	根据业务需要、岗位离职或淘汰情况，招聘合格人员
4	沟通渠道	定期例会、谈话交流，建立顺畅的沟通汇报机制
5	培训体系	财务内部培训、全员财务意识培训等
6	会计核算	对财务本质 / 实质认知的培训，建立会计核算手册
7	信息提供	ERP系统、管理报表、财务分析、单据收集
8	成本控制	销购价格审核，人力成本分析，财务费用控制
9	费用控制	拟定适合公司的各项费用标准，严格审核单据
10	定价策略	督促销售部制定销售价格策略并有效执行，同时参与销售价格的确认

[1] 范文先生网. ××公司2015年财务工作计划（有较大删改）[DB/OL].（2014-12-30）[2017-01-23]. http://www.fwsir.com/Article/HTML/Article_20140415161647_245181.html.

（续表）

序号	工作任务	工作措施与步骤
11	资金管理	平衡收支，建立应收 / 应付账款跟踪表，提供日报
12	出口退税	建立退税跟踪表，单证收集，发票跟进，申报
13	贷款管理	建立贷款信息跟踪表，保证及时还贷，维护信誉
14	库存管理	加强人员管理，定期召开信息沟通例会，处理超龄物料
15	往来管理	追踪应收款，严格审核应付款，定期清理往来款
16	内外服务	对内积极配合，维护好同银行、税局、信保等的关系
17	纳税申报	国税、地税按时申报，做好公司审计申报、账套分配
18	档案管理	原始单据、凭证、报表、合同等资料建档管理
19	印章保管	根据保管细则，妥善保管和使用印章
20	证件年审	定期年审，证件建档保管，借用登记
21	参与管理	以财务的视角，参与管理公司的各项业务
22	预算管理	对预算积极跟进，阶段性反馈调整，年终结算
23	信用管理	限制下游额度申请，争取上游供应商账期、额度

三、2015 年财务费用预算

（1）根据 2015 年销售目标及人员招聘计划，预计全年工资支出 53.7 万元，月平均 4.5 万元。

（2）办公设备（电脑）全年投入为 10 000（4×2 500）元。

（3）其他各项费用（含节日招待费）合计 5 万元。

四、财务工作 SWOT 分析

1．优势

（1）公司领导重视财务工作，为财务发挥更大的作用提供了强有力的支持。

（2）财务部门对财务工作的目标有很清晰的定位并努力提升部门能力及个人能力来满足目标的实现。

（3）现有财务人员的稳定性为后续的能力和素养的提升及补充新鲜血液提供了良好的基础。

（4）2015 年度的经营预算及激励考核机制确实能提升公司整体信心，公司股东意向增资为财务工作提供了良好的内部环境。

（5）国际整体经济环境趋好的态势为财务工作提供了有利的外部环境。

2．劣势

（1）公司成立时间不长，需要时间来积淀，还需要摸索更适合公司发展需要的管理模式。

（2）财务部门成员的财务素养不高，能力有待提升，成员结构有待优化，会计核算基础不扎实。

（3）财务 / 仓库人员对业务参与程度不高，不能有效地处理一些跨部门的业务。

（4）公司成员财务意识不足，在数据统计、信息收集、单据传递等方面影响财务工作的开展。

（5）公司部门之间的信息沟通不畅、配合度不够，销售定价策略模糊，没有成熟的产品体系，技术不能满足业务的需求。

（6）珠海外汇额度管理措施限制公司资金的使用调配，人民币升值对外向型的出口企业产生了巨大的汇差压力。

3. 机遇

（1）2015 年度的经营预算如果能够得到有效执行和控制，将使公司步入快速发展的轨道，为后续目标的实现奠定坚实的基础。

（2）极大地提升公司整体竞争力、市场占有率、供应链整合能力、品牌吸引力。

（3）极大地提高公司的管理水平，建立梯队管理团队，打造安防领域高效生产基地。

4. 威胁

（1）人员扩张、投入增加将大幅增加公司的经营成本，如果收入目标没有有效实现，将起到反效果，增加经营的风险。

（2）预算将大幅增加资金需求的规模，资金投入不足将影响预算的执行并考验公司整体协调资金的能力，极大地增加资金的安全性。

（3）采取新的销售方式可能增加回款的难度，逾期回款增加资金压力并可能增加呆坏账。

工作评价

这份财务部门年度工作计划既有条款，又有表格，采用的是综合的表达方式。标题由计划单位名称、计划时限、计划内容、文种四要素组成，是完整式标题。正文包括前言、主体两部分。这份计划没有专门的结尾，自然收尾。前言简洁明了，略有诗意，用“现制订 2015 年财务工作计划如下”过渡到主体。主体不仅包括目标、任务、措施与步骤，还有“财务费用预算”的部门特色，更有与众不同的专业特色——“财务工作 SWOT 分析”。这是一篇有独立见解的工作计划，不像有些计划全是官话、套话，人云亦云，毫无特色。

工作任务二　撰写总结

工作情境

肖 ×× 在 ×× 市政府办实习，该市近年来在宗教活动场所进行财务规范管理试点，领导给其布置了一项任务：就宗教活动场所财务规范管理试点工作写个总结。

工作结果

×× 市宗教活动场所财务规范管理试点工作总结[1]

宗教活动场所中的矛盾纠纷，大多数都是因为经济的原因引起的，财务管理是否规范不仅直接影响着团体的凝聚力和场所的稳定，也关系着广大信教群众的切身利益。长期以

[1] 文秘网．宗教活动场所财务规范管理试点工作总结 [DB/OL].（2012-12-01）[2017-01-20]. http：//www.wenmi114.com/wenmi/zongjie/gongzuozongjie/2011-11-08/20111108228077.html.

来，我市宗教活动场所因财务问题引发的矛盾时有发生，有的矛盾一触即发，相当激烈，广大信教群众要求民主理财、财务公开的呼声越来越高，并强烈要求政府部门加强监督和管理。现将我市宗教活动场所财务规范管理试点工作总结如下。

一、宗教活动场所财务规范管理的主要做法及其成绩

近年来，我市各级民宗局高度重视，采取多种形式加强对宗教活动场所财务的规范化管理，取得了一些明显成效。

第一，加强财务督导。8月建立了宗教活动场所财务督导制度，市、县区宗教团体及三一教协会全部成立了财务督导小组，组长由各团体的主要负责人担任，全面加强对各宗教活动场所的财务监督和指导。较大的宗教活动场所建立内部财务监督小组，监督小组成员由3～5位懂财务的非场所管理组织成员担任，每月定期召开理财小组会议，参加人员包括监督小组成员、出纳、场所负责人，具体采购人员列席旁听，对当月发生的每笔资金收支情况实行集中审核。凡是对支出手续不规范的发票，当场予以纠正。凡经理财小组审核后确定无疑义的票据，加盖审核专用章；凡未经理财小组审核或审核未过关的，不允许其入账。财务督导制度实施两年以来，对宗教活动场所的财务收支情况有效地进行了监督，财务管理有了明显的改观。

第二，加强财务制度建设。按照《宗教事务条例》的规定，我市宗教活动场所普遍建立了财务和会计制度。为了进一步加强对宗教活动场所的财务管理，市民宗局出台了《市宗教团体、宗教活动场所（民间信仰）财务管理指导意见》等，市道教协会、市天主教爱国会、市基督教两会、市三一教协会统一印制市宗教活动场所收入专用收据三联单，加强对较大宗教活动场所收入的监督。

第三，加强财务人员业务培训。加强对宗教活动场所财务人员的培训，丰富他们的财经知识，有条件的场所动员财务人员持证上岗，尽量聘用有会计资质的专业人员担任，对会计科目设置和记账方法进行规范。基督教堂多年来一直坚持聘用有会计专业资质的人员作为该场所的会计，科目设置合理，账目清楚，日清月结，内部监督严格，管理规范。市三一教协会也经常举办财务人员培训班，不断提高场所的财务管理水平。

第四，坚持财务收支公开。按照《宗教事务条例》的有关规定，场所的财务收支情况和接受捐赠情况要向信教群众公开，并接受宗教主管部门的监督。我市较大的场所能够做到每月将财务收支情况公开一次，接受信教群众、宗教团体的监督，增加透明度，维护场所的团结稳定。涵江鲤江庙从2006年开始，每年年底在鲤江广场向社会信众公布年度收支的情况，接受信教群众的监督。市天主教爱国会每季度向宗教主管部门上报一次财务报表，每半年上报一次资产负债表，使宗教主管部门能够经常性地了解场所的财务状况，洞察苗头性的问题，及时帮助纠正和解决。

第五，建立规范财务管理示范点。为了培养财务管理的示范单位，市民宗局每年召开一两次财务规范管理现场经验交流会，让管理较为规范的场所进行现场经验介绍，让大家进行观摩学习。8月挑选了涵江鲤江庙、基督教堂、东山祖祠等9个宗教（民间信仰）活动场所上报省厅作为我市宗教活动场所财务规范管理试点。通过典型示范引路，达到全面规范管理的目的。

二、宗教活动场所财务管理存在的问题

第一，财务制度不够落实。虽然全市宗教活动场所大部分都建立了财务和会计制度，但不够健全。有的制度挂在墙上形同虚设，根本不按照制度执行。有的场所负责人随心所欲，自已不带头遵守财务和会计制度，管理人员内部闹矛盾，不和谐不团结，造成信教群众对该场所的不信任和强烈不满。由于没有严格的财务制度，特别容易形成教职人员在经手钱款方面独断专行，给宗教活动场所的形象造成极大的损害，成为影响社会安定稳定的一个因素。

第二，财务管理不够规范。由于大部分宗教活动场所受到客观条件的限制，无法在银行开设账户，仍有相当数量的较大的宗教活动场所和经济收入较多的宗教活动场所以个人的名义在银行存款，存在公款私存的现象。特别是有相当数量佛教场所仍然存在“个人账”和“口袋账”的现象，经济坐收坐支，从来没有建立账目，当家一人说了算。目前仍有部分场所收入不使用各宗教团体统一印制的收入专用发票，收不入账，存在“账外账”和小金库的现象。有的场所报销仍然没有正式凭据，白条现象依然存在；有的场所报销发票没有经过会计审核，报销手续不健全，没有经办人、证明人和负责人审批；有的场所大笔开支事前没有研究，审批不按制度规定，没有向信徒公开财务收支情况。

第三，财务人员对业务不够熟悉。我市宗教活动场所财务人员多数来自教职人员和信教群众，人员素质参差不齐，往往是“兼职”或是“半路改行”，绝大多数没有进行会计上岗培训和继续教育，多数没有会计从业资格证，年龄较大，文化程度普遍较低，财会知识较缺乏。在设立账目时，没有按照规范科目设置，相当多的宗教活动场所记账方法仍然是以记流水账的方式，财务差错不易发现，不易纠正。而且不按国家规定的复式记账法记账，不符合国家财政部关于民间非营利性组织的会计制度的要求。能够实行会计聘用有资质的专业人员担任的场所不多，大多数场所不愿意聘请专业会计人员的现象较为普遍，成为宗教活动场所会计账目不规范，财务管理无法提高的一个重要原因。

第四，财务监管不够到位。从下半年起，全市的宗教活动场所实行财务督导制度，各宗教活动场所加强内部管理，设立财务监督小组，但真正发挥作用的不多。虽然财务定期公布，但项目过于笼统，反映不出真实的开支情况，公布成了一种摆设。特别是《宗教事务条例》规定宗教活动场所要定期向宗教登记管理机关报送财务报表，目前大部分宗教场所没有落实到位，游离于外部监管之外。由于监管不到位，这给个别披着宗教外衣借教敛财的人带来了可乘之机。

三、加强宗教活动场所财务管理的建议

第一，自觉遵守和执行财会制度。宗教活动场所的财务管理工作是政府依法对宗教事务管理的内容之一，也是宗教活动场所内部事务管理的核心内容。宗教活动场所财务管理规范与否，直接关系到场所内部的团结；关系到宗教活动能否健康、有序开展；关系到集体财产的安全；关系到宗教界乃至社会的安定稳定。宗教活动场所管理组织特别是场所负责人对此要有充分的认识，切实提高加强财务管理的自觉性和主动性。宗教活动场所作为非营利性的社会组织，除了要遵守国家有关宗教方面的法律、法规和政策、规章外，同时还要遵守国家其他的法律法规和规章（包括国家有关会计方面的法规、规章和制度）。因此，宗教活动场所的管理组织成员，特别是负责人及财务人员要认真学习《宗教事务条例》《中华人民共和国会计法》《会计基础工作规范》《会计档案管理办法》《民间非营利组织会计制度》等有关法律、法规、规章和省、市宗教部门关于加强宗教活动场所财务管理的规定、意见。《市宗教团体、宗教活动场所（民间信仰）财务管理指导意见》对财务规范管理提出了具体明确的指导意见，希望各宗教团体和场所结合本场所的实际认真贯彻执行。

第二，探索推行宗教活动场所财务委托代理制度。加强对宗教活动场所财务监督，关键是贯彻实施《民间非营利组织会计制度》，这样才能解决宗教活动场所财务会计管理方面存在的问题，努力从制度上遏制宗教内部滋生的腐败。然而，在我市目前要全面实施《民间非营利组织会计制度》，条件还不具备，时机尚未成熟。因此，要在坚持宗教活动场所的资产所有权、资金使用权、财务审批权、核算单位和监督机制不变的前提下，积极探索推行财务委托代理制，规范会计基础工作，减少因财务问题引发的矛盾。以乡镇为单位建立宗教活动场所财务委托代理服务中心，聘请专业会计人员，对辖区内各宗教活动场所收支的原始凭证进行审核，协助各宗教活动场所作好财务管理和实施监督。各宗教活动场所自愿向财务代理中心办理委托书，并交纳少量的代理费用；财务委托代理中心要自愿接受宗教活动场所的委托。这样既强化了会计工作，又节约了聘用会计人员的成本，是一举两得的大好事。

第三，规范财务管理制度。各宗教活动场所要根据实际情况，制定规范的财务制度，形成系统的财务管理体系，为场所的财务管理工作确立制度上的保证。一要建立内部财务监督机制。规模较大的宗教活动场所要召开教职人员和信教群众会议，推选公道正派、懂财务管理的人员，成立财务监督小组。其他场所应设财务监督员，负责对本场所执行财务、会计制度的情况进行监督。财务监督小组要定期召开会议，对当月发生的每笔资金收支情况实行集中审核。二要合理设置岗位和合理划分职责权限。要在分工协作的基础上，形成设置合理、环环相扣、相互制约的工作链和监督链。各场所的主要管理人员、会计、出纳的岗位要分开设置，不能交叉兼职，要明确会计员和出纳员的职责，并认真履行，不能相互替代。账、钱、物要分开保管，财务单据、账本、报表要由专人保管，工作变动时办好移交。支票与印章也要分离，不能由同一个人保管。三要加强现金管理。加强对宗教活动场所的功德箱（奉献箱）管理，建立开箱清点制度。场所收入的现金，必须及时交出纳人员清点入账，出纳人员应出具收款收据，其他人不得私下接受。定期或不定期进行现金盘点，确保现金账面余额与实际库存相符。四要建立实物和固定资产管理制度。当前宗教活动场所受赠实物管理是最为薄弱的，因此各场所要建立健全实物受赠、保管、领用、核销和入账管理制度，做到受赠实物使用有记录，处理有依据，核销有凭证，投入工程建设有固定资产账。要明确固定资产保管、使用人的责任，做到固定资产购置有记账，保管有登记，使用（领用）有记录，核销有手续。
第四，建立健全监督制约机制。一要定期向公众及信教群众公开财务信息，实行财务透明化。《宗教事务条例》中规定："宗教团体、宗教活动场所应当向所在地的县级以上人民政府宗教事务部门报告财务收支情况和接受、使用捐赠情况，并以适当方式向信教公民公布。"为了打消捐赠者的顾虑和不信任感，宗教活动场所需要进行有效的财务管理，实行财务透明化，定期公布活动的绩效，就捐款的使用和结果与捐赠人进行及时有效的沟通。各场所应把财务公开工作落到实处，并在醒目位置设立财务公开栏和意见箱，每月公开财务收支和报表，并将每季度的财务报表统一送交所在宗教主管部门备案，自觉接受信教群众、宗教团体和宗教主管部门的监督。公众及信教群众可通过公布的信息了解宗教活动场所的财务状况。二是各宗教团体要加强对本宗教各场所财务管理工作的指导，支持和协助政府宗教部门依法对场所财务管理情况进行必要的监督检查，及时发现问题，及时予以纠正，及时堵塞漏洞，真正把宗教活动场所的财务活动纳入国家法律、法规和政策允许的范围内，以保障宗教活动场所集体财产的安全。三是各级宗教事务部门要依法对各宗教活动场所执行《会计法》《宗教事务条例》《会计基础工作规范》《会计档案管理办法》和《民间非营利组织会计制度》的情况进行定期检查，把对宗教活动场所的财务管理情况的监督检查作为依法管理宗教事务的一项重点工作来抓，对执行不好的或仍然没有执行的场所将给予通报批评并责令限期整改，对拒不接受检查监督和及时整改的，要依照《宗教事务条例》的有关规定，对宗教活动场所及其负责人作出相应的行政处罚。

××××年×月×日

工作评价

这份财务规范管理工作的专题总结，回顾了××市宗教活动场所财务规范管理试点工作的做法与成绩及存在问题，具有一定的理论性和指导意义。标题包括单位名称、事由、文种，没有时限，也没有公文标题常见的“关于”两个字，属于类公文式标题。正文包括前言、主体两部分：前言简述试点工作的背景、意义，然后用“现将我市宗教活动场所财务规范管理试点工作总结如下”一句过渡到主体部分；主体包括做法及其成绩、存在问题、建议三方面内容，非常规范。作者从加强财务督导、加强财务制度建设、加强财务人员业务培训、坚持财务收支公开、建立规范财务管理示范点5个方面论述宗教活动场所财务规范管理的主要做法及其成绩。这5个方面之间的关系是并列关系。接着作者从财务制度不够落实、财务管理不够规范、财务人员业务不够熟悉、财务监管不够到位4个方面论述宗教活动场所财务管理存在的问题。这4个方面之间的关系也是并列关系。最后对今后工作提出4点建议。

这篇总结采用序数标题和段前主句提示观点和段落中心，重点突出，层次分明，结构严谨。这篇总结没有专门的结尾，自然收官。

工作参考

一、计划

计划是为实现某种目标或完成某项任务而事先作出安排的事务文书，也可称作规划、方案、安排、设想、打算、要点等。一般说来，安排、打算常用于时间较短、内容具体，并偏重于工作步骤和方法的计划；设想是初步的，富有创新性，供参考的粗线条计划；方案是对某项工作从目的、要求、方法到具体步骤都作出较为全面部署与安排的计划，一般要求周密，专业性较强；要点是对一定时期内的全局工作或中心工作所作的简要安排；规划是各级领导机关为实现总体目标，根据战略方针对某个地区或某项事业等作出长远战略部署的一种计划带有全局性、长远性和方向性。

（一）计划的特点

计划具有预见性、可行性、指导性等特点。

（二）计划的种类

按性质，可分为综合、专题计划；按内容，可分为工作、学习、科研、生产、军事计划等；按时间，可分为长期、短期、年度、季度、月份计划等；按范围，可分为国家、部门、单位、个人计划等；按表达方式，可分为条文式、表格式、综合式计划等。

（三）计划的写法

1. 标题

（1）完整式

完整式标题是指由计划单位名称、计划时限、计划内容和文种四要素组成的标题，如《×× 公司 ×××× 年营销工作计划》。

（2）省略式

省略式标题是指视实际需要省略某些标题要素的标题，如《×× 学院课程改革方案》《2015 年财务工作要点》；又如《2015 年工作计划》。凡省略单位的标题必须在正文后署名。

（3）公文式

公文式标题是指由发文机关名称、事由和文种组成的标题，如《×× 总公司关于2015 年机构改革工作的部署》。

如果计划尚不成熟或未经批准，则在标题后或正下方注明其成熟度，如“草案”“讨论稿”等字样，并加上圆括号。

2. 正文

正文包括前言、主体和结尾三部分，包括依据、目标、措施和步骤 4 个要素。

（1）前言

前言也称导语，是计划的开头部分，往往简要说明制订计划的依据、指导思想或重要意义，也可概括地分析前阶段的基本情况、成绩经验、存在问题。如果是普通的、简要的计划，可以省略前言，直接写计划的目标和任务。

（2）主体

主体一般包括以下内容。

① 目标。目标是指明“做什么”的问题，包括本计划要实现的最终目标，要完成的总任务和各项具体任务。目标要写得具体、明确，不能笼统、含糊。例如，不能只写“力争在产品产量和质量上有所提高，成本有所下降”，而应具体说明产量要达到多少，质量要达到什么标准，成本要降低多少。

② 措施。措施是解决“如何做”的问题，即执行计划所采取的办法，实现目标的具体保证。例如，运用什么手段、动用哪些部门和人员、克服哪些困难等。

③ 步骤。步骤是解决“何时完成”的问题，即计划进度的具体安排，包括工作程序和时间分配。应注意轻重缓急，主次分明，安排合理，符合实际。

（3）结尾

结尾处可以写应注意的事项，需说明的问题，或者提出希望和号召。当然，也可以不写结尾。

二、总结

总结是对过去某个时期、某个方面的工作进行回顾、分析、研究，从中找出经验教训，引出规律性的认识，以明确今后工作方向的一种事务文书。

（一）总结的特点

总结具有实践性、回顾性、理论性、客观性、指导性等特点。

（二）总结的种类

按性质，可分为综合性和专题性总结；按内容，可分为工作、思想、学习和科研总结等；按范围，可分为单位、部门、地区、班组和个人总结等；按时间，可分为年度、季度和月份总结等。

（三）总结的写法

总结一般由标题、正文和落款三部分组成。

1. 标题

常见写法有以下 4 种。

（1）公文式

公文式标题由单位名称、时限、事由和文种构成，如《×× 文化有限公司 ×××× 年关于销售工作的总结》。这种标题多用于综合性总结。

（2）文章式

文章式标题就是概括文章内容或基本观点的标题。标题中不出现“总结”二字。这种标题一般用于专题总结，如《一带一路使企业走出国门走向成功》。

（3）双标题

双标题中的正标题揭示主题或概括经验（文章式），副标题标明单位、时限、事由和文种等（公文式），如《长跑活动，增强体质——×× 学院体育工作总结》。

（4）完整式

完整式标题由单位名称、时限、内容和文种构成，如《×× 市外贸局 2016 年财务工作总结》。

2. 正文

正文由开头、主体和结尾三部分组成。

（1）开头

开头也称前言，要开门见山，简明扼要，紧扣中心，统领全文。开头可以对工作的主客观条件、工作的环境和基础等进行简析，可以概括基本情况，可以简述主要成绩，也可以简单罗列主要问题，还可以提示主要观点，简介时代背景、指导思想及总结目的等。作为开头部分，应根据总结性质有所侧重。

（2）主体

主体一般包括以下三方面的内容。

① 成绩经验。这是核心部分，应用具体的事实和数据阐明做了哪些工作，取得了哪些成绩，对以往工作进行分析、研究、概括、归类，并上升到理论的高度，找出规律性的经验，作为今后工作的借鉴。写好总结，必须得找出规律性的东西，这是根本要求。一篇总结写得好坏，往往看是否总结出了切实可行的经验，是否真正找到了规律性的东西。比较重要的总结还可以进一步分析取得这些成绩的原因。

② 问题教训。这是总结不可缺少的部分，要客观，缺点有多少，表现在哪些方面，是什么性质的，都应实事求是地讲清楚；要简略，把握分量，不要喧宾夺主，冲淡成绩。

③ 今后努力的方向或今后工作的建议。应根据今后的工作任务和要求，吸取以往工作的经验教训，明确今后的工作目标，提出改进的措施等。

主体部分常见的结构形态有以下 3 种。

① 纵式结构，也称递进式，是指按照事物发展的时间顺序来叙述内容的结构方式。这种结构的优势是事物发展的全过程清楚明白。

② 横式结构，也称并列式，是指按照事物的性质、规律分门别类地展开内容的结构方式。这种写法的优势是各层次的内容鲜明集中。

③ 纵横交错式结构。这种结构在安排内容时，既考虑到时间的先后顺序，体现事物的发展过程，又注意内容的逻辑关系，从几个方面总结出经验教训。这种写法，多数是先采用纵式结构，写事物发展的各个阶段的情况或问题，然后用横式结构总结经验或教训。

主体部分的外部形式，有贯通式、序数标题式、段前主句式 3 种。

① 贯通式适用于篇幅短小、内容单纯的总结。它像一篇短文，全文之中不用外部标志来显示层次。

② 序数标题式将主体部分分为若干层次，每层加一个概括核心内容的小标题，小标题前标序数，重心突出，条理清楚。

③ 段前主句式用在篇幅不太长的段落的首句，所起的作用与序数标题式相同，就是没有序数标题式那么显眼。

（3）结尾

结尾是正文的收束，应在总结经验教训的基础上，指出今后努力的方向、任务和措施，表明决心、展望前景。这段内容要与开头相照应，篇幅不宜过长。有些总结在主体部分已将这些内容表达过了，就不必再写结尾了。

3. 落款

在正文右下方署上单位名称，再在单位名称下面标明时间。如果单位名称已署在标题下面，则可以不再落款。

（四）总结的写作要求

1. 实事求是

有人认为“三分工作七分吹”，总结报喜不报忧，吹嘘夸大成绩，隐瞒掩盖缺点。这种弄虚作假、浮夸邀功的坏作风，危害极大，必须杜绝。实事求是，一切从实际出发，是总结写作的基本原则。

2. 详略得当，突出重点

写总结要抓重点，不要西瓜芝麻一并抓，主次不分，平均用力。没有重点就不能给人留下深刻印象。要根据实际情况和写作目的，重点选用既能显示本单位特点，又有一定普遍性的材料，将其写得详细、具体、深透，一般性的材料则要略写或舍弃。

三、调查报告

调查报告是针对某一现象、某一事件或某一问题进行深入细致的调查，对获得材料进行认真分析研究，发现本质特征和基本规律之后写成的书面报告。

（一）调查报告的种类

1. 情况调查报告

情况调查报表是比较系统地反映本地区、本单位基本情况的一种调查报告。这种调查报告是为了弄清情况，供决策者使用。

2. 经验调查报告

经验调查报告是通过分析典型事例，总结工作中出现的新经验，从而指导和推动某方面工作的一种调查报告。

3. 问题调查报告

问题调查报表是针对某一方面的问题，进行专项调查，澄清事实真相，判明问题的原因和性质，确定造成的危害，并提出解决问题的途径和建议，为问题的最后处理提供依据，也为其他有关方面提供参考和借鉴的一种调查报告。

（二）调查研究的方法

常用的调查研究方法有以下几种。

1. 普遍调查法

普遍调查法即普查，是指在一定范围内，对所有对象进行全面的调查，以获得完整、系统的资料。

2. 典型调查法

典型调查法是指在一定的总体范围内，选择能够代表总体状况的典型进行深入的调查。

3. 抽样调查法

抽样调查法是指在需要调查的客观事物的总体中抽取一部分进行调查，以此来推断总体情况。

4. 实地观察法

实地观察法是指亲身深入调查第一线，通过观察、访谈等方式，获取真实、可靠的情况。

（三）调查报告的写法

调查报告一般由标题、正文、结尾和附件组成。

1. 标题

调查报告的标题一般有两种写法：单标题与双标题。单标题就是调查报告只有一行的标题，一般由被调查单位、调查内容和文种组成，如《××化工厂安全情况调查》。双标题就是调查报告有两行标题，采用正、副标题的形式，一般正标题表达调查主题，副标题用于补充说明调查对象和主要内容。由于这种标题形式优点很多，正标题突出主题，副标题交代形势、背景，有时还可以烘托气氛，二者互相补充，因此成为调查报告中最常用的形式之一。例如，《中学生早恋问题说明了什么——××市中学生早恋问题调查》就是双标题。

2. 正文

正文分为引言、主体和结尾三部分。

（1）引言

引言也称前言、导语、开头，可简介全文，交代要素，也可概括成绩，提出问题。交代要素的引言，如“不久前，山东师范大学采用问卷、个别了解和座谈会的形式，对700名在校大学生的消费情况进行了调查。调查表明，大学生消费中存在一些严重问题”短短不到两行，交代了调查时间、调查方式、调查对象、调查范围、调查内容、调查结果等，简明扼要。

（2）主体

这是正文的核心部分，是对前言的展开。主体既要具体地叙述调查中的事实情况，又要在事实的叙述报告中引发认识，阐述观点，做到由事入理、叙议结合。情况调查的主体一般是“基本情况、成绩经验、问题教训、几点建议”；经验调查的主体一般是“基本情况、成绩经验、原因分析”；问题调查的主体一般是“基本情况、问题教训、原因分析”。主体部分的结构形式通常有以下3种。

① 纵式结构。这是指按照事物发生发展的先后顺序组织材料安排层次。

② 横式结构。这是指按问题的性质或事物的特点来组织材料。

③ 纵横交错式结构。这是指按时间的推移和地点的变换为顺序安排材料。这是文章常用的结构方法之一。其特点是以时间为“经”，以地点为“纬”，纵横交错地安排层次，以便把复杂的内容写得清清楚楚，并突出事件的紧张气氛。

（3）结尾

结尾部分是调查报告的结束语，可概括全文，可形成结论，也可提出希望。

（4）附件

附件是对正文报告的补充或更详尽的说明，包括数据汇总表及原始资料、背景材料和必要的工作技术报告。例如，在所写的调查报告里，我们可以把相应的问卷选一部分作为调查报告的附件。

（四）调查报告的写作要求

① 调研结论要产生于调查研究之后。

② 要深入调查，充分占有材料。

③ 要研究材料，找出规律，概括观点。

④ 要点面结合，注意结构的层次性。

四、简报

简报又称简讯、信息、内部参考、情况反映、情况交流等，是日常工作中用以汇报工作、反映问题、交流经验和传递信息的一种事务文书。简报一般有工作简报、情况简报和会议简报等。

（一）简报的作用

在工作中，简报主要有以下作用。

① 向上级报告工作，使其通过简报了解下级单位的情况与问题，为指导工作提供决策依据。

② 对下级指导帮助，将有关方针、政策传达给下级，介绍经验，指导和推动工作的

开展。

③ 同级间相互交流，通过简报相互沟通情况，传递信息，交流经验，促进彼此的工作。

（二）简报的特点

简报的特点可以用 4 个字概括：快、新、实、短。快，是指反应迅速、及时。简报具有新闻性，注重实效，要求发现、汇集情况快，撰写成文快，编制印发快。新，是指内容新鲜，有新意。简报要提出新情况、新问题、新经验，要善于捕捉工作、生活中的“新”，使其具有更强的指导性、交流性。实，是指简报所反映的情况要客观、真实，不能随意夸大或缩小。短，是指篇幅要简短，文字短，内容精，开门见山，尽可能一事一议，少进行综合报道。

（三）简报的类型

从时间上划分，有常规简报和阶段性简报；按版期分，有定期简报和不定期简报；从性质上划分，有一事一报的专题简报和综合反映情况的综合简报；从内容上划分，有动态简报、工作简报和会议简报。

① 动态简报所反映的是本单位新情况、新动态，又可分为思想动态简报和业务动态简报。

② 工作简报也称情况简报，即反映本部门、本系统各方面工作情况的简报。

③ 会议简报主要反映会议的概况、议程、进程、中心议题、讨论情况及与会人员的意见和建议等。

（四）简报的样式（见图4.1）

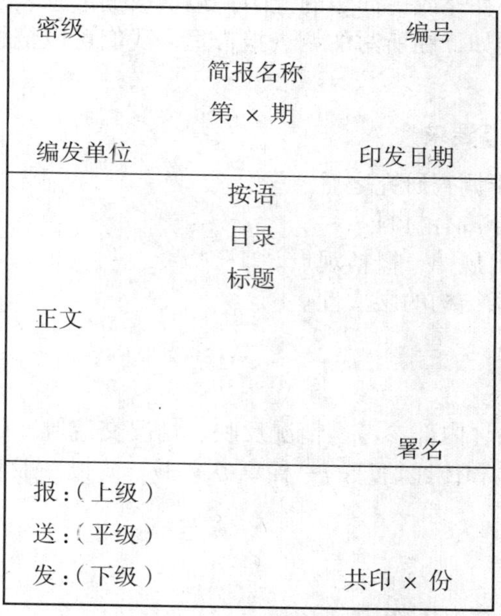

图 4.1　简报的样式

（五）简报的写法

简报由报头、报核和报尾三部分组成。

1. 报头

报头，又称版头，一般占首页 1/3 的上方版面，用间隔红线与报体部分隔开。报头包括简报名称、期数、编发单位、印发日期和密级。

① 简报名称。排在居中位置，用套红大号字体，要求醒目大方，如《商业工作简报》。

② 期数。排在简报名称的正下方，按期序编排。有的简报还注明总期数，位置在期数下用圆括号括起。

③ 编发单位。排在横隔线的左上方。

④ 印发日期。排在横隔线的右上方。

⑤ 密级。在报头左侧上方位置，标志密级加标志★，如“机密★”“秘密★”或“内部刊物”；保密时限在标志后写上，如“1 年”或“4 个月”之类。

2. 报核

（1）按语

按语是表明办报单位的主张和意图的文字。一般有 3 种写法：说明性按语，用于介绍稿件的来源、编发原因和发至范围；提示性按语，用于提示稿件内容，帮助读者理解稿件的精神，一般加在内容重要、篇幅较长的文稿前面；评价性按语，用于表明编者对简报的倾向性态度。不一定每篇简报皆配按语，是否需要按语，根据稿件的情况而定。按语的位置在间隔线之下。

（2）目录

目录的位置在按语下方，文章上方，且居中标注。如果简报只有一篇文章，则不必标注。

（3）标题

每篇稿件都需有标题。标题必须确切、醒目、简短，且富有吸引力。简报文稿的标题多类似新闻标题。

（4）正文

正文一般包括前言和主体两部分。前言，相当于消息的导语，用极简洁、明确的一句话或一段话概括全文的主题或主要事实（含时、地、人、事、因、果六要素），给读者一个总印象。写法一般有叙述式、提问式和结论式等。主体，是简报的主干，是对前言的展开，使其具体化。主体要用充足的材料，典型的事实，精确的数据，反映情况，介绍经验，叙述取得的成绩，或者指出问题。由于主体涉及的范围较广，包含的内容较多，因此写作时要特别注意安排好层次。工作简报侧重于反映工作情况和介绍典型经验；会议简报侧重于对会议情况的客观介绍；情况简报侧重于对多种情况的真实反映，叙述上多以人为中心，或者以事件为中心，或者以时间为中心进行安排。简报正文如果篇幅较长，为求眉目清楚，可采用小标题、序数法等方式展开。

（5）署名

署名即提供简报材料的单位或个人姓名，写在正文后右下角并用圆括号括上。如果作者是编发单位，则可不署名。

3. 报尾

报尾与报身用通栏黑线隔开。结尾一般用一句话或一段话小结全文，有的提出希望和建议，有的则对事件作出评价等。如果简报内容简单。往往不加结尾。

（1）发送范围：

报：（上级机关名称）

送：（平级机关名称）

发：（下级机关名称）

也可一律写“发送”，印在报尾的左上角。

（2）印发份数

印在报尾的右下角。

简报在一定时间和一定范围内具有保密性质，编印机关级别越高，机密程度越高。

（六）简报的写作要求

1. 选材要得当

简报是紧跟中心工作的，应紧紧围绕工作中心，敏锐地发现和选取新材料，写出的内容应具有一定的典型性、代表性和启发性。

2. 内容要真实

简报往往是领导掌握情况、分析问题、作出决策和指导工作的依据，因此内容必须真实。

3. 编发要及时

快速反映是简报的一大特点。有些情况时间性很强，只有迅速及时，才能发挥和起到应有的作用。

4. 文字要简明

这是由简报的特点决定的。写作时不要拖泥带水，能用一句话说清楚的事，就不要用两句话。

一看就会

××公司财务工作会议记录

时间：2016年7月×日×时　　　　主持人：公司总经理

地点：公司办公楼五楼大会议室　　记录人：办公室主任刘××

列席人：××××××××××　　　缺席人：××××××××××

出席人：××××××××××××××××××

会议议题：

1.（略）

2.（略）

主持人发言：（略）

与会者发言：

1. ×××：（略）

2. ×××:(略)散会

(本会议记录共 × 页)

主持人:×××(签名)

记录人:×××(签名)

情商培育

情商测试及其启示[1]

高情商的人具有较强的情绪调节能力、乐观的心理品质和良好的人际关系。情商测试对企业决定该雇用谁，夫妻双方怎样才能保持婚姻长久，父母应如何培养自己的孩子，学校应怎样教育学生都是有用的。

一、乐观测试及其启示

(一)乐观测试

20 世纪 80 年代中期，美国某保险公司曾雇用了 5 000 名推销员，并对他们进行了培训，每名推销员的培训费高达 3 万美元。谁知，雇用后的一年就有一半人辞职，4 年后这批人只剩下了 1/5。

该公司的老板向宾夕法尼亚大学心理学家马丁·塞里格曼讨教，希望他能为公司的招聘工作提供帮助。塞里格曼教授对公司招聘的 1.5 万名新员工进行了两次测试：一次是用该公司常规进行的以智商测验为主的甄别测试，另一次是他自己设计的对被测者乐观程度的测试。而后，对这些员工进行了分类跟踪研究。在这些新员工中，有一组人没有通过甄别测试，但在乐观测试中，他们却取得了“超级乐观主义者”的成绩。跟踪研究的结果表明：这一组人在所有的人中工作任务完成得最好。第 1 年，他们的推销额比“一般悲观主义者”高出 21%，第 2 年高出 57%。从此，通过塞里格曼教授的“乐观测试”成了该公司录用推销员的一个重要条件。

塞里格曼教授认为，当乐观主义失败时，他们会将失败归于某些他们可以改变的事情，而不是某些固定的、他们无法克服的困难。因此，他们会努力去改变现状，以争取成功。

(二)启示

乐观具有很大的“不考虑失败后果”的含义。一个乐观的人，通常不会去考虑失败所带来的后果，因而比悲观的人更加勇敢，纵然他们相信自己所做的事情成功的可能性并不大，但是他们依旧无怨无悔地做着。

二、软糖实验及其启示

(一)软糖实验

1960 年，美国斯坦福大学心理学家瓦特·米伽尔把一些 4 岁左右的孩子带到一间陈设简陋的房子，然后给他们每人一颗非常好吃的软糖，同时告诉他们，如果马上吃软糖只能吃 1 颗；如果 20 分钟后再吃，将奖励 1 颗，也就是说，总共可以吃到两颗软糖。

有些孩子急不可待，马上把软糖吃掉。有些孩子则能耐心等待，暂时不吃软糖，他们

[1] 525 心理网. 情商测试及其启示(此标题是编者加的)[DB/OL].(2012-09-21)[2017-01-08]. http://www.psy525.cn/tb/2994-53339.html.

为了使自己耐住性子，或者闭上眼睛不看软糖，或者头枕双臂自言自语……结果，这些孩子吃到了两颗软糖。

实验之后，研究者继续跟踪研究参加这个实验的孩子们长达14年，一直到他们高中毕业。跟踪研究的结果显示：那些能等待并最后吃到两颗软糖的孩子，在青少年时期，仍能等待机遇而不急于求成，他们具有一种为了更大更远的目标而暂时牺牲眼前利益的能力，即自控能力。而那些急不可待只吃一颗软糖的孩子，在青少年时期，则表现得比较固执、虚荣或优柔寡断，当欲望产生的时候，无法控制自己，一定要马上满足欲望，否则就无法静下心来继续做后面的事情。换句话说，能等待的那些孩子的成功率，远远高于那些不能等待的孩子。

（二）启示

这位心理学家的“软糖实验”给我们的家庭教育以很好的启示：在教育孩子的过程中，家长要善于培养孩子的“延迟满足”的能力，即平时我们所说的“耐力”，让孩子学会坚持与等待。当然这种等待不是一味地压制他们的欲望，更不是让孩子“只经历风雨而不见彩虹”。说到底，它是一种克服当前的困难情境而力求获得长远利益的能力。不难想象，如果父母在孩子提出某种需求时设法“延迟满足”，让孩子感觉实现这个需求很艰难，那么，孩子不仅在需求满足的过程中心理承受能力得到了锻炼，上进心或积极性得到了强化，而且在需求满足之后，会倍感愉悦，倍觉幸福，也会更加珍惜来之不易的满足。相反，如果家长对孩子百依百顺，孩子头脑中会逐渐形成这样一个思维“定势”：我要什么马上就能有什么。孩子会变得越来越任性，越来越贪心。可一旦离开家庭走入社会，那种任性、暴躁、急功近利的性格特点肯定会令他们饱受挫折和打击。而事事不顺心的他们，往往不会从自身找原因，反而觉得别人有意跟他们过不去，总是与周围人处于一种对峙状态，长此以往，很可能酿成忧郁、偏执、狂躁等各种心理疾病。这恰恰是家长们不愿意看到的。但愿家长们都能重视孩子的延迟满足，让孩子从小学会延迟满足。在延迟满足中，孩子学会期待、学会感激、学会珍惜、学会克制、学会奋斗，从而体验成功的快乐和人生的幸福。

三、企业人事管理者对“情商”的认识案例

在美国企业界，人事主管们普遍认为，“智商使人得以录用，而情商使人得以晋升”。一个著名的案例是，被誉为新泽西聪明工程师思想库的贝尔实验室一位经理受命列出他手下工作绩效最佳的人。从他所列出的名单看，那些认为工作绩效最好的人不是具有最高智商的人，而是那些情绪传递得到回应的人。这表明，同在社会交往方面不灵、性格孤僻的天才相比，那些良好的合作者和善于与同事相处的员工更可能得到为达到自己的目标所需的合作。另一个案例是，美国创造性领导研究中心的大卫·坎普尔及同事在研究“出轨的主管人中”（指昙花一现的主管人员）时发现，这些人之所以失败不是因为技术上的无能，而是因为人际关系方面的缺陷。

四、结语

通过以上案例不难看出“情商”研究对于个人成功及改进组织人事管理的实用价值。愿这一新的心理发现为您的成功助一臂之力。

客观题自测

同步训练一

一、填空题（每题1分，共10分）

1. 经过讨论，双方消除了分歧，达成了__________。

2. ××公司按照市国资委的统一部署，一手抓安全生产基础管理，一手抓安全生产宣传教育，坚决防范各类事故的发生。____________2015 年安全生产工作计划如下：……

3. 破坏新版人民币发行或借发新版人民币之机从中____________、扰乱金融市场者，均依法惩处。

4. 我商店新购进的一批香烟和副食品，因质次价高，严重____________，部分已发生霉变。

5. 要严格遵守财经纪律，任何人不得____________公款。

6. 这次大会，____________代表共 1 230 人。

7. 现将我公司 2016 年第 3 季度财务分析报上，请____________。

8. 以上意见____________，请批转各地区、各部门贯彻执行。

9. 你校实验室被纵火烧毁，流动资产损失 3.1 万元，经研究，同意以“财产损失”____________。

10. 本年度的城建计划已经市政府____________。

二、请调整下段短文的表达次序（5 分）

（　　　　　　　　　　　　）

①为了配合我省部门预算编制改革；②现将省直预算单位清产核资工作情况汇报如下：③省财政厅于 2014 年选择了省府办公厅、省公安厅等 7 个部门开展了预算单位清产核资试点工作。

三、阅读下面的材料，完成练习（10 分）

用一句话概括以下几段话的主题，填入开头的括号中。

（　　　　　　　　　　　　）

1. 国际化趋势[1]

所谓国际化趋势，是指高职会计教育为赶超国际会计界的高度，将在教育理念、教育内容、教育形式等方面积极借鉴国际会计惯例，与国际高职会计教育协调一致，更高程度地走向国际的趋势。经济全球化、国际互联网使世界经济整体化，各国之间的合作依存日益加深，信息、技术、资金、人力、商品、服务等的流动跨过了国界，也推动了高等教育的国际化。高职会计教育也必然在全球范围内加强合作与交流，这将使高职院校会计教师树立国际意识，走出国门，更加了解国际经济、国际社会，从而培养出具有国际竞争力的会计人才。但是，目前我国高职会计教育与国际上会计水平更高的国家相比，还有一定的差距。随着我国经济制度逐步与国际接轨，随着我国会计标准国际化的改革不断加快，随着我国高职会计教育水平的提高与实力的壮大，有远见卓识的教育者必然会突破观念和文化差异的障碍，把目光投向中国本土以外的全球。我国高职会计教育必将借助国际教育市场的优势，借鉴发达国家的经验，把握赶超发达国家的机遇，融合中西文化，创造新理论、新知识，加速高职会计教育国际化的进程，为推动经济全球化发挥作用。

2. 德育化趋势

所谓德育化趋势，是指高职会计教育为了防微杜渐，保障社会经济秩序，提高会计人员的职业道德素质，对潜在的会计人员进行系统的会计职业道德教育有逐步加强的趋势。近年来，会计人员职务犯罪有增无减，会计信息严重失真，账目造假、财务舞弊、操纵利润等层出不穷……究其根由，缺乏应有的会计职业道德是主要原因之一。而目前我国高职

---

[1] 陈文渊. 高职会计教育的发展趋势与对策[J]. 教育与职业，2014，11（32）.

院校会计专业均没有单独的会计职业道德课程，一般都与财经法规合在一起上，内容枯燥，课时很少，学分很低。对会计职业道德教育还不够重视，这种情况普遍存在，令人堪忧。有识之士均认为会计职业道德是会计从业人员的灵魂，会计职业道德教育是会计课程的基石，不容忽视。加强高职院校会计职业道德教育，树立先进的会计职业道德理念，训练坚强的会计职业道德意志，培养良好的会计职业道德习惯，孕育端正的职业道德品质，有利于提高会计的社会公信度，有利于规范会计工作秩序，有利于反腐倡廉形成清正之风，必将得到会计界、教育界、社会各行各业的高度重视。有目的、有计划、有组织地对会计人员、潜在人员施加会计职业道德教育将是必然，且力度也会逐步加强。换句话说，高职会计教育将呈现德育化趋势。

四、请表示以下文种完整式标题的写法，并举例（每题 10 分，共 20 分）

1. 计划

2. 总结

五、图示题（15 分）

请图示经验总结写作的基本模式。

六、写作题（20 分）

金 ×× 同学在万年工厂顶岗实习。一天，领导要求其根据下面的材料，编写一份年度工作计划。假设你就是金 ××，想一想，怎么做。

企业发展规模：新建 ×× 车间，发展 ×× 产品的生产；扩建 ×× 车间，使 × 种产品的生产比上年提高 ××，年产量达到 ×× 万只。增加工程技术人员、技术工人和部分管理人员，使之从现有的 ×× 人增加 ×× 人。

产品发展方向：与 ×× 研究所合作，积极研制新产品，其中 ×× 新产品达到国际水平。对现有 ×× 等几种产品进行技术改造，以符合国内和国际市场的需要。

总目标：研制尖端产品，赶上国际先进水平；进行部分老产品的更新换代；新建和扩建部分生产车间；大力培训工人，促进技术进步，提高企业经营管理水平和经济效益。

主要技术经济指标：①提高劳动生产率，随着新设备、新技术的应用和生产技术的提高，全年全员劳动生产率比现在提高 ××% 左右；②增加净产值，年总产值达 ×××× 万元，比现在提高 × 倍；③降低可比产品成本，通过提高劳动生产率，节约原材料、燃料等消耗，使可比产品成本比现在降低 ××% 左右；④加速资金周转，在产量增加的情况下，尽量不增加流动资金，缩短资金的周转期；⑤提高盈利水平，在增加生产、降低消耗的基础上，使利润从现在的 ××× 万元，增长到 ××× 万元。

办法措施：①举办各种培训班，提高工人文化素质；②加强管理，严格制度；③开展劳动竞赛，提高劳动生产率；④严肃财经纪律。

七、评析题（20 分）

请结合调查报告的写法对下面这份调查报告进行评析。

大学生就业状况调查报告[1]

2013 年开始的世界性经济危机席卷全球，在世界经济一体化格局下，高速发展的中国并不能独善其身，在一些地区、一些领域，经济危机已经表现得非常明显。经济危机下，

[1] 书村网. 大学生就业状况调查报告（有删改）[DB/OL].（2013-01-28）[2017-01-08]. http://www.mcqyy.com/wenku/diaochabaogao/14161.html.

很多公司开始裁员，招聘需求大幅减少，这使得中国的劳动力市场压力异常巨大，尤其是大学生就业问题异常突出。近期，中国社会科学院发布的2013年《经济蓝皮书》指出：预计到2013年底，将有100万名大学生不能就业，还将有592万名大学生毕业面临找工作，大学生就业问题非常严峻。

一、2013年高校毕业生就业现状

2013年，全国普通高校毕业生将达到559万人，比××××年增加50万人。然而，2013年的国际金融危机对我国经济造成的困难日趋显现，2013年毕业的611万大学生就业形势面临着更加严峻的挑战。在全社会就业形势严峻的情况下，高校毕业生也面临比较严峻的就业形势。

（一）就业率分析

2013年就业蓝皮书指出，2013年本科院校大学生就业率有所下降，而高职院校学生就业率同往年持平。统计研究数据表明，2013届大学毕业生半年后的就业率约为86%，比起××××年下降了2个百分点；2013届211院校毕业生半年后就业率为89%（非失业率90%），非211本科院校为87%，高职高专为84%；而××××届半年后就业率211院校为93%（非失业率94%），非211本科院校为90%，高职高专院校为84%。其中，2013届大学毕业生约1/3的就业是在毕业后半年内完成的。

按教育部公布的数据，中国2013届高校毕业生总数为559万人，其中大学毕业生总数约为529万人（本、专），按本研究得出的比例推算，2013届大学毕业生毕业后就在国内外读研究生的人数为21.43万人，毕业半年后的就业人数约达到434万人。在毕业半年后的73.56万人的失业大学毕业生中（包括有了工作又失去的），有51.59万人还在继续寻找工作，有5.46万人无业但正在复习考研和准备留学，另有16.51万人为无工作无学业没有求职和求学行为者。

（二）就业地点分析

2013届毕业生就业量最大的前10位城市依次为北京、上海、广州、深圳、杭州、天津、成都、南京、济南、苏州；高职高专毕业生就业量最大的前10位城市依次为北京、上海、广州、深圳、南京、苏州、杭州、成都、郑州、青岛。

（三）就业专业分析

1. 2013年最好就业的专业

2013年从本科专业大类来看，就业率最高的依次是工学、管理学、经济学，但工学学生在毕业半年后平均月收入低于经济学专业大类。

从专业中类来看，地矿类专业独居榜首，工科类专业就业率受金融危机影响较小，就业率前10位的专业中类中，有8个为理工类专业。专业小类的就业率排名这一倾向更明显，高职高专专业也呈现出理工类专业就业率较高的趋势。

2. 2013年最难就业的专业

“2013年度大学就业能力排行榜”的调查显示，中国应届大学生最难就业的10个专业为：计算机科学与技术、英语、会计学、国际经济与贸易、工商管理、法学、电子信息工程、机械设计制造及自动化、汉语言文学、信息管理与信息系统。令人尴尬的是，这10个专业也是我国考生报考最热门的专业。

这项研究对20万名毕业半年后的学生进行了调查。结果显示，在635个本科专业中，最热门的10个专业半年后的失业人数达到6.67万人，占本科毕业生总失业人数近1/3。

其中，计算机科学与技术、法学、英语 3 个专业毕业半年后的失业人数过万人。在应届大学生毕业半年后失业人数最多的 10 个本科专业中，计算机科学与技术、法学、英语、国际经济与贸易、会计学等人们心目中的热门专业占了 9 个。

二、2013 年市场专业人才需求状况

（一）市场专业技术人才缺口大

劳动和社会保障部科研所联合浙江大学就业与服务指导中心，对 2013 年高校就业趋势也进行了预测。预测结果是：2013 年我国总劳动力富余，但专业技术人才缺口大。

根据劳动社会保障部科研所的数据显示：我国在“十一五”期间计划年均新增劳动力需求总量为 1 800 万人，但“十一五”期间每年新增劳动力供给为 ×× 万人，每年将出现 200 万富余劳动力。根据中国人事科学研究院《×× 中国人才报告》预计，到 2013 年我国专业技术人才供应总量为 4 000 万人，而需求总量为 6 000 万人。以上两项数据表明：我国劳动力总体有富余，但专业技术人才仍将出现供不应求的局面。

（二）专业技术人才缺口体现

专业人才需求具体表现在第一、第二和第三产业上。

1. 第一产业缺口 218 万人

根据国务院颁布的《农业科技发展纲要（××—2013）》数据显示，我国共有涉农院校 43 所，在校学生大约为 9 万人，教学和科研人员为 3. 5 万人，130 万名大中专毕业生中已有 80 万名离开了农业。预计到 2013 年，第一产业人才缺口将达到 218 万人。

2. 第二产业缺口 1 220 万人

我国大学生中 38% 为工科类学生，但是毕业生人数还是不够，振兴我国工业还需大量的工程师，主要集中在 IT、微电子、汽车、环保、系统集成、新材料、新能源与节能技术开发、条码技术、铁路高速客运技术等领域。预计到 2013 年，人才缺口数字巨大，将达 1 220 万人。

3. 第三产业人才缺口 325 万人

该产业将是扩大就业岗位最多的部门。一些高端涉外人才需求很大，如涉外会计、涉外律师、涉外金融服务、同声传译、电子商务、数字媒体、物流、精算和心理咨询等行业，都需要大量人才。预计到 2013 年，人才缺口预计在 325 万人。

由此可见，我国专业技术人才总量还处于供不应求的局面，大学生“就业难”仅仅为一种表象。原因有两点：第一，作为一名大学生是否学有所成，知识和能力结构能否达到企业用人标准，这值得思考；第二，个人就业意愿和社会意愿存在很大差异。

三、电子商务专业学生就业现状

（一）市场缺口每年约10万人

据统计，我国登记在册的电子商务企业已达到 1 000 多万家，其中大中型企业就有 10 万多家，初步估计，未来我国对电子商务人才的需求每年约 20 万人，而我国目前包括高校和各类培训机构每年输出的人才数量不到 10 万人。

（二）毕业生就业率仅为20%

近年来电子商务专业应届毕业生就业率仅为 20%，而全国普通高校毕业生就业签约率是 47%，可见，电子商务专业应届毕业生就业率远远低于全国大学生就业平均水平，这种状况不容乐观。

（三）毕业生与市场无法对接的原因

造成这种局面的根本原因在于高校在电子商务人才的教育和培养方面还存在欠缺，在这种情形下培养出的学生很难符合社会对高层次电子商务人才的需求标准。主要面临的问题如下。

（1）课程开设不合理，现阶段我国电子商务专业教师大多是由经济与计算机专业方向的人才组成的。专业课程设置方面是经济与计算机专业知识的一个简单堆积。

（2）学生的实习大都在虚拟的环境中操作，根本不能切实感受现实中电子商务的应用。毕竟，现实与虚拟还是两个世界。

（3）岗位群不明确，学生不知道自己今后的就业方向，更不知道毕业以后应该具备什么能力和证书，才能让自己更有就业竞争力。

（四）就业岗位对电子商务专业学生的能力要求

（1）第1层，电子商务建立在网络硬件层的基础上。在这一层次，需要了解计算机终端、服务器、交换器、路由器及其他网络设备的功能，知道有关企业网络产品的性能。

（2）第2层，电子商务实施的软件平台。在这一层次，涉及服务器端操作系统，数据库、安全、电子商务系统的选择、安装、调试和维护。

（3）第3层，电子商务应用层。在这一层次，涉及商业逻辑，网站产品的设计、开发或网络应用程序的开发。

（4）第4层，电子商务运营及管理层。在这一层次，涉及各类商务支持人员，如客服、市场、贸易、物流和销售等诸多方面。

作为2013届的毕业生，特别是电子商务专业的学生，就业形势还是非常严峻的。我们需加强自身各方面能力的培养，做好充分的准备，迎接挑战！

客观题自测

同步训练二

一、填空题（每题1分，共10分）

1. ××财经学院助理会计师培训班招收学员，采用自愿报名方式__________。

2. __________征兵面试体检阶段，各有关部门应及时做好准备工作。

3. 你局2015年6月28日《关于举办人力资源管理培训班收费问题的函》（×发〔2015〕5号）__________，经研究答复如下……

4. 经技术鉴定，此次火灾事故，__________人为。

5. 汛期将近，各单位__________于4月底前做好防洪抢险准备工作。

6. ××提前15天完成全年销售任务，特予通报表扬，__________鼓励。

7. 违反物价纪律情节严重的，工商行政管理部门可以__________停业，并向司法部门提出控告。

8. 兹定于2015年8月9日上午8时，在行政楼201室召开招生工作动员会议，请__________参加。

9. 有关调档__________，请与××影视公司联系解决。

10. 股市的泰坦尼克号还在下沉，要正视股灾，事关安定团结的大局，认真研究解决__________。

二、请调整下段短文的表达次序（5 分）

（ ）

① 2012—2013 年该比值有所恢复，连续两年维持在历史均值线附近；②国内大豆玉米比价自 2010 年以来一直处于历史均值线下方运行，2011 年更是创出历史新低；③从比价关系的角度来看，预计 2014 年大豆种植面积有望企稳。

三、阅读下面的材料，完成练习（15 分）

用一句话概括三段话的主题，填入开头的括号中。

（ ）

1. 价值化趋势[1]

所谓价值化趋势，是指高职会计教育不仅仅是会计知识与技能的传授，将有越来越重视会计的正确的人生价值观、社会价值观传导的趋势。网络时代的信息化会计与过去传统实体经济的会计相比，作用发生了很大的变化，传统实体经济的会计造假，影响的面较窄，受害人较少，而借助网络利用上市发布传递虚假会计信息，欺诈的面就很广，受害人可能是成千上万。美国世通会计欺诈涉案金额高达 110 亿美元，简直是对他人财富的直接掠夺；我国的“亿安科技”“中科创业”“蓝田股份”等七大违法事件涉及的受害人高达 783 万 ~ 792 万人。这些案件反映出来的问题，并不是会计专业知识与技能的缺乏，而是会计正确的人生价值观、社会价值观的缺失。会计教育者再也不能只看到会计的实用价值、经济价值、眼前价值，而忽略会计的人生价值、精神价值、社会价值。会计工作不仅仅是为自己谋取一份薪金，为企业赢得诸多利润，还应该考虑社会效益、环保因素、百姓福祉、民众利益。即便无力奉献社会，也绝不能危害社会，损害公众利益。一旦会计的价值教育被越来越多的人认可，高职会计教育的价值化趋势也就越来越明显了。

2. 市场化趋势

所谓市场化，简而言之就是在经济领域通过法律努力形成完整规范的市场机制，改革价格体制达到供需平衡的市场状态。市场化是高职会计教育改革和发展的推动力。高职会计教育的市场化趋势是指高职会计教育将适应市场在资源配置中起决定性作用及国际市场变化发展的趋势。目前我国的会计制度还不能适应企业经营多元化的要求，不利于会计信息的行业比较和分析，不便于投资主体对企业实施有效的财务监督。改革会计制度是完善市场经济的客观要求，而会计制度的改革和完善又是随市场经济的发展而不断进行的，不仅要考虑当前的市场环境，而且要能体现市场经济的未来趋势，方能指导新业务、新事项的会计处理。

在不断探索新时期深化市场改革的新阶段，市场化被提到前所未有的高度，非公有制经济的发展将得到强有力的支持，与公有制经济都将成为社会主义市场经济的重要组成部分。高职会计教育在弱化政府对微观经济活动的干预的新情况下，在国际市场格局变化发展的新形势下，不可能袖手旁观，必将为建立适应各行业的统一的会计规范体系等方面作出应有的贡献，必然会遵循价值规律等市场经济的规律，呈现中国特有的高职会计教育市场化趋势。

3. 环境化趋势

所谓环境化趋势，是指高职会计教育的内容将有逐渐增加与环境有关的自然资源的耗

[1] 陈文渊．高职会计教育的发展趋势与对策 [J]. 教育与职业，2014，11（32）.

存、质量、价值等的信息核算和披露的趋势。随着经济全球化的加剧，改革开放的深化，投资规模的加大，环境恶化也随之而来，水污染不断、沙尘暴频发、雾霾天增多……投资与环境的问题越来越引起关注，人们开始探讨环境对企业经营活动的潜在影响、国家环境法规与企业经营之间的关系、可持续发展等问题，如何让会计人员使用环境信息来支持企业内部决策也被有识之士重视了。尽管我国高职院校环境会计的内容现在还是空白，但发达国家已经有了尝试：英美发达国家大多数大学的会计系均讲授环境会计的有关内容，英国有 71% 的大学的会计系在教学大纲中规定环境会计内容，且呈现上升趋势，美国几乎所有学校均在课程中设置了与环境会计相关的内容。尽管讲授环境会计内容已成为英美大学会计系的必然选择，但开设独立的环境会计课程的学校比例还很低，在美国仅有 3%。美英两国的会计环境化趋势，对我国高职会计教育的发展有着宝贵的借鉴意义。随着我国对环境保护的重视，人们环保意识的加强，我国高职会计教育环境化趋势将日益显现。

四、根据文章的语言环境，在所列词中选取合适的词（10 分）

（我局、我们）（经、经过）请示（领导、上级），定（在，于）（9 月 10 日、九月十日）（开始、动手、动工）改建公路桥。改建期间，（这里、此地）（禁止、不准）（走路、通行），（所有、一切、凡）来往行人车辆，请（弯路、绕道）而（行、走），特此（通知、通告、通报、公布、布告）。

五、分析题（15 分）

王治国同学去武装公司办公室工作，于年底起草了一份公司的年终工作总结。文章是这样开头的：

总结

时间如白驹过隙，一转眼 2015 年将要过去了。在过去的一年中，我公司的经济效益犹如穿云燕子，飞向百尺竿头，比去年大幅度上升。公司上下兴高采烈，喜笑颜开，在新的一年到来之际，我们对去年的工作总结如下。

问题：

1. 这篇总结的开头部分应集中写什么？王治国的写法是否有不妥之处？为什么？
2. 这篇总结的开头部分应特别体现出应用文的哪些语体特征？

六、图示题（每题 10 分，共 20 分）

1. 请图示简报的写作模式。
2. 请图示计划的写作模式。

七、请为下面这篇调查报告修改润色（30 分）

2014 年大学生就业形势调查报告[1]

2014 年有毕业生 727 万人，被称作史上更难就业季。2014 年即将毕业的大学生如何面对当前的就业压力呢？很多人感觉很迷茫。接下来，阳光大学生网就经济形势和相关政策分析如下，希望对面临毕业的大学生有一定的帮助。

一、中国经济走势

1. 当今中国经济发展面临的压力影响

第 1 种影响：受到欧美经济放缓影响。

[1] 阳光大学生网．2014 年大学生就业形势调查报告 [DB/OL].（2014-05-22）[2017-01-08]. http：//www.sundxs.com/dxslz/jiuye/11478.html.

第 2 种影响：中国经济发展或到了拐点。

第 3 种影响：人口红利的下降。

第 4 种影响：多年来结构性矛盾的充分暴露。

2. 中国今明两年经济增长预期

亚洲开发银行（ADB）2013 年 10 月 2 日公布 2013 年和 2014 年最新经济展望报告，中国今明两年经济增速料分别为 7.6% 和 7.4%，据有关统计数据，中国 GDP 增长估计 7.5%，保 8 难以持续。

3. 中国经济增长的动力源分析

近年中国的经济增长的动力来源于消费、投资和出口（俗称“三驾马车”）。

（1）2009 年，消费对经济的拉动为 38.6%，投资对经济的拉动为 37.7%，出口对经济的拉动为 23.7%。

（2）2010 年，消费对经济的拉动为 37.3%，投资对经济的拉动为 54.8%，出口对经济的拉动为 7. 9%。

二、欧美主权债务危机对我国经济的影响

（1）受欧美经济低迷影响，世界经济复苏的步伐将放缓。

（2）内外环境的变化，使得 2014 年中国经济增速放缓成为大概率事件。

现阶段，中国的经济面临通货膨胀、财政债务和生态环境恶化等多种压力，使得政府下决心调整和优化经济结构，不再以 GDP 增速考核地方政府官员。未来中国经济发展的减速是大概率事件。

三、世界经济低迷对我国就业的影响

中国受欧美经济持续低迷、国内经济转型的影响，2014 年预计我国经济增长速度继续回落，出口增长乏力，致使大量的企业减员或倒闭，加上高校毕业生人数不断攀升，就业形势更加严峻。据有关统计，中国 GDP 每下降一个百分点，将会减少就业岗位 100 万 ~ 200 万个。出口每下降一个百分点，将会有 30 万至 50 万人失业。

四、近几年大学生就业形势

1. “十二五”期间的就业形势

人社部部长尹蔚民依然用了“严峻”二字。一方面，就业总量压力依然很大，另一方面劳动力供大于求的格局并未改变。

2. 近两年我国大学生的就业状况

2013 年人社部和教育部组织开展了高校毕业生就业工作大调研。调研显示，近两年绝大多数高校毕业生是在中小企业就业的，去中西部就业的毕业生比重逐步提高。从学历看，研究生初次就业率最高，本科初次就业率略低，高职高专初次就业率最低；从专业看，工科毕业生就业率较高，理科和文史哲类毕业生就业率较低；从毕业院校看，重点大学就业率较高，普通本科和独立学院就业率较低。值得关注的是，已就业者中，部分毕业生流动性较高。

3. 当前大学生就业的心理

一些高校毕业生宁可成为大城市中的“漂族”和“蚁族”，也不愿意到二、三线城市和基层就业。多数高校毕业生仍然希望在机关事业单位和国有企业就业，希望在经济发达地区和大中城市生活及就业，到中西部地区、城乡基层、中小企业就业的积极性不高。

4. 大学生扎堆大城市

一是我国区域之间经济社会发展不平衡，且短时间之内难以改变。经济越发达的地方就业机会越多，发展空间越大，导致高校毕业生倾向于在城市、在高收入行业求职就业。

二是制度上存在障碍。现行高校毕业生就业制度、户籍制度、干部人事制度同市场就业机制还不完全适应。以干部身份和户籍为基础的管理方式同社会劳动力资源的统筹管理不协调，导致就业机会不均等，就业政策不平衡，毕业生在地区之间、企业与机关事业单位之间流动仍然存在障碍，毕业生身份转换困难，就业渠道不畅通，进一步加剧了结构性矛盾。

三是中小企业和非公有制企业需要大量毕业生，但工资待遇相对较低、发展空间较小，且部分企业用工不规范，对毕业生吸引力有限；基层教育、医疗、农技等部门急需人才，但由于编制限制等原因，吸纳毕业生能力有限。

5. 大学生就业难的原因

（1）我国中小企业太少，就业容量不大。

（2）专门人才素质未达标，造成岗位难得其人。

（3）人才供求信息不畅，造成职位浪费。

（4）结构失衡是就业难的主要因素。①时间结构：大学毕业生供给增长的速度远高于经济增长；②区域结构：由于我国经济发展的地区间与城乡间差异，经济欠发达地区特别是西部地区很难对大学生形成有效需求，而且在较长的时期内，地区性的有效需求不足的局面都将难以改变。

综上情况所述，阳光大学生网给 2014 年大学毕业生提出以下建议。

1. 关于职业生涯规划

现在职业规划当中，很多时候会对学生有一种误导，就是为其过早地制定了一个职业点，如根据个性、特征等来评定适合做什么，过早的给学生定了一个框框，告诉学生就这个职业最适合他，这就对学生造成了束缚。其实人的这种个性的东西是不断变化的，如兴趣、能力，甚至价值取向，是随着外部环境的变化和自身的学习、体会，在不断调整的。

2. 转变观念是实现顺利就业的关键

大学生应该根据自己的个性、能力作出个性化的职业选择，不要把求职的目光盯在传统的“集中”的区域、行业、单位，拓宽求职的视野，改变“短期求职”为“较长期求职”。在选择工作时，大学生不能太理想化，一个人可能要经过三四次的选择，才能找到自己喜欢的工作，所以对第 1 份工作不要太挑剔了。

项目五 礼仪文书写作实训

li yi wen shu xie zuo shi xun

☞实训目标

通过以工作过程为导向的学习，培养学生的比较能力、快速浏览能力、社交能力和沟通能力。重点掌握欢迎词、欢送词、答谢词、感谢信、慰问信、表扬信、申请书、倡议书、保证书、演讲稿、请柬与聘书等重点文种的写法。

☞实训过程

工作任务一 ➡ 工作任务二 ➡ 工作任务……

⇩ ⇩ ⇩

毕业致辞 ➡ 写表扬信 ➡ ……

工作任务一　毕业致辞

工作情境

这是毕业的季节，徐 ×× 在北京理工大学院办实习 5 个月了，院办主任交给她一项任务，即 7 月 8 日校长要在 2015 届研究生毕业典礼上致辞，请为其拟份稿。

工作结果

北理工校长在 2015 届研究生毕业典礼上的讲话[1]

老师们，同学们：

首先，我代表学校热烈祝贺 2015 届研究生顺利完成学业并即将踏上新的人生旅途！与此同时，让我们共同感谢培育你们的研究生指导教师及全体教职员工！

今天，是同学们十几载、甚至二十余载求学生涯的终点。此时此刻，你们脑海中会闪现求学路上付出的点点滴滴，或许有童年时代拼音识字，有少年时代挑灯夜读，有青年时代习题大战，还有进入大学后的伏案研习。其中，既有经历各种挫折的郁闷和烦恼，更有取得进步的喜悦和自豪。

今天，你们要结束求学生涯、告别母校了。在我看来，你们今天结束的只是学生身份，而不是学习生涯。此时此刻，我作为校长、研究生导师最想和你们说的话，不是毋忘母校，不是前程似锦，而是学海无涯，与书为伴。你们或许认为这是老生常谈，甚至对此不屑一顾，但这确实是我思考很久的结果。我希望你们在人生道路上坚持对知识的渴求，坚持对真理的探索。现在，我来和大家分享三个关于读书学习的观点。

一、涵养身心、鸿鹄存志，明晰读书之意

当今世界，国家之间的博弈包括经济、政治、军事等，但最终则是国民素质的较量。虽然有些国家领土面积小，自然禀赋差，但却由于国民素质高、创造力强而影响着世界。在这些国家中，以色列最为突出。究其原因，就是这些国家的人民热爱读书学习，善于思考探索。

几年前，曾有一则关于读书的新闻报道印证过这个观点。2011 年，中国新闻出版研究院提供了如下信息：全世界每年人均读书为 7 本，韩国人均 11 本，法国人均 20 本，日本人均 40 本，以色列人均 64 本，而我国人均 4.3 本，远低于世界平均水平。

令我震惊的不仅是这些数字对比所反映出的国家之间的差距，还有自己作为一名大学校长、学者在读书学习上的差距。回想起来，自己获得博士学位任教以来，平均每年通读

[1] 胡海岩．北理工校长在 2015 届研究生毕业典礼上的讲话[DB/OL].(2015-07-08)[2017-01-09]. http：//news.youth.cn/jy/201507/t20150708_6839942.htm.

的书籍也不到 5 本。建议同学们反思一下，作为青年知识分子，对我国人均年阅读量是否有高于 5 本的贡献？

同学们走上工作岗位之后，会忙于适应新环境、接受新挑战、达成新目标。许多人会发现，挤出时间读书很难。更多的人会认为，读书不是紧迫的事，完成眼前的工作更为重要。

我想告诉大家，书籍是人类思想的浓缩，是人类文明的阶梯，承载着人类的渴望与梦想，承载着知识分子的灵魂与抱负。读书，从表面看，是人与书的关系。但本质上，读书是人们跨越时空的思想交流，体现的是人与人的关系。读书是与久远的哲人先贤、今日的博学名师相聚；读书使知识更深层次渗透到精神领域，净化心灵、修身养性；读书是一个理性思考的过程，是对世界的认识和理解，更是对人生的感悟和思考。对于青年人来说，读书将帮助你们了解历史、触摸社会、眺望未来。

培根在《论读书》中说："读史使人明智，读诗使人聪慧，数学使人精密，物理使人深刻，伦理学使人高尚，逻辑修辞使人善辩。总之，'知识能塑造人的性格'。"

当今社会，知识总量不断扩张、交叉融合加速、更新周期缩短，带来了更快的生活节奏和更激烈的竞争，需要更多兼备扎实基础和丰厚底蕴、有思想、能创新的复合型人才。只有持续读书和学习，不断充实和提高自己，各位博士才能真正"博采众长"，各位硕士才能真正"硕学通儒"。

在座各位即将肩负起时代赋予的重任，投身全面深化改革和全球一体化的滚滚浪潮。你们的能力和素质将决定祖国的未来。因此，你们需要用持之以恒的阅读和思考来为自己、为祖国、为这个时代，提供源源不断的文化积淀和精神养料。

二、慎思明辨、品读经典，感悟读书之魅

我和同学们的父母是同龄人，年轻时曾共同忍受过文化的干涸。我经历过有饭吃，却没书可读的无聊岁月，也经历过有书读、却没钱买的尴尬时光。我看到过恢复高考后新华书店被抢购一空的场景，也见证过改革开放之初大学生三伏天泡在水缸里读书的执着。那个年代，书不多却部部经典，每一本都能让人如饥似渴，能让年轻未凿的心灵沉迷深思。

光阴似箭，仅仅 30 年过去，你们要面对的已是文化的充盈。21 世纪以来，互联网的迅猛发展造就了各种各样的新媒体，提供了全新的、便捷的阅读平台，体现了信息的共享性、实时性。然而，网络阅读给读者带来的知识碎片化、娱乐化等令人无法潜心阅读，更难以静心思考。相对于人类思想文化的浩瀚而言，网上知识的系统性、完备性还远远不够，繁杂的网上信息更是需要审慎思考才能明辨是非、去伪存真。

目前，青年人对互联网推崇备至，把它作为轻松学习的渠道，有的甚至痴迷于网络。但我认同一种观点："回避深奥和哲理，浅薄必然占领你的大脑。"建议同学们应该保持心灵深处的活力和抵御庸俗的抗体，不要让自己迷失在轰鸣的新媒体文化中。

在如今书籍随处可见、信息铺天盖地的时代，同学们不妨拨清迷雾、重拾经典。读一读曹雪芹的《红楼梦》，品味中国文学的巅峰之作，别让自己"读尽诗书也枉然"。读一读罗素的《数学原理》，尝试与逻辑大师对话，让自己变得深邃。读一读毛泽东的《矛盾论》和《实践论》，从哲学高度思考工作、事业，甚至人生。这些经典作品占据人类文明的制高点，经历过时间的考量、思想的涤荡，是最富价值的阅读选择。季羡林先生曾感慨："天下第一好事，还是读书。"工作之余品读经典，大家一定会比学生时代更有所感悟。

三、博约相辅、知行合一，通晓读书之道

谈到读书，同学们自然会问，我们应该读什么书？这是个几乎无解的难题。早在 90

年前的民国时代，曾有个著名报刊面向当时的知名学者征集“青年必读书”，并收到不少回复。徐志摩等人强调这个问题太难、太复杂；林语堂等人仅就某一领域内的书进行推荐；还有学者反复修订自己推荐的书目；而鲁迅等人则干脆交了“白卷”，理由是“青年”并非某个人，志趣、追求各自迥异，无法给出所有人都必读的书。的确，对书籍的选择应该因人而异。

对即将走上工作岗位的你们来说，可以结合各自的事业取向、知识结构、兴趣爱好来进行动态甄选。最急需的，恐怕是完善知识结构。对于人文社科专业的毕业生，适当补充一些自然科学技术知识，会更加严谨和精细；对于科学技术专业的毕业生，如果涉足人文社科领域，则将更有利于洞察和思辨。对于阅读应该“博览群书”还是“读破一卷”这个问题，历来是仁者见仁、智者见智。只要是有志青年，就应该两者兼顾。在我办公桌的正前方挂着一幅油画，是我校魏思文老院长之子魏楚予赠送的作品。画中毛泽东主席坐在床上阅读，床上堆满了各种书籍和报纸，既有古代的《资治通鉴》，又有现代的 *Peking Review*，在他卧室旁还有藏书 10 万多册的书库。毛泽东不仅“博览群书”，而且“读破一卷”。延安时期他精读苏联学者西洛可夫和爱森堡合著的《辩证法唯物论教程》时，在书眉和空白处留下了一万两千多字的批注文字。我们应该学习伟人毛泽东，“博观约取、厚积薄发”。每读一本书都要经历学与思的辩证转换和融会贯通过程，这样才能“庞而不杂、博而又精”。

读书的最高境界是“从无字处读书”。毛泽东曾说过：读书是学习，使用也是学习，而且是更重要的学习。他是这样说的，也是这样做的。他善于从实践到理论、再从理论到实践，经过不懈探索和思考，写出了《实践论》《矛盾论》《论持久战》等不朽著作，指导了革命实践。自古以来，读书人追求“学以致用、博施济民”，不仅博学、慎思，更要经世、笃行。“纸上得来终觉浅，绝知此事要躬行”。只有把书中的为人之道、做事之道放进心里、身体力行，并且不断从实践中感悟和反思，才能真正丰富思想、锤炼睿智。同学们，你们即将踏上崭新的征程，从北理工带走了青春、带走了学识，也带走了欢声与笑语、带走了遗憾与抱怨。请同学们不要忘记带上求知的渴望、读书的习惯。我今天送你们的话可归结为“学无止境，书香绵长”。希望同学们能够铭记读书思考的意义、魅力和方法，通过终身学习充实思想、实现理想。

愿大家德以明理，学以精工！乘风破浪，勇往直前！母校永远祝福你们！谢谢大家！

工作评价

胡海岩的这篇毕业致辞的标题由演讲者、活动内容和文种组成。开头演讲者代表学校热烈祝贺 2015 届研究生顺利完成学业并即将踏上新的人生旅途！同时，也感谢研究生指导教师及全体教职员工！从礼仪的角度看，比较周全，也体现了中华民族感恩的美德。

主体部分先深情回眸求学生涯、勉励同学“学海无涯，与书为伴”，接着从读书之意、之魅、之道三方面加以论述，不仅文采斐然，思路缜密，见地非凡，而且结构严谨中饱含深沉，谆谆教诲里透着忧患。没有官话、套话，情真意切，感人至深。结语再次强调读书、思考，并真诚祝愿大家德以明理，学以精工！乘风破浪，勇往直前！

工作任务二　写表扬信

工作情境

× × 学院 2016 级新生刘 × ×9 月 2 日中午手机掉进博雅楼二层的卫生间里。该院后勤管理处龚建业、严珍贵老师利用午休时间帮助打捞。请代刘 × × 同学于当天向后勤管理处写封表扬信。

工作结果

表 扬 信

××学院后勤管理处：

我是本院金融系 2016 级新生，我请求对贵处的龚建业、严珍贵老师予以表扬！

9 月 2 日中午，我在博雅楼二层不小心将手机掉进了卫生间。当时我非常焦急，因为手机中有大量的通信信息。情急之下我打电话给学院后勤管理处，不到 10 分钟，龚建业、严珍贵两位老师就过来了。经过近半个小时小心翼翼的打捞，才将手机在不进脏水的情况下捞上来。

帮助学生打捞手机原本不是两位老师的工作职责，但龚、严二位老师心系学生，急他人所急，想他人所想，放弃午休，不怕脏臭，尽力方便学生，体现了他们的奉献精神、贵处全心全意为学生服务的优良作风和学院的整体形象。我在这里感谢二位老师的无私帮助，感谢学院培养了这么优秀的老师，并再次请求贵处上报学院给龚、严两位老师予以表扬并加以宣传！也祝后勤管理处全体教职员工工作顺利、阖家幸福！

此致

敬礼

刘××

2016 年 9 月 2 日

工作评价

这封表扬信是学生个人发给学院后勤管理处的。信的开头提出表扬的请求，接着交代人物及事情的发生、发展、高潮、结局，叙述简明扼要、清晰自然、层次分明，然后在事实的基础上进行评价，赞美两位老师所作所为的意义——“心系学生，急他人所急，想他人所想，放弃午休，不怕脏臭，尽力方便学生，体现了他们的奉献精神、贵处全心全意为学生服务的优良作风和学院的整体形象”。结尾感谢老师和学院，并再次请求后勤管理处上报学院予以表扬、宣传！这样，表扬信的表扬意义进一步升华，有利于弘扬正气。这是一篇结构严谨的表扬信，以表扬为主，不乏感谢之意，同时，也表明了发信人的诚恳态度。

工作参考

一、毕业致辞

欢送词（毕业致辞等）、欢迎词、祝酒词、答谢词、开幕词等都是在特定场所或隆重仪式上发表的讲话文稿，用来表示祝愿、赞美、别情、感谢等，都属于礼节性演讲稿。一般有比较相同的结构形态，往往由标题、称呼、开头、主体、结语、署名六部分组成，如图 5.1 所示。

标题

称呼：

开头×××××××××××××××××××。

主体××××××××××××××××××××××
××××××××××××××××××××××××。

结语

署名

图 5.1　讲话文稿的结构形态

标题有两种写法：一是直接用文种，如欢迎词、欢送词、开幕词、答谢词、闭幕词；二是由演讲者、活动内容和文种组成，如《习近平在博雅亚洲论坛开幕式上的讲话》《胡锦涛欢迎连战主席的致辞》。

用于讲话的演讲稿一般无须署名；如果需公开刊载，应在正文标题下面（中间）或文末署名。

不同活动、不同场合的演讲稿在内容（开头、主体、结语）上有不同的要求。

① 欢迎词有欢愉的特点，开头常满怀喜悦之情说明举行什么仪式，发言者代表谁向来宾表示欢迎；主体说明欢迎的情由（情谊、交往意义等）；结语对来访活动、美好前景、双方友谊发展等表示衷心祝愿。

② 欢送词有惜别的特点，开头应说明在此举行何种欢送仪式，发言人是以什么身份代表哪些人向宾客表示欢送的；主体一般要回顾双方的各种进展、益处、意义、友谊，表达惜别真情，还可勉励对方；结语一般要再次向来宾表示真挚的欢送之情及期待再次合作的心愿。如果是亲朋远行，则尤其要表达希望早日团聚的惜别之情。

③ 答谢词有感谢、照应的特点。答谢词在主人致辞之后，应与欢迎词的内容照应。开头对主人的热情接待表示感谢。主体先对主人所作的安排给予高度评价，或者是对某种活动取得的收获给予充分肯定。接着，颂扬主人的成绩、贡献及自己的感想、美好印象、有关愿望……结语再次表示谢意，并对双方关系的进一步发展表示诚挚的祝愿。

二、表扬信

表扬信是用来表彰和颂扬单位或个人的先进思想、高尚风格或模范事迹的一种书信。其特点是弘扬正气，重在表扬，兼带感谢，可通过张贴或媒体公开。

表扬信的结构与慰问信、感谢信相同，由标题、称呼、正文、结尾和落款五部分构成。它比一般书信多了个标题（采用文种式，即“表扬信”，放在第1行正中间），其他格式与一般书信相同。

表扬信的内容为：实事求是地叙述被表扬者的先进思想、突出事迹和意义；提出表扬，或者建议对方单位表扬。

一看就会

聘 书

为了加强实践性环节，特聘请高级会计师刘 ×× 同志任我院的兼职教授，负责指导我院学生的实践实训工作，为期叁年，时间自 2016 年 9 月 1 日起至 2019 年 9 月 1 日止。

此聘

×× 职业技术学院（公章）

2016 年 8 月 26 日

请 柬

×× 会计师事务所吴所长：

兹定于二〇一六年九月九日下午两点在我院图书馆一楼报告厅举行教师座谈会，并共进晚餐。届时敬请光临指导。

此致

敬礼

×× 职业技术学院（公章）

2016 年 9 月 1 日

国际科学与和平周大会闭幕词

女士们、先生们：

这一年一度的国际科学与和平周活动，经过几天的发言、讨论，针对发展自然科学和社会科学作为维护世界和平的工具而进行了交流。这种观念从未像今天这样具有如此的实际意义。大家都开始认识到没有一个国家是能够仅仅依靠自己站稳脚跟的。我们只有通过合作和交流，才能保证创造一个使我们的后代能够和平、安全生存下去的经济、技术和大气的环境。

国际科学与和平周，集中体现了全球许多人在从事的日常活动，得到了广泛的支持，取得了光辉的成就，使大会圆满成功，我表示衷心的感谢，并希望我们在下一届大会上再相会。

谢谢大家！

祝酒词

女士们、先生们：

晚上好！中国国际××展览会今天开幕了。今晚，我们有机会同各界朋友欢聚，感到很高兴。我谨代表中国国际贸易促进委员会××市分会，对各位朋友光临我们的招待会，表示热烈欢迎！

中国国际××展览会自上午开幕以来，已引起了我市及外地科技人员的浓厚兴趣。这次展览会在××举行，为来自全国各地的科技人员提供了经济技术交流的好机会。我相信，展览会在推动这一领域的技术进步及经济贸易的发展方面将起到积极作用。

今晚，各国朋友欢聚一堂，我希望中外同行广交朋友，寻求合作，共同度过一个愉快的夜晚。

最后，请大家举杯，为中国国际××展览会的圆满成功，为朋友们的健康，干杯！

贺　电

××市政府：

江河荡荡，宝马腾飞与时进；山川巍巍，灵羊起舞奔小康。值此新春佳节来临之际，谨向你们，并通过你们向贵市人民致以节日的问候！我们对贵市过去一年里所取得的成就表示热烈祝贺，并真诚感谢贵市多年来对我们的关心、支持与帮助！在新的一年里，愿我们趋利避害，把握发展的主动权，稳中求进，实现经济持续健康发展和社会和谐稳定。让四海生色，五湖呈祥。

××市政府

感谢信

信达公司并李达总经理：

首先让我们向您致以衷心的感谢。

日前，我们中美贸易和投资洽谈会南京分团正着急为赴美选带什么礼品时，是您总经理毅然伸出友谊的手，信达公司的姑娘们昼夜加班，赶制出一份丰厚独特的礼品，使我们深深感到，信达公司的花边美，礼品更美；信达公司的姑娘们手巧，心灵更美。

让我们再次感谢总经理和信达公司姑娘们的支持和诚挚友情。

此致

敬礼

中美贸易和投资洽谈会南京分团

2016年8月10日

住房调整申请书

学院后勤处：

我是上海财经大学金融学院2014届的研究生，去年分配到本院会计学院任教。当时学院单身公寓宿舍紧张，暂时安排我与丁××老师合住，现在他有女朋友了，合住带来许多不便，刚好曾××老师调走，201室空置，特向后勤处申请调整到201室，望领导予以审批。

此致

敬礼

申请人：周××

2016年6月26日

倡议书

针对当前证券市场非理性大幅波动的情况，为保护投资者利益，共同促进安徽资本市场的长期稳定健康发展，我们向全体会员单位发出以下倡议：

一、正确认识资本市场发展的形势，支持和促进资本市场的改革，坚定资本市场长期健康稳定发展的信心，共同维护市场稳定，切实发挥资本市场服务实体经济的作用。

二、积极履行社会责任，切实维护全体股东的利益，继续坚持诚信发展，规范经营，在法律法规允许的范围内，结合公司的实际情况，积极采取公司回购，大股东、高管增持，员工持股等措施，以实际行动稳定公司股价，做好市值管理。

三、进一步提高信息披露质量，切实做到真实、准确、及时、完整地披露公司信息，及时澄清不实的传言，保障投资者的知情权。

四、加强投资者关系管理，充分利用各种媒体，多形式、多渠道加强与投资者的沟通，增进投资者对公司和市场的认知，消除投资者的误解，树立投资者的信心。

资本市场是上市公司赖以生存的金融平台，本着对公司负责、对投资人负责、对监管机构负责的精神，我们大力倡导各上市公司及公司控股股东、实际控制人敢于担当，积极有为，给投资者以信心，共同维护资本市场良性发展。

安徽上市公司协会

2015年7月10日

讣 告

著名学者、南开大学文学院教授朱一玄先生因病于2011年10月16日10时30分辞世，享年一百岁。朱一玄先生遗体告别仪式定于2011年10月18日上午9:00在天津市北仓殡仪馆举行。参加告别仪式的师生可于当日上午8:00在南开大学东门乘车前往。

南开大学文学院

2011年10月16日

唁 电

南开大学文学院：

惊闻我国著名学者朱一玄先生不幸辞世，我院深表哀悼。

朱一玄先生一生精勤不倦，奋斗不息，堪为学术界的楷模，他的不幸逝世是国家和学术界的一大损失！

肃此电达

哈尔滨师范大学文学院

2011 年 10 月 17 日

挽 联

学界惜公，千种怀思，翰墨风雩犹在望；

先生知我，经年睽违，门墙謦欬已无缘。

赵建忠稽颡泣挽

情商培育

关于情商的故事

不知谦恭和睦的人，不但会遭到物质上的损失，而且还将因此失去一切生活上的情趣。

——莫泊桑

案例一：关于镜子

有一个童话故事很值得我们深思：

有一只流浪狗，无意间闯进一间四壁都镶着玻璃镜的屋子，突然看到很多的狗同时出现，它大吃一惊，这只狗便龇牙咧嘴，发出阵阵低沉的吼声。而镜子里所有的狗看来也都十分生气，每只狗的脸上也出现怒吼的面孔。这只狗一看，简直吓坏了，不知所措，开始绕着屋子跑起来，一直跑到体力透支，倒地死亡。

默想：这好像也在说明我们的人际关系，要是这只狗肯试着对镜子摇几下尾巴，情形就会完全改观，镜子里的狗儿必然会回报它同样友善的举动。

试着对你所处的恶劣环境或人们，更积极主动地表达心中的善意，情形必会有所改善。

案例二：EQ 的高度决定个人成功的高度，情商比智商更重要

三国时有一个人叫周瑜，长得很帅，智商也很高，会领兵打仗。据说毛泽东同志还有一句评价他的话：周瑜是个共青团员呐。周瑜怎么是共青团员呢？是说周瑜年纪轻轻就当了大都督。一开始老将都不服他，后来年仅 33 岁的他，火烧赤壁，打了大胜仗，使大家都服了。他的智商这么高，后来怎么死的？对，被诸葛亮三气而死。《三国演义》第 56 回就有这么一段，叫做孔明三气周公瑾。周瑜气昏厥后徐徐醒来，仰天长叹：既生瑜，何生亮。连叫数声后而亡，寿 36 岁。当时周瑜的事业正是如日中天，已经成功，他本来应该取得更大的成功，应该持续成功，但是他顺利时趾高气扬，心胸狭窄容不得人，爱动怒，爱生气，嫉贤妒能，多次想把诸葛亮除掉。因此，他不但没有取得更大的胜利，却因为太大的生气而早早地撒手人寰，可悲！可叹！

案例三：卢刚事件

去年，我曾在美国艾奥瓦大学看到了一封信，那封信的复制件保存在这所学校已故副校长工作过的房子里，那是一封让中国人难以理解的信。那位副校长名叫安•柯莱瑞，她是艾奥瓦大学最有权威的女性之一。很久以前，她的父亲曾远涉重洋到中国传教，她成了出生在中国上海的美国人，所以她对中国人有特殊的感情。她终身未婚，对待中国留学生就像对自己的孩子一样，无微不至地关照他们，爱护他们，每年的感恩节和圣诞节总是邀请他们到家中做客。

不幸的事情发生在1991年11月1日，那是一起震惊世界的惨案。一位名叫卢刚的中国留学生，在他刚获得艾奥瓦大学太空物理博士学位的时候，开枪射杀了这所学校的3位教授、一位和他同时获得博士学位的中国留学生山林华，这所学校的副校长安·柯莱瑞也倒在了血泊中。

1991年11月4日，艾奥瓦大学的28 000名师生全体停课一天，为安·柯莱瑞举行了葬礼。安·柯莱瑞的好友德沃·保罗神父在对她的一生回顾追思时说："假若今天是我们的愤怒和仇恨笼罩的日子，安·柯莱瑞将是第一个责备我们的人。"

这一天，安·柯莱瑞的3位兄弟举办了记者招待会，他们以她的名义捐出一笔资金，宣布成立安·柯莱瑞博士国际学生心理学奖学金基金会，用以安慰和促进外国学生的心智健康，减少人类悲剧的发生。

她的兄弟们还在无比悲痛之时，以极大的爱心宣读了一封致卢刚家人的信。这就是我在她的房间里看到的那封信。

柯莱瑞家人致卢刚家人的信

1991.11.4

致卢刚的家人：

我们经历了突发的剧痛，我们在姐姐一生中最光辉的时候失去了她。我们深以姐姐为荣，她有很大的影响力，受到每一个接触她的人的尊敬和热爱——她的家庭、邻居，她遍及各国学术界的同事、学生和亲属。我们一家从很远的地方来到这里，不但和姐姐的许多朋友一同承担悲痛，也一起分享姐姐在世时所留下的美好回忆。

当我们在悲伤和回忆中相聚一起的时候，也想到了你们一家人，并为你们祈祷。因为这个周末你们肯定是十分悲痛和震惊的。

安最相信爱和宽恕。我们在你们悲痛时写这封信，为的是要分担你们的悲伤，也盼你们和我们一起祈祷彼此相爱。在这痛苦的时候，安是会希望我们大家的心都充满同情、宽容和爱。我们知道，在此时比我们更感悲痛的，只有你们一家。请你们理解，我们愿和你们共同承受这悲伤。这样，我们就能一起从中得到安慰和支持。安也会这样希望的。

诚挚的安·柯莱瑞博士的兄弟们

弗兰克/麦克/保罗·柯莱瑞

客观题自测

同步训练一

一、填空题（每空1分，共10分）

1. ____________可以作为聘请有关人员担任某项工作的凭证。

2. 在公共场合，讲话欢迎友好团体或个人来访用____________，讲话欢送友好团体回归或亲友出行用____________。

3. 邀请有关人员参加庆典、宴会、纪念会、展览会等活动常用的礼仪文书是__________。

4. 采用书面形式对对方表达诚挚谢意的书信是____________，向对方表示关怀与慰问的信函是____________。

5. 向有关部门、组织表达愿望或提出要求所使用的礼仪文书是____________。

6. 向丧家或所在单位表示吊问的电文是____________；哀悼去世者可以贴在门口、花圈上，骨灰盒、追悼会场两侧的对联称作____________。

7. 把某人不幸去世的消息通知其亲朋好友和有关方面的公告式文种是＿＿＿＿＿＿。

二、评析题（第 1 题 10 分，第 2 题 15 分，共 25 分）

1. 张 ×× 同学在 ×× 市旅游局顶岗实习，局长拿出一份请柬，问他写得怎么样。假设你是张 ×× 同学，请根据所学的写作理论知识对该请柬进行评析。

请　柬

××× 高级工程师：

经 ×× 市文化局、×× 旅游开发区管理公司、×× 市经济文化开发公司、×× 市旅游学校等四家单位共同决定，×× 旅游开发方案创新杯大赛将于 2016 年 6 月 16 日上午 9 时在 ×× 旅游开发区文化馆举行。这次由全市 18 个区、县代表队参加的大赛，是全市科技创新活动和精神文明建设的一件大事。

×× 旅游开发方案创新杯大赛分预赛和决赛两个阶段进行。决赛获奖者将得到市一级的荣誉证书。决赛后，将举行隆重而热烈的颁奖晚会。出席颁奖晚会的有省、市政府的主管领导人，以及省、市科技、文化、旅游部门的专家和赞助这次大赛的企业嘉宾。

大赛组委会邀请您作为本次大赛的评委，敬请届时光临。

×× 旅游开发方案创新杯大赛组委会（章）

2016 年 5 月 16 日

2. 彭 ×× 同学来到 ×× 市政府顶岗实习。一天，市政府办秘书请他欣赏一份新年贺词。假设你是彭 ×× 同学，请根据已有的理论知识从写法的角度加以评析。

新年贺词

中共 ×× 市委书记王 ××　×× 市人民政府市长吕 ××

兔去龙来辞旧岁，豪情满怀迎新春。踏着“五个 ××”建设奋进的铿锵节拍，我们昂首跨入充满希望的 2012 年。值此辞旧迎新之际，我们仅代表中共 ×× 市委、×× 市人民政府，向全市人民及工作、生活在全国各地的 ×× 乡亲致以新春的问候和诚挚的祝愿！祝福大家在新的一年工作顺利，身体安康，阖家幸福！

回首 2011 年，中共 ×× 市委、市政府坚持以科学发展观为统领，以“五个 ××”建设为目标，以“转型跨越发展、转变干部作风”为主线，积极开展“五城同创”，全面加强“项目建设、城镇建设、党的建设”三大建设，推动了经济社会又好又快发展，取得了令人鼓舞、催人奋进的新成就。全年完成地区生产总值 115 亿元，比上年增长 36%；财政总收入 23.27 亿元，增长 25%。城镇居民人均可支配收入 13 820 元，增长 14.19%；农民人均纯收入达到 7 558 元，增长 20%。

喜看今日 ××，凝心聚力，政通人和；经济繁荣，社会稳定；转型跨越，势头强劲；干事创业，风清气正。这是全市 42 万人民共同努力的结果，可喜可贺。

回顾过去，成绩显著！展望未来，信心百倍！ 2012 年是实施“十二五”规划承上启下的重要一年，是我市实现转型跨越，全面建设小康社会的关键之年。市委、市政府将坚持既定的发展目标不动摇，紧紧围绕“五个 ××”建设目标，以加强社会管理，加快转型跨越为主线，以实施“项目建设攻坚年”为重点，多上项目，上好项目，全面建设杏花村、禹门河、阳城乡三大新区，加快酒都 ××、绿色 ××、文化 ××、卫生 ×× 和平安 ×× 建设步伐，努力推动经济社会发展再上一个新台阶！

机遇蕴含精彩，实干成就伟业。×× 的辉煌需要 ×× 人民的不懈奋斗，需要全国各

地 ×× 儿女一如既往地关心和大力支持。让我们同心同德，共谋发展，携手共建我们幸福美丽的家园。

三、指出下列聘书的错误，简要说明原因，并重写（15 分）

聘请书

为了提高学生的实践能力，我院成立会计模拟实训中心，特聘请中国注册会计师华 ×× 前来任职，参加我院的教学实践，并指导本院的会计模拟实训中心工作。

此致

敬礼

太阳职业技术学院（盖章）

2016 年 1 月 6 日

四、写作题（50 分）

1．请根据下面关于邵逸夫的简介，按照要求写作。（每题 10 分，共 30 分）

被称为“华语影视大亨”的邵逸夫是香港电视广播有限公司荣誉主席，是成立于 1967 年的无线电视的创办公司董事之一。他带领无线电视成为香港最大的电视台和全球中文电视行业中最具影响力的电视台之一。

邵逸夫 1907 年生于浙江宁波镇海，是邵氏兄弟电影公司的创办人之一。自 1985 年以来，邵逸夫通过邵逸夫基金与教育部合作，连年向内地教育捐赠巨款建设教育教学设施，截至 2012 年赠款金额近 47. 5 亿港元，建设各类教育项目 6 013 个。历年捐助社会公益、慈善事务超过 100 多亿港元。例如，2005 年，邵逸夫捐出 1 000 万港元援助南亚海啸受灾地区；在 2008 年 5 月 12 日四川汶川 8 级特大地震自然灾害发生后慷慨解囊向灾区捐款一亿港币，成为单笔个人捐款最多的人。

1974 年获英女王颁发 CBE 勋衔，1977 年获英女王伊丽莎白二世册封为下级勋位爵士，成为香港娱乐业获“爵士”头衔的第一人。1990 年，中国政府将中国发现的 2899 号小行星命名为“邵逸夫星”。1991 年，美国旧金山市将每年的 9 月 8 日定为“邵逸夫日”。2002 年，创立有东方诺贝尔之称的邵逸夫奖，每年选出世界上在数学、生命科学与医学及天文学卓有成就的科学家进行奖励。2011 年正式退休，是全球最长寿、任期时间最长的上市公司 CEO。

邵逸夫有两任妻子。1937 年他与年长他 5 岁的黄美珍在新加坡结婚，两人育有二子二女，这段婚姻维持了 50 年，直到 1987 年黄美珍 85 岁时于美国洛杉矶病逝；她的现任妻子方逸华于 1931 年出生于上海，随母亲长大，早年是位红歌星，在南洋一带很受欢迎。两人在 1952 年邂逅，此后四十余年，方逸华一直在邵逸夫身边帮他打理邵氏和无线的日常业务。直至 1997 年，两人才在美国拉斯维加斯正式注册结婚，当时邵逸夫 90 岁，方逸华 66 岁。

2014 年 1 月 7 日，邵逸夫逝世，享寿 107 岁。

① 邵爵士的葬礼将只供家人出席，追思会的详情将另行公布。请代电视广播有限公司（无线电视）于 2014 年 1 月 7 日就邵逸夫离开人世写份讣告。

② 邵老一生富有传奇，始终秉持爱国报国情怀和不懈奋斗精神。请代中央人民政府驻香港特别行政区联络办公室主任张晓明于邵逸夫离世的当天向邵逸夫亲属发唁电。

③ 试着为邵逸夫写对挽联。

2．2014 年 11 月 9 日，习近平将出席 2014 年 APEC 工商领导人峰会。请你试着为他

写份在峰会欢迎宴会上的致辞。（20 分）

客观题自测

同步训练二

一、填空题（每空 1 分，共 10 分）

1．在追悼会上对逝者表示沉痛哀悼的讲话是____________。

2．____________是指特定的公共礼仪场合，主人致欢迎词或欢送词后，客人所发表的对主人的热情接待和关照表示谢意的讲话。

3．____________是用来表彰和颂扬某个单位或个人的先进思想、高尚风格或模范事迹的一种书信；____________是个人或集体提出建议并公开发起，希望共同完成某项任务或开展某项公益活动所运用的一种专用书信。

4．____________是在某些仪式上向有关人员祝贺的讲话文稿。

5．____________是日常生活、日常工作或学习中，某集体或个人立誓完成某项工作或发誓不再犯某种错误而写的具有承诺性和保证性的一种应用文书。

6．____________是在大会上或其他公开场合发表个人的观点、见解和主张的文稿。

7．开幕词是在会议开始时代表组织发表热情友好致意的言辞；____________是在会议闭幕时所作的总结性讲话。

8．____________是为邀请宾客参加某一活动时所使用的一种书面形式的通知；____________是用于聘请某些有专业特长或名望权威的人完成某项任务或担任某种职务时所发出的邀请性质的专用书信。

二、评析题（第 1 题和第 4 题各 15 分，第 2 题和第 3 题各 10 分，共 50 分）

1．请对下面这份悼词进行评析。（15 分）

悼　词

各位亲友、各位来宾：

今天，我们怀着无比沉痛的心情，悼念我们的好教授、好专家 ××× 同志。

××× 同志是四川大学华西医学院的教授、主任医师职称，杰出的妇产科专家。××× 同志因病医治无效，于 ×××× 年 × 月 × 日 × 时 × 分不幸逝世，享年 ×× 岁。

××× 同志于 ×××× 年 × 月 × 日生于四川省射洪县县城，从读小学起到中学都是一个品学兼优的好学生。1970 年 12 月响应毛主席和党中央的号召，参加知识青年上山下乡，主动要求到射洪县柳树镇接受贫下中农的再教育，和广大农民一起同吃同住同劳动，由于吃苦耐劳，积极要求进步，受到当地干部和群众的好评，1978 年经当地党委推荐考入华西医科大学学习，1982 年以优异的成绩毕业，经组织分配留校任教。直到 2008 年 10 月调入成都市锦江区计划生育服务站至今，这一干就是 2 年。

××× 同志在长期的教学和计划生育工作中，具有强烈的事业心和责任感，刻苦钻研业务，爱岗敬业、忠于职守、勤勤恳恳、任劳任怨；她坚持原则、顾全大局、处事公正、廉洁自律；她为人正直、胸怀坦荡、团结同志、热心助人，深受广大育龄群众和患者的尊重和好评，多次被上级评为优秀工作者，为我区计划生育和医疗卫生事业作出了积极贡献。

××× 同志的逝世，使我们失去了一位好同志，她离我们而去，但她那种勤勤恳恳、忘我工作的奉献精神；那种艰苦朴素、勤俭节约的优良作风；那种为人正派、忠厚老实的高尚品德，仍值得我们学习。我们也为他的家庭失去这样的好妻子、这样的好母亲而惋惜。但人死不能复生，我们只能控制自己的感情，抑制自己的悲痛，以更加高昂的热情加倍工作，认真学习她那种忠于职守、务实求进的工作精神；爱岗敬业、无私奉献的工作态度。进一步精诚团结、求实创新，以更加努力地工作来表达我们的悼念之情。

××× 同志安息吧！

成都市锦江区治丧委员会

×××× 年 × 月 × 日

2. 请对下面这份唁电进行评析。（10 分）

唁　电

北京大学中文系：

惊悉陈贻焮先生不幸逝世，引领北望，怅惘何限。先生古之遗直，当代宗师，遽然背去，后学失怙，遥致电唁，用寄哀思，并慰问师母及先生所有家属。

复旦陈允吉

2000 年 11 月 24 日

3. 陆晓雯同学到 ×× 会计师事务所顶岗实习，事务所办公室主任请他写个聘书。以下是陆晓雯同学写的聘书，请你运用所学的写作知识进行评价。（10 分）

聘　书

×× 先生：

我所是 ×× 省最大的会计师事务所，集中了 ×× 区财政局、中国航空工业总公司华东地区部分企事业单位和 ×× 职大的部分注册会计师、高级会计师等专业人才。为了更圆满地开展审计、验资、资产评估、涉税鉴证等业务，经我所决定，兹聘请你担任我所副所长，负责开展税务咨询（顾问）、税收筹划工作。聘期三年（自 2016 年 2 月 17 日到 2019 年 2 月 16 日）。

特此聘请

×× 会计师事务所（盖章）

×××× 年 × 月 × 日

4. 请根据所学的写作理论知识评析以下欢送词。（15 分）

欢送词

尊敬的各位领导、各位来宾、亲爱的同学们：

时光匆匆，岁月悠悠。夏日的皖西学院又迎来了一年一度的欢送季节。充满青春活力、结满累累硕果的你们，将要告别美丽的湖中学府，走出诗画的岛上校园，奔赴全国各地，踏上人生新程。此时此刻全校领导老师和师弟学妹们百感交集，依恋难舍，万语千言化作一句话：皖西学院是你们人生航程的起点，也是你们强健身心的基地，更是你们规避风浪的港湾。

踏莎行歌，青春浩荡。回首过去，你们专心致志，勤奋学习；你们团结互爱，奋进拼搏。各类丰富多彩的素质拓展活动，展示着你们充满青春活力的风采；各式林林总总的奖状奖杯，镌刻着你们才华出众的优胜；晨曦夕晖映照的林荫大道，铺满着你们思索探求的足印……你们在学校发展的历史画卷中又增添了可歌可赞的崭新一页。

登高伤远别，鸿雁几行飞。话别今天，执手已凝语，冰心在玉壶。告别母校，希望你们鼓起昂扬斗志，更加自信自立，更加勇敢坚强，积极面对到来的困难；告别母校，希望你们领悟珍惜和感激，珍惜师生情、朋友情、同学情，感激父母以及所有对你有帮助的人，做传播爱与文明的使者；告别母校，希望你们正确处理好就业、择业和创业的关系，脚踏实地走好每一步。通向成功的路有千万条，俯下身去，凝视脚下的大地，你们会感到今天的世界布满多少关爱！昂起首来，仰望头上的星空，你会发现明天的人生充满何等希望！相信吧，你们的未来一定会更加灿烂辉煌！

别浦盈盈永又波，凭栏渺渺思如何？展望未来，我们深情伫望，伫望你们张开隐形的翅膀，翱翔蓝天，放飞梦想；我们热切期待，期待你们面带成功的欣喜，荣归母校，畅叙情怀。

祝你们一帆风顺，一路欢歌，早日实现宏图大志，拥有更加美好的未来！

三、写作题（40分）

1．写一份拾金不昧的感谢信。（10分）

2．请为演讲稿《关爱与真情》写个结尾。（10分）

3．朱艳明同学到金龙公司兼职，恰逢该公司朱语尉先生与刘华语女士结婚，公司陈经理请朱艳明同学代其写份贺词。（10分）

4．写一份爱心捐款的倡议书。（10分）

项目六 法律文书写作实训

fa lü wen shu xie zuo shi xun

☞ 实训目标

通过授权委托、起诉、答辩、上诉、申诉等一系列任务，使学生能结合实际，比较规范地撰写法律文书。通过本项目，要使学生有身临其境的种种体会，培养学生的法律意识、理论联系实际的能力及法律文书的写作能力，并使学生掌握举一反三的学习方法。

☞ 实训过程

工作任务一 → 工作任务二 → 工作任务……

⇩ ⇩ ⇩

民事起诉 → 民事答辩 → ……

工作任务一　民事起诉

工作情境

雷××：张跃伟是高山职业技术学院物流管理专业的学生。“五一”回家的路上，经过××酒家，突然里面飞出一个酒瓶，砸伤了他的头部。市老干局综合科科长魏源海看见此事，便向附近居民高华借了一辆三轮车，送张跃伟去医院。由于魏源海不太会骑三轮车，车速较慢，好不容易才将张跃伟送到医院。经抢救，还是留下了后遗症。医学鉴定为头部被撞击、失血过多、耽搁时间过长所致。

面对这种情况，张跃伟的父亲张传瑞该怎么办？

胡××：可以了解大致的法律程序，写份起诉状通过法律程序起诉。

工作结果

民事起诉状

原告：张传瑞，男，46岁，汉族，××县人，农民，现住××乡××村

委托代理人：×××，××律师事务所律师

被告（1）：××酒家　地址：××市××区××路

法定代表人：×××　职务：总经理

被告（2）：魏源海　工作单位：市老干局综合科

住所地：××市××区××路　职务：科长

诉讼请求：

一、判令被告（1）赔偿医药费、护理费、营养费与残疾赔偿金20万元。

二、判令被告（2）赔偿医药费2万元。

三、本案诉讼费用由被告（1）承担。

事实和理由：

原告儿子张跃伟是高山职业技术学院物流管理专业的学生。“五一”回家的路上，经过××酒家，突然里面飞出一个酒瓶，砸伤了他的头部。市老干局综合科科长魏源海看见此事，便向附近居民高华借了一辆三轮车，送他去医院。由于魏源海不太会骑三轮车，车速较慢，好不容易才将张跃伟送到医院。经抢救，还是留下了后遗症。医学鉴定为头部被撞击、失血过多、耽搁时间过长所致。原告认为被告（1）应负主要责任，要求赔偿，被告（1）以不是自己扔的酒瓶为由，不予理睬；原告认为被告（2）也有一定的责任，要求赔偿，被告（2）认为如果不是自己好心送医院，他的情况可能更糟糕，也不愿赔偿。结果均未得到解决。为此，原告不得不向人民法院起诉，要求维护权益，望依法裁决。

此致

敬礼

××市中级人民法院
起诉人：张传瑞
委托代理人：×××
××××年×月×日

工作评价

这份民事起诉状符合《中华人民共和国民事诉讼法》（以下简称《民事诉讼法》）第一百零八条及有关规定，符合起诉条件：原告与本案有直接利害关系、被告明确、诉讼请求和事实理由具体等。

该起诉状结构完整、规范，包括首部、正文和尾部三部分。首部写清双方当事者的基本情况：原告，写清其姓名、性别、年龄、民族、籍贯、职业及住址；被告（1），写明单位全称、所在地址、法人代表姓名、职务；被告（2），写明姓名、工作单位、所在地址、职务；委托代理人，是律师，只需写明"××律师事务所律师"即可。首部写作周详。

该起诉状的正文，表达的诉讼请求明确具体，陈述事实与理由的人称前后一致，正文结束前的"为此，原告不得不向人民法院起诉，要求维护权益，望依法裁决"的惯用语使用恰当，内容层次清晰，观点明确，分寸感把握得极佳，尤其是两个被告人的责任，主次恰当，用词准确，显示了较高的法律素养。

尾部符合写作规范，依次写明受诉法院全称、起诉人姓名、委托代理人姓名和起诉时间。

工作任务二　民事答辩

工作情境

请就肖金英等起诉雇员受害赔偿纠纷一案写份答辩状。

工作结果

民事答辩状	标题
答辩人：唐山市鸿达机电设备有限公司 住所地：唐山市吉祥路与唐柏路交叉口 法定代表人：吕银松，董事长	首部 基本情况
答辩人因肖金英等起诉雇员受害赔偿纠纷一案，现提出答辩如下：	正文：1. 答辩案由 2. 答辩理由
根据原告起诉状以及答辩人提出的管辖权异议，贵院已将本案案由从道路交通事故人身损害赔偿纠纷变更为雇员受害赔偿纠纷，有贵院〔2006〕掇南民初字第26-1	

号民事裁定书为证，贵院此次确定的案由是正确的。雇员受害责任是指受雇人在完成雇佣人所交付的工作任务中使自己遭受损害，雇佣人应承担的赔偿责任。雇佣人承担责任以雇佣合同关系的存在为前提。梁柏明的雇主是郭宝成，不是答辩人，有原告起诉状为证，依法答辩人不承担他人的雇员受害责任，建议贵院判决答辩人不承担本案的赔偿责任。	3．答辩意见
此致 荆门市掇刀区人民法院	尾部：1．呈文对象 2．答辩人签名盖章 3．写状时间 4．附件（这里缺）
答辩人：唐山市鸿达机电设备有限公司 2016 年 4 月 9 日	副本、证据份数

工作评价

这是一份民事答辩状。民事答辩状是指民事诉讼的被告或被上诉人针对原告或者上诉人的诉讼内容进行答复和辩解的诉讼法律文书。答辩是法律赋予被告的对抗原告起诉的重要诉讼权利，是法律平等地保护当事人双方的表现。根据《民事诉讼法》第一百一十三条的规定，被告在收到答辩状后 15 日内有权提出答辩状。根据《民事诉讼法》规定，被告和被上诉人有权决定是否提出答辩状，不提出答辩状也不影响审理活动进行。

这份答辩状由标题、首部、正文和尾部四部分组成。标题居中，写明“民事答辩状”；首部的答辩人是组织，基本情况的陈述不像一般公民那样复杂（要写明答辩人的姓名、性别、年龄、民族、籍贯、职业和住址等详细基本情况），这里只要写组织名称、住所地、法定代表人及其职务就可以了。该组织没有聘请代理人，首部自然也没有法定代理人、指定代理人或委托代理人的姓名及其他基本情况。如果有法定代理人，还应写明与答辩人的关系。

正文包括答辩案由、答辩理由、答辩意见三部分。答辩案由仅一句“答辩人因肖金英等起诉雇员受害赔偿纠纷一案，现提出答辩如下”。答辩理由有针对性地紧紧围绕原告在诉状中提到的事实和理由加以辩驳，提出与之相反的事实、证据、理由、法律依据，证明自己的主张和理由的正确性。答辩意见“建议贵院判决答辩人不承担本案的赔偿责任”一句话，干脆利落。

尾部写明呈送的法院，右下方写明答辩人，并注明年、月、日。这份答辩状没有附件。

工作参考

一、民事讼诉

（一）法律程序

起诉（原告）—反诉（不一定有）—答辩（被告）——一审判决

上诉（一审不服）—答辩（被告）—二审判决

申诉（有新证据）—再审申请书—重新按一审、二审程序开始

（二）起诉状等概念

起诉状是权益受到侵害或与他人发生争议时，为维护合法权益依法向人民法院反映诉讼请求、事实、理由等，引起诉讼程序发生的文书。反诉状是本诉被告以本诉原告为被告，在本诉起诉之后至合议庭评议之前，向受诉法院提出与本诉有牵连的独立反请求的文书。上诉状是当事人对一审判决或裁定不服，按照法定的程序和期限，向上一级人民法院提起上诉时使用的文书。答辩状是指被告或被上诉人针对原告或上诉人的诉讼内容进行答复和辩解的诉讼法律文书。申诉状是对已经发生法律效力的判决、裁定认为确有错误而提出申请复查纠正的法律文书。

（三）起诉状的种类

起诉状要按照被告人数提出副本，可以请人代写，也可以口头起诉，由人民法院记入笔录，并告知对方当事人。

起诉状根据诉讼程序的不同性质，可分为民事起诉状、行政起诉状和刑事起诉状。

（四）起诉状的写法

起诉状主要分为首部、正文、尾部三部分，外加附项。

1．首部

首部包括标题、当事人（包括代理人、代表人）身份情况和案由等。标题要写明案件性质和文书种类名称，如写“刑事诉状”“民事诉状”或“行政诉状”。当事人包括原告、被告双方，写时依照先原告人后被告人的顺序，分别依次写明姓名、性别、年龄、民族、籍贯、职业、工作单位和住址。如果系机关、团体或企事业单位，应写明单位名称的全称、所在地和法定代表人的姓名与职务。案由要写明案件名称，如离婚、继承、损害赔偿等。

2．正文

正文包括请求事项、事实和理由。诉讼请求事项要写明请求法院解决有关民事、刑事或行政权益争议的具体问题，如要求与被告离婚、赔偿损失、履行合同等。事实和理由首先要写明侵权行为或犯罪的事实及双方争议的具体内容，要把何时、何地、何人、何种手段、情节经过、造成何种后果危害、各自应负的责任，以及实质性分歧等写清楚。然后，要根据事实和证据阐明理由，具体写法可采取先写事实后写理由的分述法，也可采取边写事实边讲道理的夹叙夹议法，视案情而定。

3．尾部

在正文下面，另起一行写明致送机关，而后在其右下方由具状人签名或盖章，注明具体的年月日。如果是律师或他人代书，应写明代写人的姓名和工作单位。

4．附项

应具体说明起诉状副本的份数和证据的种类、名称、数量，以及证人的姓名、住址等。

二、民事答辩状

民事答辩状是民事诉讼中的被告人或被上诉人根据民事起诉状或者民事上诉状单方面的内容，针对原告人提出的诉讼请求或上诉人提出的上诉请求作出答复，并依据事实与理由进行辩驳的法律文书。

根据《民事诉讼法》的规定，人民法院应当在立案之日起 5 日内将起诉状副本发送被告，被告在收到之日起 15 日内提出答辩状。人民法院应当在收到之日起 5 日内将答辩状副本发送原告。被告不提出答辩状的，不影响人民法院审理。民事诉讼的第一审被告人或第二审被上诉人提出答辩状，是其所享有的一项重要的诉讼权利，目的在于充分阐明答辩人的观点和主张，使人民法院能够比较全面地了解案件的真实情况，以利于对案件的处理。民事答辩状根据提交的审级不同，分为第一审答辩状和第二审答辩状。

民事答辩状由首部、正文和尾部三部分组成。

（一）首部

1. 标题

居中写明“民事答辩状”。

2. 答辩人的基本情况

写明答辩人的姓名、性别、出生年月日、民族、职业、工作单位和职务、住址等。如果答辩人系无诉讼行为能力人，应在其项后写明其法定代理人的姓名、性别、出生年月日、民族、职业、工作单位和职务、住址，及其与答辩人的关系；答辩人是法人或其他组织的，应写明其名称和所在地址、法定代表人（或主要负责人）的姓名和职务。如果答辩人委托律师代理诉讼，应在其项后写明代理律师的姓名及代理律师所在的律师事务所的名称。

3. 答辩缘由

写明答辩人因 ×× 一案进行答辩。

（二）正文

1. 答辩的理由

应针对原告或上诉人的诉讼请求及其所依据的事实与理由进行反驳与辩解。被上诉人的答辩主要从实体方面针对上诉人的事实、理由、证据和请求事项进行答辩，全面否定或部分否定其所依据的事实和证据，从而否定其理由和诉讼请求。一审被告的答辩还可以从程序方面进行答辩。例如，提出原告不是正当的原告，或者原告起诉的案件不属于受诉法院管辖，或者原告的起诉不符合法定的起诉条件，说明原告无权起诉或起诉不合法，从而否定案件。无论是一审被告，还是二审被上诉人提出答辩理由，要实事求是，要有证据。

2. 答辩请求

答辩请求是答辩人在阐明答辩理由的基础上针对原告的诉讼请求向人民法院提出应根据有关法律规定保护答辩人的合法权益的请求。一审民事答辩状中的答辩请求主要有以下 4 项。

① 要求人民法院驳回起诉，不予受理。

② 要求人民法院否定原告请求事项的全部或一部分。

③ 提出新的主张和要求，如追加第三人。

④ 提出反诉请求。如果民事答辩状中的请求事项为两项以上，在写请求事项时应逐项写明。对上诉状的答辩请求应为支持原判决或原裁定，反驳上诉人的要求。

3. 证据

答辩中有关举证事项，应写明证据的名称、件数、来源或证据线索。有证人的，应写明证人的姓名、住址。

（三）尾部

① 致送人民法院的名称。

② 答辩人签名。答辩人是法人或其他组织的，应写明全称，加盖单位公章。

③ 答辩时间。

一看就会

民事上诉状

上诉人：×××

被上诉人：×××

上诉人因××××一案，不服××××人民法院年、月、日〔××〕字第××××号，现提出上诉。

上诉请求：

（填写说明：要综合叙述案情全貌，写明原审裁判结果；指明是对原判全部或哪一部分不服；写明具体诉讼请求，是要撤销原判、全部改变原判，还是部分变更原判。）

上诉理由：

（填写说明：主要是针对一审裁判而言，而不是针对对方当事人。针对一审判决裁定，论证不服的理由，主要有四方面：认定事实不清，主要证据不足；确定性质不当；适用实体法不当；违反了法定程序。）

此致

××××人民法院

上诉人：×××

××××年×月×日

附：本上诉状副本份

民事申诉状

申诉人：×××

被申诉人：×××

案由：（申诉人因一案，对人民法院20××年×月×日〔20××〕×字×××号判决不服，现提出申诉。

请求事项:(概括写出请求解决什么问题)

事实与理由:

此致

×× 人民法院

申诉人:×××

×××× 年 × 月 × 日

附:生效判决书、裁定书及相关证据材料

仲裁反诉书

反诉人(本诉被申请人):×××

被反诉人(本诉申请人):×××

案由:____。

反诉请求:____。

事实与理由:____。

此致

×××× 仲裁委员会

反诉人:×××

×××× 年 × 月 × 日

附:证据

仲裁协议

甲方:×××(姓名或者名称、住址)

乙方:×××(姓名或者名称、住址)

甲、乙双方就 ×××(写明仲裁的事由)达成仲裁协议如下:

如果双方在履行 ×× 合同过程中发生纠纷,双方自愿将此纠纷提交 ×××× 仲裁委员会仲裁,其仲裁裁决对双方有约束力。

本协议一式三份,甲、乙双方各执一份,×××× 仲裁委员会一份。

本协议自双方签字之日起生效。

甲方:×××(签字、盖章)

乙方:×××(签字、盖章)

×××× 年 × 月 × 日

财产保全申请书

×××× 仲裁委员会:

申请人与 ××× 因 ×××× 经济合同纠纷一案,你会正在审理中。根据《中华人民共和国经济合同仲裁条例》的规定,特请你会采取 ×××× 保全措施,如因采取保全措施造成财产损失，由申请人承担责任。

申请人：×××

××××年×月×日

情商培育

成功属于最有毅力的人[1]

画中一个残疾男孩正艰难地攀登山峰。他可能已经攀登了很长的时间，现在快要到达山顶了。他有何等大的毅力啊！这位残疾男孩的顽强意志和毅力给了我们很大启示：一个人不管做什么事，都应该要有决心和毅力，绝不轻易放弃。

毅力对于人的事业和人生的成功十分重要。桑德斯上校的传奇故事就是一个很好的例子。肯塔基州的一位65岁的老人梦想在世界各地开连锁炸鸡店。为了实现这一梦想，他需要找一位餐厅老板与他合伙开第一家餐厅，根据他的一个秘方炸鸡。桑德斯敲了1 008家的门才最终找到了他的合作伙伴。我真怀疑我们中许多人有没有毅力去敲上哪怕一百家的门。

从上面的例子可以看出，毅力对于成功是多么的重要。确实，在我们的人生中经常会遇到一些困难和障碍，使我们感到毫无成功的希望，以致选择放弃。在这一关键时刻，我们需要的就是毅力。有了毅力，我们就会不断努力，克服困难，取得最终成功。让我们铭记至理名言：成功属于最有毅力的人。

客观题自测

同步训练一

一、填空题（每空1分，共5分）

1. ____________也称代理证书，是委托人授予被委托人代理权限的法律文书。

2. ____________是权益受到侵害或与他人发生争议时，为维护合法权益依法向人民法院反映诉讼请求、事实、理由等，引起诉讼程序发生的文书。

3. ____________是当事人对一审判决或裁定不服，按照法定的程序和期限，向上一级人民法院提起上诉时使用的文书。

4. ____________是对已经发生法律效力的判决、裁定认为确有错误而提出申请复查纠正的法律文书。

5. ____________，法律术语，是指法院根据判决写成的文书。它是法律界常用的一种应用写作文体，包括民事判决书、刑事判决书、行政判决书和刑事附带民事判决书。

二、单项选择题（每题1分，共5分）

1. 在法律文书的理由中除应论证认定事实的理由外，更应论证（　　）。

A．当事人参加诉讼的理由　　B．适用法律的理由

C．诉讼费用负担的理由　　D．公开审理的理由

2. 法律文书的语体风格属于（　　）。

A．记叙文语体　　B．说明文语体

[1] 缔造空间的博客．成功属于最有毅力的人（标题是编者加的）[DB/OL].（2012-11-10）[2017-01-15]. http://blog.sina.com.cn/s/blog6426ec6101012y4m.html.

C．议论文语体　　D．公文语体

3．当事人在合同履行中产生争议时，依法向仲裁委员会申请仲裁使用的文书是（　　）。

A．仲裁协议书　　B．仲裁申请书

C．仲裁答辩书　　D．仲裁调解书

4．人民检察院起诉书的标题应当写明（　　）。

A．制作机关的名称和文号　　B．制作文书的文号

C．制作机关的名称和文种　　D．制作机关的日期

5．人民法院审理的行政案件中负有举证责任的当事人是（　　）。

A．第三人　　B．原告　　C．代表人　　D．被告

三、图示题（每题 15 分，共 30 分）

1．请用图表的形式表示仲裁申请书的写法。

2．请用图表的形式表示仲裁申请执行书的写法。

四、写作与评析题（第 1 题 35 分，第 2 题 25 分，共 60 分）

1．请根据下面提供的情境，写一份授权委托书，并加以评析。

情境：

江 ×× ：郑教授，您好！有个问题咨询您。朋友周 ×× 因与柴 ×× 的债务问题要打官司又没时间，有人说可以委托信得过的人帮忙，但要有授权委托书。您说什么是授权委托书？怎么写？可以委托您吗？

郑教授：授权委托书的理论可上网去看看，知道点就可以了；授权委托书写作有现成的表格式的，我发一份给你，你转给他填写。他要委托我也可以。

江 ×× 向周 ×× 转达郑教授的态度和指点，并把表格式授权委托书也交给了他。

江 ×× 分别向郑教授、周 ×× 介绍双方的情况：周 ×× 是 1976 年 7 月出生的汉族男士，现在是 ×× 有限公司的职工。住址是 ××××××××××× ；手机号为 ×××××××××××。

郑 ×× 是 1969 年 7 月出生的汉族男士，现在是 ×× 大学法学院教授。住址是 ××××××××××× ；手机号为 ×××××××××××。

2．请写一份表格式的民事反诉状，并加以评析。

客观题自测

同步训练二

一、填空题（每空 1 分，共 5 分）

1．授权委托书有不同的分类方式。依据授权范围，可分为特别委托书和__________。

2．__________是本诉被告以本诉原告为被告，在本诉起诉之后至合议庭评议之前，向受诉法院提出与本诉有牵连的独立反请求的文书。

3．__________是指被告或被上诉人针对原告或上诉人的诉讼内容进行答复和辩解的诉讼法律文书。

4．__________是仲裁庭对仲裁纠纷案件作出裁决的法律文书。

5．__________是当事人向仲裁机构提交的要求进行仲裁审理的法律文书。

二、单项选择题（每题 1 分，共 5 分）

1．第一审行政判决书中的被告应当是（　　）。

A．自然人　　　　　　　　B．行政机关

C．企业法人　　　　　　　　　　　　D．行政机关的工作人员

2．法庭审理笔录应当交给当事人阅读或向当事人（　　）。

A．解释　　　　　　B．宣传　　　　C．讲解　　　　　D．宣读

3．人民检察院经过侦查或审查确认被告人的行为构成犯罪，应依法交付审判，将被告人向人民法院提起公诉时制作的文书是（　　）。

A．公诉意见书　　　B．起诉书　　　C．起诉意见书　　　D．起诉状

4．在仲裁过程中，被申请人针对申请人提出的仲裁请求及其所依据的事实和理由进行答复辩解的文书是（　　）。

A．仲裁申请书　　　B．仲裁答辩书　C．仲裁反申请书　　D．仲裁协议书

5．仲裁委员会通过调解的方式解决仲裁纠纷所制作的文书是（　　）。

A．仲裁裁决书　　　B．仲裁协议书　C．仲裁调解书　　　D．仲裁裁定书

三、图示题（15 分）

请用图表的形式表示仲裁裁决书的写法。

四、评析题（每题 25 分，共 75 分）

1．请对下面的行政复议申请书进行评析。

行政复议申请书

申请人：写明复议申请人的基本情况，如果申请人是法人，应写明全称以及法定代表人的姓名和职务。

被申请人：地址、电话、法定代表人、职务。

复议请求：申请人因不服被申请人 ×× 号行政决定书，提出行政复议。

事实与理由：应当针对原处理决定，写清法规、规章存在的问题，如是否事实不清、证据不足或无证据，或者适用法律错误、处理不当，或者处理违反法定程序，或者行政机关超越权限、滥用职权，等等，明确表明申请人的态度。基于以上事实与理由，根据有关的法律、法规或规章的规定提出的行政复议。

申请人具体要求：应写明撤销、变更原处理决定，还是重新作出行政行为，以及是否要求予以赔偿。

此致

复议机关名称

申请人签章

×××× 年 × 月 × 日

附：有关证据及材料

2．请对下面的民事上诉状进行评析。

民事上诉状

上诉人：杜冬劲，（略）

被上诉人：上海市电信有限公司，住所地上海市四川北路 61 号

法定代表人：张维华，董事长

上诉人不服上海市浦东新区人民法院 2007 年 10 月 15 日作出的〔2007〕浦民一（民）初字第 6518 号判决，故提起上诉。

上诉请求：

请求撤销原审判决，改判如下：

1. 判令被上诉人履行《宽带接入服务协议》第三条第（二）项第3小项的约定，在接到上诉人故障申告后及时修复或者调通，如不能修复则给予正式书面通知并免收故障期间月租费。

2. 判令被上诉人赔偿上诉人公证费2 000元，赔偿2007年2、3、4月的月租费600元，赔偿工商咨询费人民币40元，赔偿公证函邮递费人民币10元。

3. 判令被上诉人承担本案一、二审诉讼费。

上诉理由：

一、一审判决认定被上诉人违约须以“存在宽带接入障碍为前提”，这是违反合同法和服务协议内容的。

《中华人民共和国合同法》第六十条规定“当事人应当按照约定全面履行自己的义务”，第一百零七条规定“当事人一方不履行合同义务或者履行合同义务不符合约定的，应当承担继续履行、采取补救措施或者赔偿损失等违约责任”。

也就是说，合同当事人履行合同义务应当“全面履行”，只要有合同义务没有履行，那就是违约。在本案所涉的《宽带接入服务协议》中，被上诉人的义务不仅仅是“保障宽带接入无障碍”，还包括多项合同义务，包括在接到用户障碍申告时的及时修复及通知义务。双方所签订的《宽带接入服务协议》中也没有规定被上诉人违约必须以“存在宽带接入障碍为前提”。

二、一审判决对于格式条款的解释违背生活常识，失之公平，并且格式条款解释严重有利于制定格式条款的被上诉人。

本案双方争议所涉的《宽带接入服务协议》是一份由被上诉人单方制定的格式合同，依据《中华人民共和国合同法》的规定，在解释格式条款时应当遵循如下原则：

“第三十九条采用格式条款订立合同的，提供格式条款的一方应当遵循公平原则确定当事人之间的权利和义务，并采取合理的方式提请对方注意免除或者限制其责任的条款，按照对方的要求，对该条款予以说明。格式条款是当事人为了重复使用而预先拟定，并在订立合同时未与对方协商的条款。第四十条格式条款具有本法第五十二条和第五十三条规定情形的，或者提供格式条款一方免除其责任、加重对方责任、排除对方主要权利的，该条款无效。第四十一条对格式条款的理解发生争议的，应当按照通常理解予以解释。对格式条款有两种以上解释的，应当作出不利于提供格式条款一方的解释。”

本案焦点争议的条款如下：

“甲方申告宽带接入障碍的，乙方应当自接到申告之时起，8小时内修复或调通，不能按期修复或调通的，应当及时通知甲方，并免收障碍期间的月租费用。属于甲方终端设备原因造成电信服务障碍的除外。”

依照一审判决的理解，即被上诉人违反该条款约定的前提是“必须存在宽带接入障碍”。也就是说，只有在确定存在宽带接入障碍的前提下，被上诉人才有义务自接到申告后及时修复、通知用户，否则被上诉人就没有义务为此进行检修，也没有义务通知回复上诉人，这显然是荒唐的。一审判决对这个条款的解释明显是违背常识，有失公平的。

众所周知，在电信提供各类电信服务的过程中，当使用电信服务出现障碍时，普通的公众用户无论是技术还是客观条件方面都不可能单方面首先鉴定并确定该障碍肯定是电信所造成的，用户所提交的各类“故障申告”永远只可能是某种“疑似故障”，是否存在故障以及故障如何解决那是需要电信在接到用户故障申告去检修确定的。基于这个事实，对于上述格式条款的通常的合理理解应当是：该条款中的“故障申告”，应当是指“疑似故障申告”，而不是要求用户必须首先在申告前鉴定并证明这是电信宽带接入所造成的故障。因此，即使用户无法完全确定故障是由电信的宽带接入故障所造成的，电信仍然应当按照这个格式条款的要求在接到申告后承担检修和及时回复通知的义务，否则就应当承担违约责任。

三、被上诉人没有承担证明已经履行合同义务的举证责任。

被上诉人应当承担“保障宽带接入无故障”的合同义务。根据《最高人民法院关于民事诉讼证据的若干规定》第五条的规定，“对合同是否履行发生争议的，由负有履行义务的当事人承担举证责任”。因此，对于上诉人的故障申告，如果被上诉人认为自己已经履行了“保障宽带接入无故障”的合同义务，那么被上诉人就应当承担相应的举证责任。

从本案的具体情况来看，被上诉人至少应当负有以下举证义务。

1. 在接到上诉人的故障申告后，按照协议的规定进行了充分的检查，并提供完整的检查记录以证明宽带接入方面不存在故障。

2. 或者提供因不可抗力原因的证据。

3. 或者提供因用户终端设备存在故障的证据。

4. 或者提供用户无法访问的网站本身设置的访问限制的证据。

但是，在一审过程中被上诉人没有提交任何这方面的证据，仅仅提供了证据证明上诉人还可以通过宽带访问部分其他的网站，对于为什么无法访问系统的那个网站没有作出任何明确的解释。

相对应的是，在一审庭审中，被上诉人明确承认曾经就上诉人提交的故障申告电话回复说这属于“非回复性原因”（一审判决书第5页第一段）。依通常的文义理解，“非回复性原因”至少包括以下两方面的意思。

1. 查到了该故障的原因，否则不会将该原因定性为“非回复性的”。

2. 故障原因拒绝告诉用户。

也就是说，被上诉人拒绝向用户和法庭提交已经查明的声称自己已经履行“保障宽带接入无故障义务”的证据。依据《最高人民法院关于民事诉讼证据的若干规定》的相应规定，被上诉人对此应承担不利后果。

需要另行指出的是，如果是因第三方原因造成电信宽带接入故障的，那么依照法律，电信仍然应当首先向用户承担违约责任。

四、一审判决以宽带“与国际互联网的连接通道并未断开”为由，认定“并无宽带接入障碍”，这一认定是错误的，并且违背了国际互联网使用的基本常识。

一审判决认定“与国际互联网的连接通道并未断开”的事实理由有两个：一是“原告依然可以顺利登录其他网站”，二是“可以通过设置代理服务器访问那个无法直接访问的网站”。这两个理由不仅无法证明“并无宽带接入障碍”，相反，恰恰证明了存在国际互联网通连上的某种障碍（虽然并不能以此完全证明是电信的责任，但是电信应当对自己的无故障承担举证责任），以下分别述之。

（一）“原告依然可以顺利登录其他网站”

1. 法院这一认定与事实不符。虽然本案只提交了一个不能直接访问的网站，但是事实上还有许多网站不能直接访问。因此，从查清事实的角度出发，应当表达为“原告依然可以顺利登录其他部分网站”。

2.“原告依然可以顺利登录其他部分网站”，说明上诉人的电脑终端及宽带设备运行正常，并且不存在大面积的国际互联网事故（比如海底光缆断裂）。并且，要访问的网站通过代理服务器可以转接，说明网站服务器端是正常的。因此，上诉人作为宽带的普通用户，向被上诉人提出故障申告完全是合理的行为和选择。

（二）“可以通过设置代理服务器访问那个无法直接访问的网站”

1. 什么是代理服务器？代理服务器，其功能就是代理网络用户去取得网络信息。形象地说：它是网络信息的中转站。在一般情况下，我们使用网络浏览器直接去连接其他Internet站点取得网络信息时，需送出Request信号来得到回答，然后对方再把信息以bit方式传送回来。代理服务器是介于浏览器和Web服务器之间的一台服务器，有了它之后，浏览器不是直接到Web服务器去取回网页而是向代理服务器发出请求，Request信号会先送到代理服务器，由代理服务器来取回浏览器所需要的信息并传送给用户的浏览器。

2. 对于普通的家庭宽带用户来说，正常情况下是不需要设置代理服务器的，这是家庭宽带使用的常识。《合同法》第四十一条规定，对于格式条款的解释应当按照“通常理解予以解释”。按照通常理解，如果没有第三方的原因，那么接入电信提供的宽带，用户应当可以直接访问处于公网的、没有设置访问限制的、正常运行的网站服务器，而不需要另行设置代理服务器。另一明显的常识是，绝大多数的家庭宽带使用者连什么是代理服务器都不知道，更别说去设置了。一审判决的解释，似乎把设置使用代理服务器理解为用户正常使用中国电信宽带接入服务的一种必备使用常识，这是不符合常理和事实的。

3. 在本案中，通过设置使用代理服务器才能访问到http：//www. realcix. com，这是不正常的状况，说明从上诉人接入的电信宽带至该网站服务器的国际互联网通路中存在着障碍。通常，对于普通网络用户来说，以下两种情形设置使用代理服务器是正常现象。

（1）局域网内的用户要访问局域网外的服务器，通过局域网内某台连接外网的具有代理服务器功能的电脑（代理服务器）转接。

（2）公网（非局域网）的用户，通过某局域网内的代理服务器转接至内网某台服务器。

但是，在本案中，并不存在这两种情形，该网站并不在局域网内（顶级域名、有公网IP，通过公网代理服务器可访问，在故障之前可直接连通，故障一段时间后又可直接连通，这些均可以表明其在公网内）。电信提供的宽带接入，也是接入公网，电信从来没有声称过只是为用户接入某个局域网内。因此，在这样的情形下，上诉人通过电信ADSL理应可以直接访问该网站。需要代理服务器转接，这已经说明宽带所提供的国际互联网通道存在了障碍，现举两个例子。

1. 国家公路整体上可看做是一个网络，当你不能从上海直达南京，而需要绕道其他城市（代理服务器）才能到达时，虽然也是使用国家公路网到达的，但你不能以此来证明国家公路网不存在障碍。

2. 固定电话也是一个网络，在上海用固定电话不能打通北京的电话，只能先打到广州亲戚家的固定电话（代理服务器），让他转打北京的固定电话传递消息。虽然也是用固定电话网完成了通连，但你不能以此来证明固定电话网不存在障碍。

综上所述，本案虽然披着互联网这种新兴技术的外衣，但其实质仍然是电信服务法律关系，在处理用户与电信服务消费的法律纠纷中，与普通的电信服务并没有实质的区别。用户的故障申告只可能是“疑似故障的申告”，一审判决认为只有在用户确认存在宽带接入故障的前提下，电信才有义务去检修，才有义务及时回复用户，否则就不违约。这种观点显然是站不住的，不仅是对消费者权益的漠视，也是对某些垄断行业官商习气的纵容。

至于是否存在宽带接入故障，本应是被上诉人的举证责任，如其不能充分举证则应败诉，一审判决以“没有与互联网完全断开”就认定“宽带接入无故障”不仅是越俎代庖，而且不符合基本的逻辑和常识。鉴于上述理由，恳请二审法院依法公正审理，维护电信服务消费者的合法权益。

此致

××人民法院

上诉人：杜冬劲

××××年×月××日

附：本上诉状副本×份

3. 请对下面的民事申诉状进行评析。

民事申诉状

申诉人（原审上诉人）：许××，女，1971年11月25日出生，汉族，龙海市中学教师，住龙海市。

委托代理人：林××（申诉人之夫），1972年3月20日出生，龙海市第×中学教师，住址同上。

被申诉人（原审被上诉人）：郭××，男，1955年10月10日出生，汉族，农民，住龙海市榜山镇芦洲村。

申诉人因交通事故致人身损害赔偿一案，对漳州市中级人民法院2003年11月14日〔2003〕终字364号判决不服，现提出申诉。

请求事项：

1. 撤销漳州市中级人民法院〔2003〕终字364号判决。

2. 依法判决被申诉人郭××承担本案的连带赔偿责任。

事实和理由：

2002年6月10日，许××驾驶闽E·90519号大货车，从龙海市榜山镇芦洲往海澄镇山后方向行驶，经石码二环路芦洲路口，在斜驶往路右过程中，将驾驶二轮轻便摩托车相向行驶的申诉人撞倒，致摩托车损坏和申诉人急性重度颅脑损伤，右股骨、双髋骨多处骨折；交通性脑积水；肺部感染；全身多处皮肤擦裂伤，经漳州市中级人民法院司法鉴定处鉴定，申诉人经治疗后，仍遗留中度智力缺损，日常生活能力严重受限，需要他人帮助，不完全运动性失语，右髋膝踝关节活动功能均丧失达75%以上，伤残等级为4级。龙海市交警大队于2002年7月11日对本事故做出150300200230284号道路交通事故责任认定书，认定许××应负本事故主要责任。本事故给申诉人造成各种相关损失计344 619.76元，依责任认定许××应承担其中275 695.81元。另外，经查明，闽E·90519号大货车的登记车主系龙海市芦洲联成米厂，该厂业主系被申诉人郭××。2003年3月11日申诉人依法向龙海市人民法院提起诉讼，请求法院依法判令许××和被申诉人郭共同连带赔偿申诉人经济损失275 695.81元。2003年5月16日龙海市人民法院作出〔2003〕龙民初字第173号判决书，判决许××赔偿申诉人各种损失305 457.5元的70%，即213 820.25元；驳回了申诉人要求郭××承担连带赔偿责任的诉讼请求。由于许××家庭经济困难，无力支付全部的赔偿，仅支付了12 500元。申诉人不服一审判决，于2003年5月26日上诉于漳州市中级人民法院，请求改判郭××对申诉人的损失承担连带赔偿责任。二审法院驳回了申诉人的诉讼请求。

申诉人认为，原审判决认定事实、适用法律，都存在严重的错误。

首先，原审判决认定事实的主要证据不足。郭 ×× 与许 ×× 没有办理变更登记手续，买卖不能生效，车的所有权不能转移，原审仅凭两份《车辆转让协议》认定郭 ×× 已将车卖给沈 ×× 和许 ×× 证据不足。

肇事大货车的原车主登记为郭 ××，后郭 ×× 将车卖给沈 ××，沈 ×× 又将该车卖给许 ××，但两次车辆买卖均未办理过户手续。依照《国务院关于农民个人或联户购置机动车船和拖拉机经营运输业的若干规定》第三条第一款“农民个人或联户的机动车船和常年从事营业性运输的拖拉机，须经县、市以上交通监理、航政部门检验合格，并办理报户（过户）、登记、发牌证手续”之规定，农民转让机动车必须办理过户手续。《合同法》第四十四条规定了合同生效的条件“依法成立的合同，自成立时生效。法律、行政法规规定应当办理批准、登记手续生效的，依照其规定”。第五十二条规定了合同无效的情形，其中第五种情形是“违反法律、行政法规的强制性规定”。根据以上法条，本案大货车两次买卖行为由于没有依法办理过户手续，其买卖行为是无效的。而买卖合同无效，车的所有权不能转移，郭 ×× 仍是大货车的法定车主，《交通事故处理办法》第三十一条明确规定，承担赔偿责任的机动车驾驶员暂时无力赔偿的，由驾驶员所在单位或者机动车所有人负责垫付。法定车主郭 ×× 应当承担责任。另外，福建省高级人民法院也就审理人身损害赔偿作出内部解释，其中在交通事故条款中解释说：“买卖机动车未依法办理机动车过户手续，出卖人仍是车主，买受人在使用机动车时发生交通事故并负有赔偿责任的，买卖双方作为赔偿主体，由买受人承担赔偿责任，车主承担连带责任。”

据此，申诉人认为原审判决认定郭 ×× 与许 ×× 车辆买卖行为有效，郭 ×× 不应承担连带赔偿责任的主要证据不足。

二、原审判决适用法律错误。原审判决依照最高人民法院〔2001〕民一他字第 32 号函复判决，属适用法律错误。

原审判决依照最高人民法院〔2001〕民一他字第 32 号函复《关于连环购车未办理过户手续，原车主是否对机动车发生交通事故致人损害承担责任的请示》，认为：连环购车未办理过户手续，因车辆已交付，原车主既不能支配该车的营运，也不能从该车的营运中获得利益，故原车主不应对机动车发生交通事故致人损害承担责任。据此，二审法院认为，许 ×× 在实际营运中发生交通事故致人损害，依法应承担赔偿责任，原车主郭 ×× 不应承担责任。

申诉人认为，最高人民法院〔2001〕民一他字第 32 号函复为部门函复，不是司法解释，不具有普遍效力，不能作为司法解释直接予以适用。

最高人民法院于 1997 年 6 月 23 日颁布了《关于司法解释工作的若干规定》，明确了司法解释必须由最高人民法院审判委员会讨论通过，以最高人民法院公告的形式公开发布，并下发各高级人民法院或地方各级人民法院、专门人民法院。这样的司法解释，才具有普遍的法律效力。非司法解释的函复件，是不能等同于司法解释的。最高人民法院的司法解释也有以批复的形式发布的，但无一例外必须经过最高人民法院审判委员会讨论通过，并且载明“×××× 年 × 月 × 日最高人民法院审判委员会第 ××× 次会议通过”。“〔2001〕民一他字 32 号”函复不属于这种情况。从文号“〔2001〕民一他字 32 号”中也可看出，这只是针对个别案件请示的函复，并非司法解释，它只对特定请示的个案有指导意义，不具普遍的法律约束力，不能作为司法解释来适用。

原审法院依照这样的一个函复作出判决，是适用法律错误。一个没有普遍的法律约束力的函复件，怎么可以作为法律依据判案呢？

2004 年 5 月 15 日，最高人民法院主办的《人民法院报》在“最新审判”栏目中，报道了当年 5 月 14 日江苏省南京市鼓楼区法院就一起连环购车交通肇事案所作出的判决。秦女士将货车转让韩某，并移交相关证件；韩某一直没去车管部门办理车辆过户手续，却雇高某驾驶；高某发生交通事故致人死亡，被以交通肇事罪判刑。受害人家属将高某与车主秦女士告上法庭，索赔 16 万元。法院审理认为，秦女士虽已将车辆转让给韩某，但未及时办理过户手续，事故发生时她仍是车辆所有人，依法应承担 16 万元的垫付责任。这是一个很有意味的启示！“〔2001〕民一他字 32 号”函复件是 2001 年下达给江苏省高院的，如果具有普遍约束力，为何南京市鼓楼区法院在此后审理同类案件时不予依照？这就说明，“〔2001〕民一他字 32 号”函复件并非司法解释，不宜适用。

综上，申诉人认为，原审判决认定事实的主要证据不足，适用法律错误，依照《民事诉讼法》第一百七十九条，特向人民法院提起申诉，请求人民法院重新审理本案，撤销原判决，依法判决被申诉人郭 ×× 承担本案的连带赔偿责任，以维护申诉人合法权益。

此致

漳州市中级人民法院

申诉人：许 ××

委托代理人：林 ××

×××× 年 × 月 × 日

附：原审判决书一份

项目七 参观学习

can guan xue xi

工作任务一　请专家开学术论文讲座

学术论文是综合运用各种理论知识表述研究进展和实践成果，表达自己对某一领域的研究见解的一种理论性文章。学术论文具有科学性、创造性、理论性、专业性、规范性、学术性和实用性等特点。不论是高校学生写的论文（大专毕业论文、学士论文、硕士论文、博士论文），还是在职人员写的不同领域的论文，虽有学术深浅的不同，但写法是一样的。

一、学术论文的要求

① 某方面的新颖性（切入角度新、某些材料新、某个观点新）。
② 有相当的理论性。
③ 符合学术规范性。

二、学术论文的选题

（一）选题原则

① 选有现实意义的题目（选重点问题、选热点问题、选难点问题、选焦点问题）。

② 选较适合自己的题目（选有条件完成的、选有能力完成的、选有兴趣完成的、选有专业优势的）。

③ 选容易出新意的题目（选择从未有人研究的问题、选择比较少人研究的问题、选择可以深入研究的问题、选择学术上有矛盾的问题、选择科际间交叉的问题）。

（二）选题步骤

1）确定自己的选题方向。
2）查阅各种文献资料。
3）考虑各种主客观条件。
4）积极思维拟具体题目。

（三）选题方法

1. 热点法

热点法就是把社会各界人士集中关注的“热点”问题确定为题目的一种选题方法。“热点”问题往往在某个时期具有较强的现实意义，引人注意，容易发现，从中确定自己的选题也比较容易。

2. 浏览法

浏览法就是通过对信息资料的阅读、比较来确定题目的一种选题方法。浏览时要及时记下资料的纲目和体会，对自己影响最深刻的观点、论据、论证方法等；要将阅读得到的内容排列、组合、分类；要将自己的体会同资料加以比较，找出不同点和相同点。经过深思熟虑，必然会有所发现，题目也就渐渐明确了。

3. 验证法

验证法是根据平时的积累，以主观“拟想”为出发点，通过阅读资料沿着一定方向对已有研究成果步步紧跟验证，一追到底，从中获得“一己之见”的选题方法。一要验证“拟想”是否对别人的观点有补充作用，如果有，又符合主客观条件，就可以把“拟想”定下来，作为学术论文的题目；二要验证“拟想”是否重复别人的，如果完全重复，就要改选，如果是部分重复，就应缩小范围，在非重复方面深入研究。

4. 调查法

调查法就是从现实需要出发，通过实践调查，收集材料，提炼加工，去伪存真，去粗取精，分析思考，最终敲定题目的一种选题方法。调查是选题的基础，通过调查确定的论文题目，具有较高的实际应用价值，现实针对性强。

5. 新闻法

新闻法就是从新闻报道中受到启发，发现问题，从而确定为论文题目的一种选题方法。

除此以外，还有借鉴法、意见法等。具体采用何种方式，或者多种方法混合使用，应综合考虑，灵活选择。

三、学术论文的材料

（一）材料类型

按论证需要划分，可划分为理论型材料和事实型材料。

理论型材料主要指党和国家政策法令；经过历史和实践检验并造成一定影响的人类思想成果，如科学原理、公理定式和名人名言等；事实型材料又可分为经验型、试验型、调查型、统计型材料。

物质世界的发展包含着一定的数量关系，是数量之间的相互作用和影响的结果。因此，不但要权衡各种材料的性质，还要权衡各种材料之间数量的多少。量变可以导致质变，调查要调查事物的性质，也要调查事物的数量。调查本身也要通过一定的数量来考察精确度。

（二）材料搜集方式

① 从纸质文献搜集。
② 从电子文献搜集。
③ 通过网络搜集。
④ 通过调查搜集，具体有普遍调查、抽样调查、典型调查、个案调查、经验调查等。

（三）选材原则

① 选择表现主题的材料。
② 选择真实可靠的材料。
③ 选择精当典型的材料。
④ 选择富有新意的材料。

四、学术论文的写作

学术论文至少要有前置和主体两部分。

前置部分包括封面、目录、写作提纲、标题、署名、摘要、关键词；主体部分包括绪论、本论、结论、致谢、注释（必要时）、参考文献，如图 7.1 所示。

绪论
本论
一、
二、
三、
（一）
（二）
（三）
1.
2.
3.
（1）
（2）
结论
致谢
注释（必要时）、参考文献

提示
如果本论下面只有二级提纲，序号也可以是
一、
1.
2.
二、
1.
2.
三、
1.
2.

提示
作为序号的括号后面不必加标点符号。如
（一）、
（二）、
（1）.
（2）.
写法，都是不准确的。务必注意。

图 7.1　学术论文的主体部分

（一）前置部分

1. 封面

封面是学术论文的外衣。封面应包含的主要信息有：标题；所在单位、部门名称；姓名；职务、职称［学生的论文应包含所在学校名称、所属系（部）、专业、班级；学生姓名、学号；指导教师姓名、专业、职称］；研究方向；成文日期。

2. 目录

目录是论文各组成项目、分论点所处页码的具体显现，目的是使论文层次更加分明，便于读者阅读、查找论文中的某个分论点。长篇论文，除中心论点外，还有许多分论点。

当需要进一步了解某个分论点时，就可以依靠目录而节省时间。同时，使读者能够在阅读该论文之前对全文的内容、结构有一个大致的了解，以便决定是精读还是略读，是读还是不读等。目录一般单独设页。

3. 写作提纲

写作提纲（在职人员为了发表的论文不必写提纲，但构思需要提纲）是论文构思的大体的文字表现。在写作之前，对论文的内容和形式进行总体的设想和营构，就是论文的构思。例如，中心论点是什么，分论点有哪些，分论点之下还要不要小论点，标题怎样才能简洁、醒目、鲜明、新颖，开头、结尾如何照应，层次、段落之间如何衔接过渡，用什么方法来论证，选择什么材料来表现论点，哪个地方详写，哪个地方略写等都需要在构思阶段定夺并作出统筹安排。构思是作者在内心对毕业论文的总体把握，别人看不见，摸不着，并且思如流水是动的。有些思想的火花，灵感的闪光，稍纵即逝，必须尽快捕捉、记录，并固定下来，迅速形成一个严谨、系统、有序的论述框架（提纲）。也就是说，要把构思及时地外化成论文的写作提纲，以提纲这一外在的形式表现内在的构思。

论文的写作提纲实际上就是把构思层次化、条理化、细化。即把总论点分成若干个分论点。把分论点分成若干个小论点，如果需要还可以把小论点再细分成更小的“段旨”。但不管怎么分，各个段旨必须围绕小论点论述，小论点必须围绕分论点论述，分论点必须围绕总论点论述，要层层把好关。否则，就会偏题。

论文的写作提纲不仅是记录、分解构思，而且可以检查构思是否全面、深入，有无偏题。如果发现问题，就可及时进行完善、修改、补充，免得成文之后，再来大动干戈。因此，写作提纲不是可有可无的。据资料报道，世界上先制定提纲，然后按提纲进行写作的科技人员，约占总数的95%。提纲是构思与行文的过渡，既是构思的外化，又是行文的依据。

例7—1

教育与精神文明建设

一、绪论

教育是社会主义精神文明建设极为重要的基础工程，我们有必要认真探讨教育在社会主义精神文明建设中的重要作用，进一步加强教育。

二、本论

（一）教育在社会主义精神文明建设中的特殊作用

1. 教育具有传递、保存精神文明的作用

2. 教育具有选择、融合精神文明的作用

3. 教育具有创造、更新精神文明的作用

（二）深化精神文明建设必须加强教育

1. 加强对领导干部的教育

2. 加强对教师的教育

3. 加强对青少年的教育

三、结论

教育是社会主义精神文明不可缺少的一个组成部分，精神文明的各个方面——思想道德、科学文化、民主法制、社会风尚等都要靠教育来培植。必须重视并加强教育。

4. 标题

标题是指一篇论文的总标题，也称论题、文题、题名或篇名，是论文的眼睛，是文章总体内容的体现，是读者判断是否阅读的主要依据。题目拟得好，读者一看就会产生阅读兴趣；反之，即便内容有价值，也可能被忽略。因此，标题应仔细推敲，尽可能从各个角度充分考虑，选择最合适的。原则上，题名要确切、简洁、醒目、新颖。

从内容上看，论文的标题有两种类型：一是指示论点的标题，这类标题直接反映作者对问题的看法，即标题是文章论点的概括，如《中国需要第三产业》《当前应控制通货膨胀》《加强金融监管必须强化金融机构内部控制》；二是揭示课题的标题，这类标题所反映的只是文章所要证明的问题，而不涉及作者对问题的看法，如《论近代资本主义精神与新教伦理的关系》《分税制对农业投入的影响》《论商务英语教学中的交际法》。

从形式上看，论文的标题也有两种类型：一是单标题，如上所示；二是双标题，正标题揭示论点或揭示课题，副标题对正标题加以补充、说明或限制，如《论毛泽东的抗战策略——兼评其在中国史上的地位》《加入 WTO 对中国经济的影响——××××银行发展的几点启示》。

从语气上看，论文的标题又有多种类型：一是设问式，明知故问，只问不答，语意婉转，作者的观点只要读者稍加思考就明确了。这种标题因其含蓄，容易引起读者的关注，如《中国当代大学生没有理想吗？》《市场经济只有资本主义才存在吗？》；二是判断式，以“……是……”的肯定语气，直截了当地表明作者的观点看法。这类标题果断、鲜明，如《科学技术是第一生产力》《股份合作制是优化农村经济系统的组织形式》。

以上标题形式是毕业论文写作中经常使用的，应根据论文的内容需要、篇幅长短等情况灵活应用，使标题在毕业论文中发挥画龙点睛的作用。

标题常存在的问题是：题目大，内容少；题目繁长，主题模糊。标题不能放置在提纲之后，应另外设页，居中排列。标题译成英语时每个实词的首字母要大写。

5. 署名

《中华人民共和国著作权法》第十一条规定：“署名权，即表明作者身份，在作品上署名的权利。”署名是作者拥有著作权的声明，是文责自负的承诺，同时作者的姓名是重要的检索信息，是有关数据库重要的统计源。署名是有原则的，GB 7713—87《科学技术报告、学位论文和学术论文的编写格式》中规定：“……学术论文的正文前署名的个人作者，只限于那些对于选定研究课题和制定研究方案、直接参加全部或主要部分研究工作并作出主要贡献以及参加撰写论文并能对内容负责的人，按其贡献大小排列名次。至于参加部分工作的合作者、按研究计划分工负责具体小项的工作者、某一项测试的承担者，以及接受委托进行分析检验和观察的辅助人员等均不列入。这些人可以作为参加工作的人员一一列入致谢部分，或排于脚注。”署名放在标题之下，正中位置。姓名译成英语时，姓与名的首字母大写，如 Shang Jianhua（尚建华）。

6. 摘要

摘要是文章内容要点的概述，是学术论文的缩影，是一篇完整、简练、连贯的 200 字以上的小短文。它是论文的重要组成部分，包含与论文等量的主要信息。它可以简介论文的研究目的、方法，且必须概括论文的要点，特别要说明论文的新见解和创造性成果。摘要的作用是供读者在最短的时间内确定是否阅读全文，为读者检索论文服务，为数据库检索提供方便。写摘要时应注意：宜用第三人称叙述，不作自我评价；摘要中的内容应在正文中出现，不能对正文进行补充修改；摘要中不出现序号、公式、图表等。摘要一般放在毕业论文标题、署名之下，空一两行。为了美观并与正文区别开来，往往左右各缩进 3 个字符。摘要同标题、署名一样，译成英语时，句首字母要大写。

7. 关键词

关键词，也称主题词，是从论文标题或内容中选取能揭示论文主题和主要内容的单词或术语，是最具实质意义的检索语言。它为文献检索和资料查询提供方便。每篇论文的关键词一般以 3 ~ 5 个为宜，第 1 个关键词是表示论文主题的单词或术语，后面是表示论文主要内容的单词或术语。本来关键词的标引要结合论文中心内容，根据《汉语主题词表》《世界汉语主题词表》中的规范按一定的规则来确定，但由于大多数人手里没有《汉语主题词表》《世界汉语主题词表》，结果往往凭自己的论文直接确定，也就是使用了自由词。主题词放在摘要下面，另起一行，首行空两格，但不空行。标引时，词与词之间空一格，中间不必加标点符号。关键词译成英语时，每个词的第 1 个字母要大写。

如果论文不发表，标题、姓名、摘要、关键词可以不译成英语。译成的英语部分一般放在关键词下面，空一行，但也有放在参考文献之后的。

（二）主体部分

1. 绪论

绪论也称序论、引论、前言、引言、导语，是论文主体部分的开端。主要是提出问题，让读者先了解论文的主体内容和对论文有一个总的认识；也可以说明研究这一课题的动机、意义、背景、方法；也可以说明论文在所属领域中所占的地位、议题的范围及其所要达到的目标；还可以对他人已有成果进行评介，发表自己的见解；有时简要回顾历史，提示论文的主要分论点等。高职院校学生的毕业论文比较短，绪论少则几十字，最多不超过 500 字，能起到引出正文的功效就可以了，不必用序号、小标题。绪论写作的要求是提纲挈领、突出重点、言简意赅、开门见山、实事求是。绪论放在关键词下面，空一行。

2. 本论

本论是论文的主体核心部分，因而最能展现研究者的研究成果和专业水平。它应该包括论文的论点、论据和论证等。论点是作者运用抽象思维、推理、判断的能力对繁杂的资料进行全面分析、去伪存真、去粗取精、提炼加工而形成的。论点是文章的灵魂，作者主张什么，反对什么，要旗帜鲜明，确切突出。不要先定论点，再找材料验证。论据是用来表现论点的各种材料。论点确立后，又有论据，就要论证。论证就是运用例证、引证、类比、对比、归纳、演绎等方法把论据组织起来说明论点的过程。在这一过程中，一定要处理好论点与论据的关系。论点靠论据说明，论据由论点统帅，论点和论据是辩证的统一。

论文的本论多少要有一些创新点，即观点、材料、论证角度、论证方法等要有点创造性思维。一般来说，想象越丰富，好奇心越强烈，对研究问题越兴趣，看得书越多，积累的材料越丰富、专业水平越高，形成创造性思维的可能性也越大。

本论常用的结构形式有并列式（横式结构）、递进式（纵式结构）、混合式、总分式和分总式。并列式是把材料按从属于中心论点的几个分论点的不同性质分类，分别从不同的角度进行论述的一种结构形式，并列式各个分论点的论述是独立的，关系是并列的；递进式是按照时间、空间、逻辑顺序，对事物的发展进行由浅入深，由表及里，层层深入论证的一种结构形式；混合式是既有并列，又有递进，纵中有横，横中有纵，纵横交错立体论证的一种结构形式；总分式是先提出论点，然后用演绎法分别从几个方面加以论述的一种结构形式；分总式是先分别从几个方面论述，然后用枚举归纳法或科学归纳法概括论点的一种结构形式。总分式、分总式不仅用于本论，也常用于全文。例如，引言提出中心论点，本论分开论述；或者本论分开论述，结论归纳中心论点；或者混合使用，引言提出中心论点，本论分开论述，结论采用不同的表达归纳中心论点，即“总—分—总”。

无论采用何种结构形式，都要注意段落、层次、部分之间的过渡、衔接、照应。如果分论点、小论点采用序号加小标题，还要注意序号的统一。不要本论“一、”下面采用“1.”“2.”“3.”的序号，本论“二、”下面采用“(一)”“(二)”“(三)”的序号，本论“三、”下面采用“第一”“第二”“第三”的序号……

3. 结论

结论是论文最终和总体的归纳总结，是作者在调查研究和理论分析的基础上，通过逻辑推理而得出的指导性、经验性的结果。从表达的内容来说，它不是正文各段小结的简单重复，而是作者在认识上更进一步的深化。结论的主要内容包括：论文研究结果说明了什么问题，对前人有关看法作了哪些否定、修改，作了哪些补充、证实，有何发展，解决了什么理论和实际问题，论文研究的不足之处或遗留未解决的问题，以及对解决这些问题的关键点和方向等。结论应该准确精练、鲜明完整、客观公正、实事求是。结论写作的常见问题是：没有结论、含混不清、简单重复、概括不全、内涵偏大等。结论在本论之后，如果没有明显标志，应空半行排列，用以同本论区别。

4. 致谢

致谢就是当成果以论文形式完稿时，对在论文写作或研究工作中给予帮助者表示感谢。致谢对象和范围包括：协助或指导本论文写作的指导教师；参加讨论或提出过指导意见的人员；对提供材料给予其他方便的人员；对论文所采用的数据、图表、照片的提供者；对在撰写论文过程中提出建议和提供帮助的人员；对提供过某种信息，但又非论文的共同作者，且不对论文负责的人员。致谢词语要真诚、简洁、恰如其分。

致谢放在正文之后，空一行。

5. 注释

注释是用来说明名词术语、引文出处等在正文的其他部分不便说明的各种事项。注释一般放在致谢之后，参考文献之前。

6. 参考文献

论文写作过程的参考文献分两种情况：一种是在文中直接引用的文献，一般是用做引证，有的学者把它归入注释（本书也是归入注释）；另一种是作者写作之前亲自阅读过，受其思想、风格等方面的启发及潜移默化的影响的文献。两种情况的区别在于：前者需标出具体页码，后者不需标出具体页码。

引用参考文献的著录内容和顺序如下。

① 专著、图书、论文集、学位论文、报告的著录格式：作者．题名［文献类型标识］．版本（第1版不标注）．出版地：出版者，出版年：起止页码（任选）．

② 期刊的著录格式：作者．题名．刊名，出版年份，卷号（期号）：起止页码．

③ 报纸文章的著录格式：作者 . 题名 . 报纸名，出版日期（版次）.

④ 电子文献的著录格式：作者 . 题名［文献及载体类型标识］.（发表或更新日期）［引用日期］（任选）. 出处或网址 .

以上各种文献著录的例子可参看本书后面的参考文献。

在写作论文时所参考的文献，一般置于正文、致谢之后空两行。如果论文有注释，就放在注释之后空两行。各种文献类型及其标识如表 7.1 所示。

表7.1 纸质参考文献类型及其标识

参考文献类型	图书	论文集	报纸文章	期刊文章	学位论文	报告	标准	专利	汇编	档案	古籍	参考工具
标识	M	C	N	J	D	R	S	P	G	B	O	K

电子参考文献类型及载体类型标识：

1. 联机网上数据库—［DB/OL］
2. 磁带数据库—［DB/MT］
3. 网上期刊—［J/OL］
4. 网上电子公告—［EB/OL］
5. 磁盘软件—［CP/DK］
6. 光盘图书—［M/CD］

五、学术论文的修改

文章不厌百回改，好文章是改出来的。海明威《永别了，武器》的最后一页修改了三十几遍，才满意。鲁迅先生在谈文章的修改时说：“写完之后，至少看两遍，竭力将可有可无的字、句、段删除，毫不可惜。”俄国作家列夫·托尔斯泰也说过：“写作而不加修改，这种想法应该永远摒弃。三遍四遍——那还是不够的。”论文的写作也一样，需要进一步修改完善。论文的修改在这里主要是指草稿完成之后的加工修改。那么，应该如何修改呢?

（一）修改前应采取有效诊断

1. 他人诊断法

他人诊断法，即请内行的人或高明的专家、学者为自己的论文把关，再按他们发现的问题加以修改的一种方法。

2. 冷静观察法

冷静观察法，即把写好的论文，暂时放一边，过几天静下心来再细细品味，自我体察出问题的一种诊断修改方法。

3. 比较诊断法

比较诊断法，即把自己的论文与选题相似、相近的论文进行比较，在比较中发现毛病的一种诊断修改方法。

4. 反复诵读法

反复诵读法，即朗诵自己的论文初稿，发现不顺口、不连贯的地方及时修改。这是行之有效的论文诊断修改方法。

（二）修改时应从多角度推敲

论文修改的内容包括论点、材料、结构和语言，修改时应围绕这几个方面，多角度地进行推敲。

1. 审核论点

论点是思想的精髓，是文章的灵魂和统帅，是科学与创新精神的凝聚。因此，修改论文，首先要审核论点。论点包括中心论点、分论点、段旨。

（1）审视标题

标题往往揭示中心论点（也有表明研究范围的），要看标题是否确切、简洁、新颖、鲜明；文与题是否相符，有没有出现头大身小、头小身大的现象。

（2）审视中心论点

标题如果是表明研究范围的，一般绪论会提出中心论点，要看中心论点是否正确、深刻、新颖，是否与标题吻合，有没有偏题。

（3）审视分论点

分论点是中心论点的下位论点，要看分论点是否能全面准确地表现中心论点，是否游离中心。如果分论点采用小标题式，要看各小标题是否确切、简洁、新颖、鲜明、匀称。

（4）审视小论点、段旨

小论点是分论点的下位论点，段旨是每一段的主旨，其审视的目标、方法与审视分论点一样。这样层层审视，层层把关，目的是保证主题鲜明、中心突出，层次清晰，不偏不离。

2. 检验材料

材料是论文的血肉，是证明论点的论据。论据失误、失真、失当都会影响论点的确立，所以修改论文，要检验材料。

（1）检验材料的真实性

核查材料本身是否真实、可信、准确；数据、引文出处、名家经典的话，有条件的话最好核对原文，保证论文建立在坚实可靠的基础之上。

（2）检验选材的原则性

检查是否按照真实、典型、新颖和充分的原则来选择材料，用以论证大小论点。

（3）检验材料的统一性

判断材料是否同观点统一，辨别同一段的材料是否统一，是否杂乱，是否有层次感。检验材料的目的是保证材料同观点不矛盾，确保使用真实、新颖、典型、充分的材料，有力地表现主题、论点。

3. 查看结构

论文的结构是研究者逻辑思维的展开形式，结构的优劣直接关系到论文的表达效果。查看结构的目的是保证毕业论文有一个和谐、自然、完整、匀称的结构，更好地为内容服务，使毕业论文的结构与内容完美统一。查看结构具体是查看以下几方面。

（1）清晰性

从大小标题之间的关系来看思路是否通畅，层次是否清楚；从逻辑联系来看全文的布局、层次和段落的安排是否有条理、脉络是否分明顺畅、段落划分是否合适、大小序号是否统一规范等。

（2）完整性

论文结构是否具备绪论、本论、结论三大部分，如果缺失对表现中心论点是否有影响；各个部分的主次、详略是否得当。

（3）严密性

论点与论据，大小论点之间是否有严密的逻辑性；各部分之间是否有过渡、照应；句、段是否衔接，语气是否连贯等。

（4）匀称性

看本论的各个部分是否匀称，是否有“肥胖”“羸弱”现象，绪论、结论的篇幅是否太大等。

4. 斟酌语言

语言是思想的载体，是论文的外衣。科学研究的新发现、新创造，作者的新见解、新观念等，都要通过语言才能表现出来。要使毕业论文“文约而事丰，言简而意赅”就不能不在语言运用上反复推敲修改。

（1）精密准确

是否通过概念、判断、推理的运用，达到对研究对象本质规律的严密界定和精微阐释；是否体现出科学性和逻辑性；是否用最少的文字说明尽可能多的问题。

（2）生动可读

语言是否平淡、拗口、刻板、隐晦、含混、笼统。

（3）字词句段

是否有错别字、生僻字；字词是否需要进一步推敲；是否有看不明白的方言、外来词；词语搭配是否得当，是否合乎逻辑；句子是否完整。

（4）合体合规

表达方式、语言风格、叙述口吻是否符合文体；大小序号、标点符号、数字用法是否正确，是否符合规范，等等。斟酌语言是为了用准确、简明、生动的语言有效地反映事理，表达见解。

刀不磨不快，论文不改不好。丹麦物理学家玻尔写作《光与生命》，反复修改了9遍，一直到他认为每个字句都完全表达了自己的本意，才正式发表。修改是论文写作中一个非常重要的环节，从某种意义上说是具有决定性作用的环节。重视修改是打造合格毕业论文的必经之路。

工作任务二　参观报社了解消息的写法

消息是狭义的新闻，是简要而迅速报道国内外要闻的文体。它分为动态消息、经验消息、综合消息、人物消息和述评消息等。消息的特点是真、新、短、快、活。

消息一般由标题、消息头、导语、主体、背景和结尾组成。消息一般采用倒金字塔式结构，把最重要的材料放在篇首，最不重要的材料放在篇末，从导语至结尾按重要性程度递减的顺序来组织安排新闻材料，常呈现为“重要”—“次重要”—“次要”—“更次要”—“补充”—“进一步交待性材料”的顺序。倒金字塔式结构便于读者迅速掌握全篇精华，便于编辑选稿、分稿、组版、删节。

一、标题

（一）三行标题

① 引题，也称眉题、肩题，在正题之上，主要是交代形势，说明背景，或者揭示事件的意义，或者烘托气氛，引出正题。

② 正题，也称主题、母题，是对一则消息里最主要的事实的概括。

③ 副题，也称子题、辅题，主要是补充正题的事实，或者说明正题的来源和依据，或者挑明意义，展示效果，往往起到提要的作用。例如：

78.4 亿千瓦时

三峡电明年来广东

美加停电引起社会关注　粤发电部门称已制定事故预案

（二）两行标题

① 可以正题、副题结合。例如：

清扫穷角落　同走富裕路

无锡县 4 000 多困难户向贫困告别

② 也可以引题、正题结合。例如：

蓝天碧水间一抹明霞

天上掉下个伏妹妹

（三）单行标题

只有一行正题，简明反映消息的内容或中心思想，要求鲜明、醒目、生动。例如**河北劣钢偷摸进京**（给人动感）；**红色的警告**（给人色彩）。

二、导语

导语是消息的开头部分，要用一句话或一个段落将消息中最有价值、最重要、最吸引人的内容简洁地表述出来。导语具有相对独立性，可独立成章，变成“一句话新闻”（简讯）。导语可采用概述式、摘要式、描写式、结论式、引语式、提问式、评论式等。

三、主体

消息的主体可以进一步简述导语中的事实，使新闻内容更加明确，也可以运用背景等材料补充导语，使消息根据更确凿，内容更丰满。切勿重复导语。

四、结尾

消息的结尾往往只有一两句话，也可以自然结束，不用结尾。

综合实训

zong he shi xun

客观题自测

综合实训一

一、单项选择题（每小题 1 分，共 20 分）

1. 民事起诉状是民事案件的原告或法定代理人向（　　）提起诉讼的书状。

A. 人民政府　　B. 公安局　　C. 检察院　　D. 人民法院

2. 向不相隶属单位请求答复、批准，使用（　　）。

A. 请示　　B. 意见　　C. 函　　D. 报告

3. 用于记载会议主要精神和议定事项的公文是（　　）。

A. 决议　　B. 会议记录　　C. 会议纪要　　D. 议案

4. 2012 年 7 月 1 日施行的《党政机关公文处理工作条例》规定公文的种类有（　　）。

A. 15 种　　B. 27 种　　C. 14 种　　D. 11 种

5. 表述全局性的长远设想的文件，称作（　　）。

A. 规划　　B. 方案　　C. 安排　　D. 设想

6. 写总结的主要目的是（　　）。

A. 回顾工作成绩，树立今后工作的信心

B. 找出经验或教训，总结工作规律

C. 找出工作问题，以利解决存在的问题

D. 详细记载工作历程，存档备查

7. 某公司总经理让秘书就职工请事假、病假、国家法定假日休息、日常加班、节假日加班拟写一份管理意见。该文件应使用的文种是（　　）。

A. 条例　　B. 办法　　C. 章程　　D. 规定

8. 典型调查法是指（　　）。

A. 从总体中抽出部分样本进行调查

B. 从总体中选出有代表性的对象进行调查

C. 针对总体进行全面调查

D. 深入现场进行实地观察

9.“机关团体编发反映情况、汇报工作、交流经验、沟通信息的内部文件”是（　　）。

A. 简报　　B. 会议公报　　C. 报告　　D. 通报

10. ××市财政局局长的述职报告，将其在职一年的本人工作成绩和部门工作成绩全部都写了进去。对该做法的评论最恰当的是（　　）。

A. 合乎情理，因为某领导的部门成绩是与其领导作用分不开的

B. 这样做明显突出了个人在工作中的作用

C. 述职报告都是这样写的

D. 应当实事求是地说明自己在这些工作中的实际作用

11. ××钢铁厂设备科，要给新进设备撰写操作步骤、维护方法。该文件应使用的文种是（　　）。

A. 规章　　B. 制度　　C. 规程　　D. 办法

12. 人武部招兵，公安局关于市民养狗，自来水公司关于停水所使用的公文分别是（　　）。

A. 公告，通知，通告　　B. 公告，通告，通知

C. 通知，通告，公告

13. 转发与批转公文时用（　　）。

A. 通报　　B. 通知　　C. 简报　　D. 批复

14. 撰写请示要求严格遵守（　　）。

A. 多文多事　　B. 多文一事　　C. 一文多事　　D. 一文一事

15. 必然属于上行文的文种是（　　）。

A. 命令　　B. 通知　　C. 通报　　D. 报告

16. 陈××同学在学习计划中写道：我在本学期内，除了课堂知识外，还要大量学习计算机知识，学习C语言与编程、网络数据库、多媒体制作和3D动画。对该做法的评论最恰当的是（　　）。

A. 该同学学习热情高，应该予以鼓励

B. 该学习计划脱离实际，在一个学期内是完不成的，应当修改

C. 学习计划是给教师看的，与实际无关

D. 世上无难事，只要肯登攀

17. ××化工厂厂部工作会议决定，业务部要根据工厂的发展需要，撰写2016年度的生产和销售的进度安排以供下次会议讨论。该文件应使用的文种是（　　）。

A. 规划　　B. 安排　　C. 设想　　D. 计划

18.《××市国民经济和社会发展五年计划》标题应修改为（　　）。

A. ××市国民经济和社会发展五年规划

B. ××市国民经济和社会发展五年安排

C. ××市国民经济和社会发展五年打算

D. ××市国民经济和社会发展五年方案

19. 表彰先进，批评错误，传达重要精神或情况时使用的公文是（　　）

A. 通告　　B. 通报　　C. 通知　　D. 决定

20. 文件的成文日期，指的是（　　）。

A. 文件印制的日期　　B. 文件的拟稿日期

C．文件的定稿日期　　D．领导人签署的日期

二、多项选择题（每小题 2 分，共 10 分）

1．按照行文关系和行文方向分类，公文可分为（　　）

A．上行文　　B．下行文　　C．平行文　　D．垂直文

2．公文的发文字号的构成要素有（　　）

A．机关代字　　B．年份　　C．文件序号　　D．份号

3．公文体式的要素构成有（　　）

A．眉首部分　　B．主体部分　　C．版记部分　　D．中间部分

4．公文的秘密等级可分为（　　）。

A．绝密　　B．机密　　C．秘密　　D．保密

5．评析下面的广告。

文化用品销售广告

我公司为推销者提供的文化用品有：英语练习本、16 开通行作业本、各类自来水笔、圆珠笔、台历、蓝墨水、碳素墨水、打字纸、各种日记本等。

上述产品，质量优良，装帧美观，价钱合理，颇受好评。

欢迎来人来电来函订货。

公司地址：×× 省 ×× 市 ×× 街 ×× 号

电话号码：×××××××××××

邮政编码：××××××

下面的评析正确的有（　　）。

A．属于说明体广告，平实，无卖弄，有真实感

B．过于平实，尤其是标题，无任何特色

C．产品的长处不突出，看不出竞争实力

D．缺少销售日期

三、改错题（请指出下面的介绍信存在的问题，5 分）

介绍信

兹介绍杨魁梧等 2 名同志，前往贵单位联系实训指导教师事宜。

××职业技术学院（公章）

2015 年 8 月 29 日

四、按照新闻标题的一般写法，为下面一篇经济新闻补写标题（10 分）

____

中国人民银行周五（7 月 17 日）公布的数据显示，截至 2015 年 6 月，中国持有的黄金储备由此前的 3 389 万盎司（1 054.1 吨）升至 5 331 万盎司（1658.1 吨），增加了 604 吨，增长 57. 3%。这是中国人民银行自 2009 年 4 月以来首次增持黄金。

数据还显示，国家外汇储备由 2015 年 5 月的 37 111.43 亿美元降至 6 月份的 36 938.38 亿美元。

五、根据下面这篇论文的写作提纲补写摘要、关键词（10分）

高职会计教育的发展趋势与对策

写作提纲

绪论：

在与国际会计趋同的背景下，引领其向新型转换势在必行。要努力探索会计教育新模式，提高会计人才的培养质量，深化高职会计教育改革，还应该进一步了解高职会计教育的发展趋势，才能快速采取应对策略。

本论：

一、高职会计教育的发展趋势

1．市场化趋势

2．国际化趋势

3．德育化趋势

4．环境化趋势

5．价值化趋势

二、高职会计教育的发展对策

1．密切关注国内外市场动向

2．加快会计教育国际化进程

3．加强会计的职业道德教育

4．尽快填补环境会计的空白

5．增加高职会计的价值教育

结论：

要引领高职会计教育向新型转换，必须把握其发展趋势，及时采取对策，才能促进高职会计的教育改革，端正会计行风，推动全球经济增长，服务公众利益。

六、图示题（10分）

请用图表的形式表示民事起诉状的写法。

七、请对下面这份市场预测报告进行评析（10分）

2014年蛋鸡养殖行业前景分析

通过对蛋鸡养殖行业前景分析，了解到鸡蛋价格的一路飙升似乎又让我们看到了蛋鸡养殖的前景。但未来蛋鸡养殖必定不能遵循传统模式，那么未来蛋鸡养殖会朝什么方向发展呢？下面是2014年蛋鸡养殖行业前景分析。

第一，规模逐渐扩展，多种业态并存。未来的中国蛋鸡行业，养殖的主题应当是10万～50万只的中型养殖场，10万只规模以下的小型农庄式养殖和50万只以上的大型养殖场，不会占据很大的比例。理由是中型规模的养殖场在产品的销售、防疫节制和经济机能方面占上风，中型规模的养殖场近几年的经济效益也是最好的，其产品在区域市场构成了一定的品牌效应，在同大型的养殖场竞争中优势明显。

第二，生产效率提升，自动化水平增强。最近几年随着单户养殖规模的逐步扩大，以及自动化养殖设备的使用，规模场的蛋鸡单产在逐步提高。自动化设备的大批应用，不仅改变了养鸡工艺，而且改变了养殖结构，大型育雏场在最近几年的涌现，就是最好的证实。效力的提升并不仅仅是装备带来的，还有养殖各个层面的变化，包含产业结构、出产工艺和人的思维观点的改变。

第三，鸡蛋产品档次明显，产品优质化、品牌化趋势加快。这方面主要表现在洁蛋、品牌蛋的销售量的增加，品牌和厂家的增加，以及功效性产品的开发增多。一些厂家开始关注 Ω-3 蛋、叶酸蛋等，同时我国传统风味的蛋品加工产品饲料配方，好比卤蛋等也越来越多。

第四，蛋鸡养殖的环保门槛越来越高，体现在鸡粪、死鸡、污水的无害化处置上。这也成为目前养殖的一个热门，沼气池和有机肥应该是可行的方向，而且政府部门都有相关的政策支撑，能够预计，随着粪便的无害化处理，未来的养鸡场，一定和古代化的工场没什么差别，而且可能更好，这也是我们养殖场尽力的方向。当然，环保办法也会提高养鸡的经营门槛，无论怎么说，这都是一种提高。

第五，蛋鸡养殖产业位置得到晋升。蛋鸡成为农产品加工的主要组成部分，成为农村经济的重要来源。随着蛋品加工产业的发展，鸡蛋不仅是便宜蛋白质的来源，城乡居民生活的必需品，而且成为农产品加工的新亮点，经济增长的新出发点，新乡村建设的新机会。

资料来源：中国报告大厅. 2014 年蛋鸡养殖行业前景分析 [DB/OL]. (2014-09-28) [2015-07-18]. http：//www.chinabgao.com/k/danjiyangzhi/situation.html.

八、写作题（第 1 题 15 分，第 2 题 10 分，共 25 分）

1. 廖 ×× 同学到西安电子科技大学校办实习半年了，2016 年 7 月 2 日，校办公室主任请她准备校长在毕业典礼上的讲话稿，要求 5 日交稿。请你代廖 ×× 同学写这份讲话稿。

2. 请根据下面这份来函写一份复函。

×× 啤酒厂关于请求解决供水问题的函

×× 市自来水公司：

我厂主要生产啤酒、饮料，常常因为供水不足而部分停产。特别是近 2 天，事态更严重，几乎全面停产，严重影响公司经济效益和职工利益，影响安定团结。鉴于我厂的实际情况，恳请贵公司及时解决供水问题，也感谢贵公司长期以来对我厂的大力支持！

即此函达

×× 市啤酒厂（公章）

2016 年 5 月 9 日

客观题自测

综合实训二

一、单项选择题（每小题 1 分，共 20 分）

1. ×× 公司会议记录，记录员小周在会后整理记录时，将江 ×× 在会议上提意见比较激烈的部分进行了删除，她认为这些话太过分。对该做法的以下评论最恰当的是（　　）。

A. 为了维护安定团结，鼓励在工作中朝前看，应当删去这些“消极”部分

B. 记录员有权利对记录进行删改

C. 会议记录最重要的就是真实，不能随意更改、删除

D．会议记录大体真实就可以了

2．下列发文字号标注正确的是（　　）。

A．苏政发〔2006〕6号　　B．苏政发（2006）第6号

C．苏政发〈06〉06号　　D．苏政发（06）6号

3．公告适用于（　　）。

A．向国内外宣布重要事项或法定事项

B．公布社会有关方面应当遵守或周知的事项

C．对重要事项或重大行动作出安排

D．宣布施行重大强制性行政措施

4．意见适用于（　　）。

A．对下级机关布置工作，提出开展工作的原则和要求

B．对重要问题提出见解和处理办法

C．对下级机关不适当的决定予以撤销

D．适用于答复下级机关的请示事项

5．拟办是指（　　）。

A．对公文的办理提出建议　　B．做好处置办毕文件的准备工作

C．拟写需要办复的公文　　D．针对待办理的重要文件撰拟公文摘要

6．下列在请示中的结束语得体的是（　　）

A．以上事项，请尽快批准！

B．以上所请，如有不同意见，请来函商量。

C．所请事关重大，不可延误，务必于本月10日前答复。

D．以上所请，妥否？请批复。

7．报告适用于（　　）。

A．汇报工作、反映情况、答复上级询问

B．请求批准事项或请求批转公文

C．传达主要精神或情况

D．商洽工作、询问或答复问题

8．不宜抄送给下级的文件是（　　）。

A．报告　　B．请示　　C．通报　　D．通知

9．隶属两个上级机关的单位，写请示应当（　　）。

A．向负责办理请示事项的上级主送，另一个为抄送单位

B．不同时向所有上级机关主送

C．任选一个上级机关主送，另一个为抄送单位

D．同时向所有上级机关主送

10．正确的收文处理程序是（　　）。

A．签收、登记、加工、分发、拟办、批办、承办、注办

B．登记、签收、加工、分发、拟办、批办、承办、注办

C．签收、登记、分发、加工、拟办、批办、承办、注办

D．签收、登记、加工、分发、拟办、批办、注办、承办

11．引用公文应当（　　）。

A．先引发文字号，后引文件标题　　B．先引文件标题，后引发文字号

C．仅引文件标题　　D．仅引发文字号

12．×× 省人民政府把文件直接发至直属地区或市的行文方式属于（　　）。

A．直接行文　　B．多级行文

C．逐级行文　　D．越级行文

13．主送机关不能是（　　）。

A．受双重领导的任一领导机关　　B．具有办理或答复收文责任的机关

C．仅需要了解收文内容的机关　　D．不相隶属的机关

14．下列选项词语全部表示商洽的是（　　）。

A．是否可行、妥否、当否、是否同意

B．蒙、承蒙、妥否、当否、是否同意

C．敬希、烦请、恳请、希望、要求

D．可行、不可行、希望、妥否

15．《朝阳公司计算机网络管理办法》的作者是（　　）。

A．朝阳公司的法人代表　　B．朝阳公司张总经理

C．办公室主任李主任　　D．法定作者朝阳公司

16．发文机关代字指（　　）。

A．发文机关名称的号码　　B．发文机关名称的缩写

C．发文机关名称的简称　　D．发文机关名称的别称

17．×× 职业技术学院答复省教育厅的询问，使用（　　）。

A．通报　　B．请示　　C．报告　　D．意见

18．几个机关联合发文，发文字号要标明（　　）。

A．主办机关　　B．所有机关

C．至少两个机关　　D．根据情况临时规定

19．传达会议情况，使用（　　）。

A．通知　　B．通报　　C．会议记录　　D．会议纪要

20．“×× 市政府向所属各区告知特大交通事故”适用（　　）。

A．决定　　B．通知　　C．通报　　D．通告

二、多项选择题（每小题 2 分，共 10 分）

1．计划的特点是（　　）。

A．具有预见性　　B．具有计划性

C．具有可行性　　D．具有指导性

2．调查报告的开头常用的形式有（　　）。

A．概括介绍式　　B．结论式　　C．谈论式　　D．提问式

3．简报的报头包括简报名称、（　　）。

A．期号　　B．密级　　C．编者　　D．时间

4．发文文稿的形成包括的环节有（　　）。

A．拟稿　　B．会商　　C．核稿

D．签发　　E．注发

5．分析下面的合同存在的问题。

订货合同

本合同订立于 1999 年 6 月 15 日，以 ×× 进出口公司为甲方，以 ×× 贸易有限公司为乙方。

本合同规定：

甲方为考虑乙方对其所作承诺，特与乙方达成协议，由甲方负责于今年 6 月至 12 月，在 ×× 市交付国产钢材 4 000 吨，保证质量并可在工业市场行销，并按下列特定期限，分批交货：8 月 6 日以前，交 2 000 吨；10 月 20 日以前，再交 1 000 吨；至 12 月 31 日前，全数 4 000 吨全部交清。

乙方为考虑甲方迅速履行本合同，与甲方达成协议，对上述钢材支付每吨人民币 ××× 元价格，货到立付。

如订立合同的任何一方未履行协议，根据本合同规定并经双方同意：违约一方应向对方赔款人民币 ××× 元，作为议定之损失补偿。

以昭信守起见，订约双方签名于下：

订约人：×× 进出口总公司（经理）××××× 贸易公司（经理）×××

公证人：××××××

该合同存在的问题有（　　）。

A．标的不明确，如质量、规格。

B．合同款项不全，缺交货地点和交货方式，缺运输费用条款

C．“保证质量并可在工业市场行销”语义模糊，不能说明质量

D．“甲方为考虑乙方对其所作承诺”语义模糊，不能断定该承诺是否合法

三、是非判断题（答案写在各题序号前面的括号里。每题 1 分，共 5 分）

（　　）1．×× 省纪委拟批评 ×× 厅吴 ×× 干部玩忽职守，造成国家经济损失的错误，可以用通知行文。

（　　）2．意向书与合同协议一样，签订之后不能随时变更。

（　　）3．商业广告在向公众进行宣传时，应该要针对特定的消费者。

（　　）4．消息“倒金字塔”式的结构是指结构的安排，由次到主、由轻到重。

（　　）5．能否找出带有规律性的认识，用以指导今后的工作，是衡量一篇总结质量好坏的标准。

四、填空题（每空 1 分，共 5 分）

① 将下级机关的公文转给其他的下级用____________性通知，将上级或者不相隶属机关的公文转给下级机关用____________性通知。

② 计划中的内容回答的是“做什么”的问题；措施、步骤回答的是“____________”的问题。

③ 应用文最根本的、最能体现其使用价值的特点是____________。

④ 根据诉讼案件的性质分，起诉状有____________、刑事起诉状和行政起诉状。

五、分析下列做法是否正确，并说出理由（10 分）

×× 市旅游局外收发人员对收文签收、启封后，将《×× 市林业局关于申报市级旅游风景区的函》径送局办公室王主任。王主任在公函空白处写道：“建议 ×× 处与 ×× 处共同办理复文，报请刘 ×× 局长阅批。”刘局长阅毕拟办意见，用铅笔圈阅，以示同意。承办单位遂开始办理复文。

王主任对拟好的文稿进行审核。刘局长随即在“发文稿纸”的签发栏内签批：“拟同意发出。刘 ××，×××× 年 × 月 × 日。”文稿交付文印室打印。校对文稿时，王主任突然发现遗漏了重要事项，于是又对文稿作了相应补充。随后，缮印、校对、盖印，然后按规定程序正式向外发出文件。

请根据上述公函的实际办理过程，指出办文环节的错漏之处，并说明理由或提出改进意见。

六、按照新闻标题的一般写法，为下面一篇经济新闻补写标题（10 分）

据美联社报道，美国与古巴在时隔 54 年后，终于全面恢复了外交关系。

2015 年 7 月 20 日，美国与古巴重开大使馆，古巴外长罗德里格斯将到访美国国务院，与国务卿克里会晤，他是半个多世纪以来首位访问国务院的古巴外长。

随着美古复交，美国国务院于今日一早在正门大厅里正式悬挂古巴国旗，大厅里目前悬挂着与美国有外交关系的逾 150 个国家的国旗。据悉，古巴国旗的位置将处在克罗地亚国旗与塞浦路斯国旗之间。

挂旗仪式的几个小时后，在华盛顿西北区第十六街的一座大楼前将升起古巴国旗，这里也将从古巴驻美办事处升级成为古巴驻美大使馆。

七、图示题（10 分）

请用图表的形式表示民事上诉状的写法。

八、请从写法的角度对下面这份经济活动分析报告进行评析（10 分）

提示：

1．评析应主要着眼于经济活动分析报告的一般写法，要对经济活动分析报告的总体结构和各构成要素作简要的说明、分析。

2．既要注意运用所学知识，又要注意结合原文。

3．分析要有条理。

×× 市商业局企业年度财务分析报告

×× 省商业厅：

20×× 年度，我局所属企业在改革开放力度加大，全市经济持续稳步发展的形势下，坚持以提高效益为中心，以搞活经济强化管理为重点，深化企业内部改革，深入挖潜，调整经营结构，扩大经营规模，进一步完善了企业内部经营机制，努力开拓，奋力竞争。销售收入实现 ××× 万元，比去年增加 30% 以上，并在取得较好经济效益的同时，取得了较好的社会效益。

（一）主要经济指标完成情况

本年度商品销售收入为 ××× 万元，比去年增加 ××× 万元。其中，商品流通企业销售实现 ××× 万元，比去年增加 5.5%；商办工业产品销售 ××× 万元，比去年减少 10%；其他企业营业收入实现 ××× 万元，比去年增加 43%。全年毛利率达到 14.82%，比去年提高 0.52%。费用水平本年实际为 7. 7%，比上年升高 0.63%。全年实现利润 ××× 万元，比去年增长 4.68%。其中，商业企业利润 ××× 万元，比去年增长 12.5%；商办工业利润 ××× 万元，比去年下降 28.87%。销售利润率本年为 4.83%，比去年下降 0.05%。其中，商业企业为 4.81%，上升 0.3%。全部流动资金周转天数为 128 天，比去年的 110 天慢了 18 天。其中，商业企业周转天数为 60 天，比去年的 53 天慢了 7 天。

（二）主要财务情况分析

1. 销售收入情况

通过强化竞争意识，调整经营结构，增设经营网点，扩大销售范围，促进了销售收入的提高。例如，南一百货商店销售收入比去年增加 296.4 万元；古都五交公司比去年增加 396.2 万元。

2. 费用水平情况

全局商业的流通费用总额比去年增加 144.8 万元，费用水平上升 0.82%。其中：

① 运杂费增加 13.1 万元。

② 保管费增加 4.5 万元。

③ 工资总额 3.1 万元。

④ 福利费增加 6.7 万元。

⑤ 房屋租赁费增加 50.2 万元。

⑥ 低值易耗品摊销增加 5.2 万元。

从变化因素看，主要是受政策因素影响：

① 调整了“三资”“一金”比例，使费用绝对值增加了 12.8 万元。

② 调整了房屋租赁价格，使费用增加了 50.2 万元。

③ 企业普调工资，使费用相对增加了 80.9 万元。

扣除这 3 种因素影响，本期费用绝对额为 905.6 万元，比上年相对减少 10.2 万元。费用水平为 6.7%，比上年下降 0.4%。

3. 资金运用情况

年末，全部资金占用额为 ××× 万元，比去年增加 28.7%。其中，商业资金占用额为 ××× 万元，占全部流动资金的 55%，比去年下降 6.87%。结算资金占用额为 ××× 万元，占 31. 8%，比去年上升了 8.65%。其中：应收货款和其他应收款比去年增加 548.1 万元。从资金占用情况分析，各项资金占用比例严重不合理，应继续加强“三角债”的清理工作。

4. 利润情况

企业利润比去年增加 ××× 万元，主要因素有以下几项。

（1）增加因素

① 由于销售收入比上年增加 804.3 万元，利润增加了 41.8 万元。

② 由于毛利率比上年增加 0.52%，利润增加了 80 万元。

③ 由于其他各项收入比同期多收 43 万元，利润增加了 42.7 万元。

④ 由于支出额比上年少支出 6.1 万元，利润增加了 6.1 万元。

（2）减少因素

① 由于费用水平比上年提高 0.82%，利润减少了 105.6 万元。

② 由于税率比上年上浮 0.04%，利润少实现了 5 万元。

③ 由于财产损失比上年多 16.8 万元，利润减少了 16.8 万元。

以上 2 种因素相抵，本年度利润额多实现 ××× 万元。

（三）存在的问题和建议

① 资金占用增长过快，结算资金占用比重较大，比例失调。特别是其他应收款和销货应收款大幅度上升，如不及时清理，对企业经济效益将产生很大影响。因此，建议各企业领导要引起重视，应收款较多的单位，要领导带头，抽出专人，成立清收小组，积极回

收。也可将奖金、工资同回收贷款挂钩，调动回收人员的积极性。同时，要求企业经理要严格控制赊销商品管理，严防新的三角债产生。

② 经营性亏损单位有增无减，亏损额不断增加。全局企业未弥补亏损额高达 ××× 万元，比同期大幅度上升。建议各企业领导要加强对亏损企业的整顿、管理，做好扭亏转盈工作。

③ 各企业不同程度地存在潜亏行为。全局待摊费用高达 ××× 万元，待处理流动资金损失为 ××× 万元。建议各企业领导要真实反映企业经营成果，该处理的处理，该核销的核销，以便真实地反映企业经营成果。

×× 市商业局财务处

20×× 年 × 月 × 日

九、按照要求写作（第 1 题 7 分，第 2 题 18 分，共 25 分）

1. 今年是杭州下沙大学城建成 15 周年，下沙区人民政府准备于 10 月 18 日，在大学城南门举行庆典活动，特邀请浙江省教育厅厅长刘希平出席庆典仪式。请根据上述内容，以下沙区区政府名义于 2015 年 10 月 9 日写一份请柬。

2. 指出下列公文文稿的错误之处，并根据公文写作与处理的要求，改写为一份正确的公文（要求有文件版头和版记）。

请 示

因工作需要，我县急需购买小轿车一辆，请批准调拨经费 12 万元。另：我县尚缺专业对口技术人员 16 名，请在制定明年人员编制时一并考虑。

上述意见与要求如无不妥，请批复。

此致

敬礼

×× 县人民政府

×× 县财政局

2015 年 6 月

客观题自测

综合实训三

一、单项选择题（每小题 1 分，共 20 分）

1. 下列应用文语句有语病的是（　　）。

A. 我科基本上已经全部完成了工作任务

B. 同意你科所请，特此批复

C. 此次调查，搞清楚了原来存在的问题，并初步拟订了解决问题的方案

D. 你单位 2016 年 8 月 4 日的来函已收悉

2. 公文的作者是指（　　）。

A. 单位第一负责人　　B. 单位秘书

C. 公文的执笔者　　D. 制发公文的单位

3.（　　）不属于《党政机关公文处理工作条例》中的规定文种。

A. 意见　　B. 通报　　C. 报告　　D. 计划

4. 标识“急件”的公文，应当在（　　）天之内办理完毕。

A. 一　　B. 二　　C. 三　　D. 四

5. 政府各部门依据职权，其下行文可以向（　　）行文。

A. 下一级政府　　B. 下一级政府业务部门

C. 政府各部门之间　　D. 无隶属关系的比本部门级别低的机关

6. 给下级机关或本系统的重要行文，应同时抄送（　　）。

A. 上级机关　　B. 直接上级机关和直接各下级机关

C. 直接上级机关　　D. 其他下级机关

7. 落款发文机关应使用（　　）。

A. 全称或规范化简称　　B. 规范化简称或规范化统称

C. 全称或规范化统称　　D. 非规范简称

8. 需要标识签发人的是（　　）。

A. 令、会议记录和批复　　B. 报告、请示和上行的意见

C. 函、通知、通报　　D. 公告和通告

9. 任免国家高级干部，适用（　　）文种。

A. 令　　B. 决定　　C. 通知　　D. 通报

10. 标题《××省教育厅关于同意××职业技术学院增加财政拨款》的文种是（　　）。

A. 通知　　B. 意见　　C. 批复　　D. 函

11. 标题《××省财政厅关于2016年度农村信贷工作座谈会》的文种是（　　）。

A. 通知　　B. 通报　　C. 纪要　　D. 报告

12. 公文标题“××公司关于购置××设备的申请”存在的错误是（　　）。

A. 文种不正确　　B. 事由不全面

C. 事由不明确，有歧义　　D. 事由语序有错误

13. 任免一般干部，应使用（　　）。

A. 函　　B. 通知　　C. 通报　　D. 意见

14. 传达重要精神或情况，应使用（　　）。

A. 函　　B. 通知　　C. 通报　　D. 意见

15. 法定公文中的“议案”的作者是（　　）。

A. 各级人大代表　　B. 各级人民政府

C. 各级政府工作人员　　D. 任一公民

16. 公文标题中除法规、（　　）名称加书名号外，一般不用标点符号。

A. 规章　　B. 指令　　C. 公告　　D. 决定

17. 学术论文的价值在于它具有（　　）。

A. 创造性　　B. 理论性　　C. 科学性　　D. 逻辑性

18. 根据国家标准，学术论文的各部分除了标题、署名、摘要、关键词、前言、正文、注释之外，还有（　　）。

A. 主题词　　B. 尾记　　C. 参考文献目录　　D. 鉴定意见

19. 司法文书的（　　）是指它具有强制性的执行效力。

A. 执行效力　　B. 法律效力　　C. 结构的程式性　　D. 判决文书

20. 根据《民事诉讼法》的规定，当事人不提交（　　），不影响人民法院对案件的审理。

A. 人证物证　　B. 答辩状　　C. 起诉状　　D. 上诉状

二、多项选择题（每小题 2 分，共 10 分）

1. 分析下面的论文提纲存在的问题。（　　）

现代化生产带来的经济怪圈：

（1）现代化生产带来剩余劳动力。

（2）剩余劳动力的生活现状。

（3）剩余劳动力增多导致市场消费下降。

（4）消费下降必然导致生产萎缩。

A. 该论题不能成立，因为从局部看，即某一生产部门，会由于现代化生产的提高带来剩余劳动力，但从社会整体发展来看，现代化的发展，即科学技术的发展，必然会涌现新技术、新的生产部门，吸收社会劳动力。同时，随着生活水平的提高，人们对社会服务的要求也越高，这样，第三产业将高度发展，吸收更多的劳动力参加。

B. 该论题反映了社会某些现状，技术发展必然带来更多的剩余劳动力。我国近年来生产设备先进了，企业富余人员也多了，就是证明。从这个意义上说，该论题能够成立。

C. 该论题不能成立，因为“现代化生产带来剩余劳动力”是局部现象，以局部推断全体，是不能成立的。

D. 该论题不能成立，因为现代化生产将促进出口，出口多了，必然使国内的生产得到发展，因此要解决这个问题必须设法占领国际市场。

2. 公告和通告的区别在于（　　）。

A. 作者不同　　B. 知照的范围不同

C. 重要程度不同　　D. 宣告的适用内容不同

3. 某起诉状：__①__公司违约致使__②__公司遭受 100 万元的严重损失……

A. ①该　　B. ①贵　　C. ②本　　D. ②我们

4. 某单位领导，事必躬亲，因此不分给副职签发文件，不分给职能部门签发文件。该事例的错误是（　　）。

A. 违反分层签发的原则　　B. 违反合理分工签发的原则

C. 违反先核后签的原则　　D. 违反党政分工的原则

5. 商业广告具有（　　）的特点。

A. 功利性　　B. 真实性　　C. 创造性　　D. 盈利性

三、按照新闻标题的一般写法，为下面一篇新闻补写标题（10 分）

____

爱沙尼亚政府 4 月 30 日宣布，提名本国女科学家玛丽卡·马克尔萨为 2013 年“世界粮食奖”候选人，原因是她在乳酸菌研究方面所作的重大贡献。爱方表示这项提名已得到美英俄等多国科学家支持。爱沙尼亚农业部长赫利尔 – 瓦尔多尔·塞德尔在一项政府公告中说，实践证明马克尔萨发现的 ME–3 乳酸菌可以广泛应用在奶制品等食品中，这种乳酸菌能够促进人体消化功能，还有助于丰富食品多样性，“她值得获此（世界粮食奖）殊荣”。“世界粮食奖”由全球著名农业学家诺曼·博洛格于1986年设立，其宗旨是表彰在食品相关领域作出贡献的个人。候选人的工作可涉及食品供应链任何一个环节，如与食品和农业有关的科技、生产、市场等环节，甚至包括与之相关的政治领导。这一奖项从1987年起颁发至今，被看做是国际上在农业方面的最高荣誉。

四、图示题（10分）

请用图表的形式表示民事申诉状的写法。

五、为下面的经济论文写个提纲，再补写摘要、关键词，并对其进行评析（每小题10分，共30分）

国家财政预算存在的不足与思考

国家财政预算，也称国家预算，是国家制订的年度财政收支计划，是国家为实现其职能而有计划地筹集和分配财政资金的主要工具。国家预算由中央预算和地方预算组成，中央预算占主导地位。国家预算按法定程序编制、审查和批准。国家预算的收入和支出，分别反映了国家财政参与国民生产总值分配的程度和国家财政活动的事权范围。国家预算是国民经济计划的一个重要组成部分。然而，在实际操作中，由于预算编制不科学、不具体、不完整，因此为违规行为提供了操作空间。研究国家财政预算存在的不足，思考改进的措施，对现实有重要的指导意义。

一、国家财政预算存在的不足

1．预算编制必滞后

法规允许预算编制滞后。我国《预算法》规定预算年度从1月1日起到12月31日止，而《预算法实施条例》又规定预算年度开始的1月份才要求省、市、自治区政府财政部门汇总上报本级总预算草案。这说明预算年度开始后，预算还处在编制中，而且是合法的。

财政长时间无预算运行。财政预算须经人代会通过后执行。我国法律对预算年度的起始日期规定为1月1日，对各级人代会召开的时间没有规定。现在全国人代会一般在3月召开，省级人代会一般在1月或2月召开，市（州）、县（市、区）、乡（镇）人代会召开的时间也不一，待预算获得正式批准后，预算执行差不多已过去三四个月，甚至过去半年，造成预算先执行，后编制，再审批的局面，从而造成每年年初财政无预算运行的情况。财政长时间无预算运行，客观上限制了预算的法律约束力，影响了预算的严肃性和权威性。

2．预算质量难保证

预算草案编制的时间过短，严重影响预算编制质量。从法律规定的编制时限来看，从11月10日国务院向省级政府和中央各部门下达编制下一年度预算草案的指示，提出编制预算草案的原则和要求，到下一年度1月10日前省级财政部门汇总本级总预算草案并报财政部，仅两个月的时间。而按照国际通行的标准预算周期要求，从预算编制开始到决算完成，大约需要30个月。其中，预算编制阶段期限约为12个月。由于我国预算编制时间太短，导致预算草案仓促出台，预算支出项目的选定随心所欲，预算草案的质量明显得不到保证。

3．预算执行常脱节

按照预算管理的有关规定，各级人民代表大会审查的是本级总预算，即本级政府预算和汇总的下一级总预算。但由于各级人代会没有法定的会期，在上一级人代会先于下一级人代会召开的情况下，上一级人代会审查的总预算只能是由财政部门代编的预算，很难做到代编预算与实际预算相一致或大体一致。因而，导致人代会只能被动接受逐级汇总的代编预算，对总预算的审查也难以准确。由于代编预算与实际预算之间差额较大，所以造成人大审查的预算与预算实际执行脱节的现象。

4．预算编制多水分

《预算法》规定，地方各级预算按照量入为出、收支平衡的原则编制，不列赤字。这是地方财政编制预算的基本原则，但当前地方各级财政在编制中存在着“水分”，勉强编制平衡预算。其结果是年初预算安排中一些项目支出增幅符合法定要求，而年终结算结果却是低增长，甚至负增长；年初预算收入压低编制，年终形成超收收入，一来显得有“政绩”，二来政府有了机动财力。

5．预算体制未转型

长期以来，我国的财政预算是按照“一要吃饭，二要建设”的思路设计的。虽然从1998年就表示要从“建设型财政”转变为“公共财政”，但多年来，公共支出比例不升反降，生产建设和养人吃饭的特征依然明显，与公共财政的目标相去甚远。以2005年为例，国家财政总收入31 649.3亿元，用于经济建设的费用支出9 317亿元，占财政收入的29.4%；用于行政管理的费用6 512.3亿元，占财政收入的20.58%；用于社会公共事业和教育事业的费用只有8 953.4亿元，只占财政收入的28.3%。“一半以上的财政收入用于投资建设和养人了，自然没有多少力量办公用事业了。上学难、看病贵、农民苦、社保欠账多，根源在此。”全国政协委员、中国民（私）营经济研究会会长保育钧说。

6．审批程序不完备

审批预算一般有两大程序：一是审查程序；二是表决程序。审批程序的完备与否，直接影响着审批的质量。从我国预算审查方式来看，一般是大会上由财政部门负责人向代表们报告新年度预算草案收支的基本内容和实施预算的一些措施，然后由代表们分组讨论。代表们可以对预算充分发表意见，包括不同意见。但提出的意见和建议，一般较为分散，有可能采纳，也有可能不采纳，采纳与否，没有相应的法律规定。即使有些代表提出一些很好的审议意见，按目前人大的议事程序，最多在简报里登载一下了事，没有一个较为完备的审议意见处理程序。从表决来看，我国预算的表决方式实行的是一次性表决，一次性一揽子通过。即使有些代表对即将表决通过的预算草案部分内容有质疑，由于没有审批辩论程序，在表决时既不能全部否决，也再无发表意见的机会。

7．预算内容不完整

现行的政府预算收支科目，只反映预算内的收支，没有涵盖应当纳入政府收支范围的一大笔预算外收支（非税收入与支出）、社保基金支出、国有资产收益。例如，2006年，中央集中的彩票公益金138.8亿元，支出110.28亿元，主要用于补充社保基金、医疗补助等。这些资金在财政预算外专户管理，由相关部门分配使用，未纳入预算。近年来，政府权力部门、司法机关的收费，每年高达1万亿元左右。另外，还有8 000多亿元的社保基金，5 000多亿元的地方政府土地收入，数千亿元的国有资产收益，总计至少2万多亿元的巨额收支，游离于财政管理之外，分散在各级政府之中，不受各级人大的监督。这种不完整的预算，是无法进行统一的收支管理的，也是无法建立综合预算体系的。近几年来，中央宏观调控力度不可谓不大，但控制投资过热的收效不大，其病根在于“预算外”那一大块无法节制。

8．预算编制不透明

预算编制简单，过于笼统，透明度低。这是多年来预算管理中一个突出的问题。目前多数地方预算科目只列到“类”一级，没有“款”“项”“目”的具体内容，有的以文字报告代替预算会计报表，对重点和关键预算内容避而不谈，只向人代会报告大类收支总额，根本起不到报告预算的作用。全国政协委员、云南大学发展研究院教授杨先明说，各级政府向人大提交的政府预算和决算报告，过于简单粗糙，科目杂乱，人大代表如雾里看花，看不明白，无法提出意见。现行预算收支科目，主要是按照经费性质分类的，政府究竟办了什么事，钱是怎么花的，花到谁身上去了，效果如何，从财政预算报告中看不出来。

9．预算审计没长进

预算是由政府制定、人大批准、财政部门执行的，预算执行和其他财政收支体现的是政府的意志，审计部门隶属政府，预算执行审计是下级监督上级，虽然“理直”，但无法“气壮”，揭露问题是给政府领导的脸上抹黑，会影响政府的形象；审计经费来源于地方财政，难以对财政预算执行情况和其他财政收支情况履行监督职能。因此，对预算执行审计的观念逐步淡化，从而对预算执行审计缺乏应有的积极性。再加上审计机关在人事安排上经常轮换岗位，也使得当年的审计与以前的审计相脱节，从而对被审计单位违纪问题缺乏统一规范的记录，致使许多情况难以从整体上分析。在具体的实施过程中，为了按时完成任务，审计人员是例行公事般的依葫芦画瓢，每年消极应对，草草收场，致使预算执行审计几十年没有长进和突破，长期停留在起步阶段的水平。

此外，在预算编制的“基数加增长”模式、预算管理、预算变更调整、预算收支制衡机制等方面也都存在着种种不足。

二、针对国家预算存在不足的几点思考

1．调整国家预算编制时间

国家预算有利于政府及其部门对所要干的事情能早作准备，按计划开展工作，避免工作的盲目性。预算滞后就无法发挥以上作用。针对预算滞后，可作如下调整：每年2至5月编制部门预算，6至8月由中央预算编制办公室和地方财政部门汇编预算，8至9月根据本年预算执行情况及对次年的预测对次年预算草案进行调整，并由各级人大预算委员会讨论、辩论、审查预算，10至11月内召开各级人民代表大会审查批准预算。只有这样，国家预算才能成为保障国家机器运转的物质条件，为政府实施各项社会经济政策提供有效保证。

2．确定公共财政改革目标

要对过去的财政体制作根本性调整，确定公共财政改革目标。要改变支出结构，使其由建设型支出为主转变为公共服务支出为主；要按照公共服务型财政体制的要求，重新设计预算科目，取消那些计划经济色彩明显的科目，大幅度增加社会保障、公共服务支出；对国有资产预算、建设项目预算等，应按其需要进行特殊分类，设立专门的收支科目；压缩行政公务支出特别是要压缩楼堂馆所建设支出和公费招待、旅游出国等支出，保证公共服务项目支出快速、稳定增长，成为财政支出的主体。

3．全面推行零基国家预算

打破现行预算执行情况的约束，全面推行零基国家预算，能够充分发挥各级管理人员的积极性和创造性，促进各级预算单位精打细算，节约财政预算资金；政府可以根据需要对项目进行删减，确定优选安排的项目，避免在原基数上层层递加的弊端，从而有利于控制支出，平衡收支；对于影响比较大的项目可以通过在机构内资源转移来达到增加资金供应的目的，减轻政府为满足不断增加的财政支出而增税或扩大债务的压力。

4．提高财政预算的透明度

国家预算是国民经济的综合反映，预算收入反映国民经济发展规模和经济效益水平，预算支出反映各项建设事业发展的基本情况，通过国家预算的编制和执行便于掌握国民经济的运行状况、发展趋势以及出现的问题，从而采取对策措施，促进国民经济稳定协调发展。因此，要进一步提高财政预算的透明度，保障纳税人的知情权。财政预算报告的内容要细化，应多加说明、解释和图表，尽可能让更多的代表看明白。在提高透明度的同时，一定要注重培养一些专业化的人才，这样既有利于了解政府财政预算的内容，更有利于人大代表的审议。随着我国体制改革的深化和经济的发展，政府应该适时推行预算公开，除了涉及国防和国家安全而需要对外保密的少量内容外，各级政府和各个政府部门的财政收支计划，都应以各种形式向社会公众公开。这对于化解矛盾，构建和谐社会，无疑具有积极的推进作用。

5．构建有效财政监督机制

首先，明确预算监督机构的职责，强化部门预算硬性约束。预算监督机构应通过调查研究，了解部门收支情况，并负责把这一信息传递给预算编制部门。其次，建立支出跟踪监督机制。实行由财政预算监督机构向各部委派驻财政监察专员的制度；财政预算监督机构应对部门的政府预算执行过程实施监督；建立对财政监督部门的监督机制，量化考核指标，健全内部牵制制度。如果财政监督不力，对出现的重大财政资金违法违纪问题失察，一经查出，就要依法追究财政监督不力的责任。

6．推进政府收支分类改革

2007 年，中央预算的编制、执行和会计核算按照新的政府收支分类体系来进行。这是新中国成立以来财政收支分类统计体系最为重大的一次调整，也是政府预算管理的又一次深刻创新。新的政府收支分类科目编制可使列入预算的政府收支科目更加详尽，便于代表审查每项支出的内容。应该稳步推进政府收支分类改革。新的政府收支分类体系以功能分类为主，经济分类为辅，改变了过去以经费性质分类为主的情况。按照新体系，财政收入分设类、款、项、目四级科目，如同树型分枝，将财政收入逐级分类；支出功能分类根据政府职能，按由大到小、由粗到细，也分层次设置了类、款、项三级科目。“类”级科目反映政府主要职能，“款”级科目反映政府履行某项职能所要从事的主要活动，“项”级科目反映某活动下的具体事项。以教育为例，在教育“类”下，分设普通教育、职业教育、成人教育等九“款”，而普通教育一“款”下又分学前教育、小学教育等“项”。新的政府收支分类科目编制有效促进了预算透明化，完善了人大监督机制。政府支出统一按照功能分类，确保集中直观反映政府职能活动。

7．完善国家预算管理体系

重点要加强国家预算绩效管理的制度建设，建立起以部门预算实体为管理实施主体，财政、审计、人大为监督控制主体的政府预算绩效管理组织体系。预算执行审计反映出来的问题往往与制度、体制、机制和管理有关，应抓住关键问题和本质问题，找出真正具有代表性、规律性的东西，在总结归纳的高度和深度上下功夫，防止就事论事，浅尝辄止。要透过现象看本质，分析产生问题的根源，提出解决问题的方法。

总之，国家预算作为国家的基本财政计划，是国家财政实行宏观控制的主要依据和主要手段。找出国家预算现存的不足，采取有力的措施，才能使国家预算真正综合反映国民经济，起到平衡社会总供给和总需求的作用，调节国民经济结构，从而充分发挥其分配、调控和监督的职能。

六、根据指定要求写作（第 1 题 8 分，第 2 题 12 分，共 20 分）

1. 在 ×× 职业技术学院 2016 级新生开学典礼上，请你代表学生会向大一新生致欢迎词。（8 分）

2. 2016 年 11 月 8 日，杭州市教育局要在 ×× 宾馆三楼会议厅召开高校招生改革工作会议，请各区、县教育局长出席会议，并携带 2016 年招生工作报告。请代市教育局办公室秘书于 2016 年 11 月 2 日拟文。（12 分）

模拟试卷

mo ni shi juan

客观题自测

模拟试卷一

一、填空题（每空 1 分，共 5 分）

1．公文（包括电报）是公务文书的简称，指党政机关公文，是在公务活动中使用的具有____________和____________的文书。

2．____________报告是单位领导者本人一个阶段任职工作的报告。

3．根据诉讼案件的性质分，起诉状可分为____________、____________和行政起诉状。

二、单项选择题（每题 1 分，共 10 分）

1．公文中一般很少使用的表达方式是（　　）。

A．叙述　　B．描写　　C．议论　　D．说明

2．下列应用文语句没有语病的是（　　）。

A．经法庭调查，王 ×× 对公婆虐待，又不养老人有责任

B．2001 年 5 月 13 日晚 8 时，已在 ×× 路发生特大交通事故

C．李 ×× 无视工作纪律，上班玩牌，造成设备操作事故

D．对这一问题党支部不能不熟视无睹

3．公文的作者是指（　　）。

A．单位第一负责人　　B．单位秘书

C．公文的执笔者　　D．制发公文的单位

4．上行文的行文方向是指（　　）。

A．给比本机关级别高的单位发文　　B．给比本机关级别低的单位发文

C．给具有隶属关系的上级单位发文　　D．请示和报告

5．政府各部门依据职权，其下行文可以向（　　）行文。

A．下一级政府

B．下一级政府业务部门

C．政府各部门之间

D．无隶属关系的比本部门级别低的机关

6．给下级机关或本系统的重要行文，应同时抄送（　　）。

A．上级机关　　B．直接上级机关和直接各下级机关

C．直接上级机关　　D．其他下级机关

7．不能联合行文的情况是（　　）。

A．同级政府　　B．同级政府与党委

C．政府部门与同级人民团体　　D．政府与其下一级政府

8．需要标明公文份数序号的是（　　）。

A．任何公文　　B．报请类公文

C．具有绝密和机密级的公文　　D．下行文

9．确立应用文的主旨就是（　　）。

A．谋篇　　B．立意　　C．提炼　　D．创意

10．向国内外宣布重要事项或法定事项时用（　　）。

A．公告　　B．通告　　C．通知　　D．通报

三、多项选择题（每题 2 分，共 10 分）

1．批复在制发前需进行认真的调查，调查的内容包括（　　）。

A．查阅有关的规定和指示　　B．调阅前案处理的材料

C．与内容涉及的有关部门协商　　D．调查研究请示的理由、事项与具体要求

2．下面说法错误的有（　　）。

A．盖印应端正、清晰，作到上压正文、下压成文日期

B．一件联合发文，可有数个发文号

C．联合行文的成文日期以最后签发机关的签发日期为准

D．公文中的附注一般标注于主题词下方

E．题注一般用圆括号标注于标题下方

3．通知的种类有批转性通知、转发性通知、（　　）。

A．指示性通知　　B．任免通知　　C．会议通知

D．情况通知　　E．发布性通知

4．应当标明文件份数序号的公文是（　　）。

A．绝密文件　　B．机密文件　　C．秘密文件

D．一般文件　　E．紧急文件

5．公文标题中除（　　）加书名号之外，一般不加标点符号。

A．法规名称　　B．规章名称　　C．被转发的文件名称

D．被印发的文件名称　　E．被批复的文件名称

四、改错题（请指出下面的介绍信存在的问题，5 分）

介绍信

兹介绍吴仁等 2 名教师，前往贵公司联系学生实习实训事宜。

× × 学院（公章）

2016 年 6 月 7 日

五、请为下面的新闻补写标题（10 分）

____

法国研究人员日前表示，一名在出生时即感染艾滋病病毒（HIV）的法国少女，在停止药物治疗 12 年后仍处在检测不出病毒的“未发病”状态，创全球首例。分析称其案例使得该病的早期治疗前景重燃希望。

据报道，法国巴斯德研究所（Institute Pasteur）学者沙兹席瑞翁（Asier Saez-Cirion）领导的一项研究指出，尽管医生不认为这名 18 岁的少女已完全治愈，但她的身体状况显示其治疗反应良好。

研究人员在加拿大温哥华召开的国际艾滋病协会（International AIDS Society）上表示，在此之前，科学家从来不知道感染 HIV 的儿童能够达到不复发的状况。

沙兹席瑞翁受访时表示："我们可以在细胞里面找到 HIV，但在血浆里没有病毒复制的情况。""我们至今不明白女孩感染情况控制良好的原因。"

据悉，这名女孩没有与自然控制感染相关的基因。这种基因只出现在少数患者身上。研究报告说："女孩长期处在病毒缓解的最有可能的原因是，她在感染不久后立即接受抗反转录病毒药物的合并治疗。"

此外，这名少女不是在母体子宫内，就是在分娩时感染的 HIV。研究报告说，当她 5 岁时，家属因为不明原因终止治疗，她在 1 年后回到医院却"测不到病毒量"。因此，医生决定不要恢复抗反转录病毒药物治疗，但持续观察。

研究人员还表示，有越来越多的证据显示，成年人一感染 HIV 便立即接受治疗非常重要，这起案例更印证了这一点。

研究还称，这名少女的案例显示，"儿童一旦感染 HIV，早期治疗的确可能达到长期缓解的现象"。

六、根据下面的论文写作提纲补写摘要（10 分）、关键词（5 分）（共 15 分）

居民消费不足的原因及改进措施

写作提纲

一、绪论

消费是经济增长的最终动力，是影响 GDP 增长的最终要素，消费每增长 1 个百分点，可以拉动 GDP 0.6% 的增长点。我国居民消费水平年均增长 6.8%，与国民经济发展相比，速度还是稍显缓慢。

二、本论

（一）居民消费不足的原因

1. 不合理的收入分配

2. 城乡之间、地区之间居民收入差距较大

3. 住房、医疗、教育三大支出预期增加

（二）财政政策消费理论分析

（三）刺激消费财政政策建议

1. 继续加大对农村、农业、农民的补助

2. 打击房地产投机行为，保证房地产市场健康发展

3. 逐步实现对个人所得税的改革

4. 开征遗产税和财产赠与税

5. 消费税改革

6. 增加长期的减税政策

三、结论

总而言之，财政政策必须有利于刺激消费，因为消费促进经济结构不断优化。消费结构的变化推动整个经济产业结构的优化，并随着人均收入不断提高，消费结构不断升级，

引导产业结构的调整和变化，最终使经济、社会和谐发展。

七、图示题（10 分）

请用图表的形式表示仲裁反诉书的写法。

八、评析题（10 分）

1. 评析“德芙巧克力”的经典广告语“牛奶香浓，丝般感受”。

2. 请对“爱生活爱拉芳”这条经典广告语进行评析。

九、写作题（第 1 题 7 分，第 2 题 18 分，共 25 分）

1. 郭晶晶同学到四海大学校办实习，该校准备于 2016 年 10 月 16 日晚在学校体育场举行校庆庆祝晚会。10 月 8 日校办主任布置给晶晶一项任务：×× 税务师事务所柴所长对我校会计学院的学生实习工作很支持，给她发份请柬，请她出席我校的校庆晚会，并共进晚餐。请代郭晶晶同学写份请柬。

2. 请搜索网上招聘职位，并根据自己的专业、兴趣、特长写一份求职信发到网上试试。

客观题自测

模拟试卷二

一、填空题（每空 1 分，共 5 分）

1. 中共中央办公厅、国务院办公厅 2012 年 4 月 12 日颁布、2012 年 7 月 1 日施行的《党政机关公文处理工作条例》规定了____________种公文，即命令（令）、决议、决定、公告、通告、通知、通报、公报、____________、报告、请示、批复、意见、函、会议纪要。

2. ____________是运用文字、图表、照片等如实介绍商品名称、性能、用途及使用和保养方法等事项，帮助消费者正确使用商品，达到最佳使用效果的经济文书。

3. 把下级机关的公文转给其他的下级用____________性通知，把上级或者不相隶属机关的公文转给下级机关用____________性通知。

二、单项选择题（每题 1 分，共 10 分）

1. 发文字号是指（　　）。

A. 文件印刷的份数序号　　B. 文件格式的代码

C. 文件收文标识　　D. 由发文机关编制的该年度发文序号

2. 发文字号中的年度括号是（　　）。

A. 方括号　　B. 六角括号　　C. 大括号　　D. 圆括号

3. “成文日期”是指（　　）。

A. 公文生效的日期　　B. 完成稿件的日期

C. 文件发出的日期　　D. 开始撰稿的日期

4. “对重要事项或重大行动作出安排”适用（　　）文种。

A. 令　　B. 决定　　C. 通知　　D. 意见

5. 给标题填写文种：《×× 市高教局关于同意 ×× 大学增加财政拨款的（　　）》。

A. 通知　　B. 意见　　C. 批复　　D. 函

6. 给标题填写文种：《×× 省农业厅关于 ×× 年度农村工作座谈会（　　）》。

A．通知　　B．通报　　C．纪要　　D．报告

7．公文标题《××厂关于购置××设备的申请》存在的错误是（　　）。

A．文种不正确　　B．事由不全面

C．事由不明确，有歧义　　D．事由语序有错误

8．“向国内外宣布重要事项或法定事项”适用（　　）。

A．公告　　B．通告　　C．通报　　D．通知

9．任免一般干部，应使用（　　）。

A．函　　B．通知　　C．通报　　D．意见

10．答复上级机关的询问，应使用（　　）。

A．报告　　B．通报　　C．意见　　D．请示

三、多项选择题（每题2分，共10分）

1．下列有关说法正确的是（　　）。

A．各机关对于自己无权决定或难以处理的问题均应制发请示公文

B．请示这类公文要求上级回复，故应与工作报告相区别

C．某机关对于后勤的安排，因几位领导意见不一致，此时应该制发请示

D．请示不能使用议论的表达方式

2．具备法定效力的公文稿本有（　　）。

A．副本　　B．草稿　　C．定稿

D．试行本　　E．暂行本

3．收文办理包括的环节有（　　）。

A．拟办　　B．批办　　C．承办

D．注办　　E．催办

4．公文的紧急程度分为（　　）。

A．特急　　B．急件　　C．火急

D．加急　　E．平件

5．下列文种必然属于上行文的是（　　）。

A．命令　　B．通知　　C．请示

D．报告　　E．通报

四、改错题（请修改下列文件标题，5分）

1．国务院就国企深化改革问题的答复

2．南京视觉艺术职业学院就优秀学生评奖

五、请为下面的新闻补写标题（10分）

____

沪深交易所周二盘后发布公告称，根据证监会《关于中国人民抗日战争暨世界反法西斯战争胜利70周年纪念日放假和休市安排的通知》，沪深交易所将休市四天，其中9月3日（星期四）至9月5日（星期六为调休放假休市），9月6日（星期日）为周末休市，9月7日（星期一）起照常开市。

公告显示，假日期间清算交收事宜按照中国证券登记结算有限责任公司的安排进行。

六、根据下面的论文写作提纲补写摘要（10分）、**关键词**（5分）（共15分）

我国现行增值税制——浅析与思考

写作提纲

一、绪论

2009年1月1日起，我国所有地区、所有行业推行增值税转型改革，由生产型增值税转为国际上通用的消费型增值税，这是一大进步，产生了相当大的影响，但不能从根本上解决矛盾。

二、本论

（一）我国现行增值税制的弊端

1. 征税范围仍然偏窄与增值税环环相扣、相互制约的要求相矛盾
2. 扣税范围不彻底与促进技术进步、优化经济结构的要求相矛盾
3. 扣税凭证不规范与保证税收及时足额入库的要求相矛盾
4. 税收减免优惠过多过乱与增值税中性税收的要求相矛盾
5. 纳税人差别管理与国民经济发展的要求相矛盾

（二）增值税制各项矛盾之间的联系

1. 09年增值税转型，扣税范围不彻底并无发生根本性改变
2. 扣税范围不彻底造成重复征税，不利于技术创新
3. 扣税范围不彻底，征收办法不一致
4. 扣税范围不彻底，多税种并存，阻碍征管，税收流失严重

（三）对增值税存在问题的思考及建议

1. 应逐步将营业税纳入增值税的征收范围
2. 应进一步缩小增值税减免税优惠范围
3. 坚决推行增值税转型的改革

七、图示题（10分）

请用图表的形式表示仲裁协议的写法。

八、评析题（10分）

1. 请评析经典广告语“人靠衣装，美靠亮庄”。
2. 请对“惊喜从肌肤开始”这条经典广告语进行评析。

九、写作题（第1题7分，第2题18分，共25分）

1. 五洲文化传媒有限公司拟聘请广通大学法学院教授魏真知为公司的法律顾问，聘任时间自2015年5月1日起至2018年4月30日止。请为公司于4月28日写一份聘书。
2. 请根据自己的情况写份表格式的职业生涯规划。

客观题自测

模拟试卷三

一、填空题（每空1分，共5分）

1. 中共中央办公厅、国务院办公厅2012年4月12日颁布、2012年7月1日施行的

《党政机关公文处理____________》规定了15种公文，即命令（令）、决议、决定、公告、通告、通知、通报、公报、议案、报告、请示、批复、意见、函、会议纪要。

2. 广告是通过网络、微信、电视等各种媒体，以口头、文字、图画等方式进行商品和劳务销售等的公开宣传的经济文书。____________是指广告中的文字部分。广告效果中50% ~ 70%的部分来自于它。

3. 请为“东山金匮骨气丸”写两种说明书的标题____________或____________。

4. ____________是秘密等级最高的文件，所反映的通常是党和国家的核心秘密，其内容一旦泄露，会使党和国家的安全和利益遭受特别严重的损害。

二、单项选择题（每题1分，共10分）

1. 法定公文中的“议案”的作者是（　　）。

A. 各级人大代表　　B. 各级人民政府

C. 各级政府工作人员　　D. 任一公民

2. 公文标题中除法规、（　　）名称加书名号外，一般不用标点符号。

A. 规章　　B. 指令　　C. 公告　　D. 决定

3. 学术论文的价值在于它具有（　　）。

A. 创造性　　B. 理论性　　C. 科学性　　D. 逻辑性

4. 根据国家标准，学术论文的各部分除了标题、署名、摘要、关键词、前言、正文、注释之外，还有（　　）。

A. 主题词　　B. 尾记　　C. 参考文献目录　　D. 鉴定意见

5. 据《民事诉讼法》规定，当事人不提交（　　），不影响人民法院对案件的审理。

A. 人证物证　　B. 答辩状　　C. 起诉状　　D. 上诉状

6. “机关领导人在发文稿上签名”属于办文工作中的（　　）工作。

A. 签发　　B. 签署　　C. 批办　　D. 审核

7. 按消息的倒金字塔结构，写在消息第一层的是（　　）。

A. 标题　　B. 导语　　C. 主体　　D. 结尾

8. 转发与批转公文时用（　　）。

A. 通报　　B. 通知　　C. 简报　　D. 批复

9. 撰写请示，要求严格遵守（　　）。

A. 多文多事　　B. 多文一事　　C. 一文多事　　D. 一文一事

10. 开幕词行文要求（　　）。

A. 富有激情　　B. 沉着　　C. 控制感情　　D. 婉转

三、多项选择题（每题2分，共10分）

1. 签收文件的工作由（　　　）完成。

A. 专职外收发人员　　B. 兼职外收发人员

C. 通信人员　　D. 各机关的领导、负责人

2. 选定公文种类主要的原则方法是（　　　）。

A. 考虑行文的具体需要　　B. 考虑本单位的权限

C. 考虑公文撰拟者的写作水平　　D. 考虑行文走向

3. “有关王××挪用巨额公款的调查、举证和处理的材料”不是按照（　　　）特征组卷的。

A. 作者　　B. 问题　　C. 时间

D. 文种　　E. 通讯者

4. 发文文稿的形成包括（　　　　）等环节。

A. 注发　　B. 拟稿　　C. 会商

D. 核稿　　E. 签发

5. 决定（文种）用于（　　　　）。

A. 对某一方面的工作作比较全面、系统的规定

B. 对某一重大行动作出安排

C. 宣布实施重大强制性行政措施

D. 变更或撤销下级机关不适当的决定事项

E. 奖惩有关单位及人员

四、改错题（请修改下列文件标题，5 分）

1. ×× 交通局 × 水电站施工期间严重影响我们水运的情况报告的汇报请求

2. ×× 省交通厅关于国家安全部、交通部两部贯彻国家安全法有关规定文件中有关问题的请示

五、请为下面的新闻补写标题（10 分）

____

国际谷物理事会称，由于种植面积增加，且单产更高，预计 2013—2014 年度全球粮食产量将增长 7%。总产量将达 19.1 亿公吨，高于上年度的 17.8 亿公吨。

2012 年美国、乌克兰和俄罗斯的大旱伤及玉米与小麦产量。2013 年，美国玉米种植量预计将创 77 年来的最高纪录，同比增 10%，且收获面积与平均单产都将创下新高。2012—2013 年度年末库存比较吃紧，但接下来会显著增长。

2013—2014 年度全球玉米产量将增长至 9.39 亿公吨，高于上年度的 8.51 亿公吨。在 2013—2014 年度年末，玉米库存将达 1.43 亿公吨。全球小麦收获量将达 6.8 亿公吨，高于上年度的 6.55 亿公吨。年末库存将达 1.81 亿公吨，高于上年度的 1.79 亿公吨。

六、根据下面的论文写作提纲补写摘要（10 分）、**关键词**（5 分）（共 15 分）

刍议商业银行跨界经营次序安排

写作提纲

一、绪论

当前，我国商业银行正处于一个重要的变革时期，从经营单一的传统商业银行业务向综合化经营迈进。在此变革时期，商业银行在综合化经营试点的外部推动和自身战略安排的内在要求下，跨界经营活动频繁。

二、本论

（一）商业银行跨界经营政策背景

（二）商业银行跨界经营的主要表现

1. 境内外跨界经营活动

（1）境外活动

（2）境内活动

2. 行业跨界经营活动

（1）业内跨界

（2）业间跨界

3．不同银行机构跨界活动

（三）商业银行跨界经营次序安排

1．实施“先境内、后境外”跨界经营次序

2．实施“先业内、后业间”跨界经营次序

（1）“大次序”安排

（2）“小次序”安排

3．实施“先大型、后中小”跨界经营次序

三、结论

按照跨界地域、跨界行业及跨界主体3个维度划分，商业银行跨界经营路径应遵循跨界经营次序，扫除当前商业银行跨界经营中存在的障碍，主动地在金融主渠道上作出政策安排，发展跨界经营。

七、图示题（10分）

请用图表的形式表示财产保全申请书的写法。

八、评析题（10分）

1．请评析飞利浦经典广告语“让我们做得更好”。

2．请对李维牛仔“不同的酷，相同的裤”这条经典广告语进行评析。

九、写作题（第1题7分，第2题18分，共25分）

1．王芳同学应聘到顺达广告公司工作两个月了，2016年7月5日晚又拉又吐，6日早上去市人民医院看病，经诊断患急性胃肠炎，需请假两天。请代她向公司人事部李主任写个请假条。

2．请根据以下材料，完成合同写作。

张四有一套住房坐落在南京江宁宋墅路1号商苑18栋206室（两室一厅，80平方米），要出租给李六（租期：2015年7月23日—2018年7月22日）。押金1 500元，合同终止时，当做房租冲抵；租金2 000元/月，每月10日之前支付房租；租赁期间，水费、电费、取暖费、燃气费、电话费、物业费以及其他由乙方居住而产生的费用由乙方负担；租赁期间未经甲方同意，乙方无权转租或转借该房屋；不得改变房屋结构及其用途，由于乙方人为原因造成该房屋及其配套设施损坏的，由乙方承担赔偿责任。租赁期间该房的土地费、大修费（不是乙方人为造成的）等由甲方承担。甲方保证该房屋无产权纠纷；乙方因经营需要，要求甲方提供房屋产权证明或其他有关证明材料的，甲方应予以支持。任何一方要求终止合同，须提前3个月通知对方，并偿付对方总租金3%的违约金。他们双方于2015年7月21日签约。

客观题自测

模拟试卷四

一、填空题（每空1分，共5分）

1．依照有关法律公布行政法规和规章、宣布实行重大的强制性行政措施、嘉奖有关单位和人员用____________。

2．____________报告是依据已掌握的有关市场的信息和资料，通过科学的方法进行分析研究，从而反映出市场未来发展趋势的一种预见性报告。

3．请为“神曲健脾丸”写两种说明书的标题：____________或____________。

4．____________是秘密等级较高的文件，包含着党和国家的重要秘密，其内容一旦泄露，会使党和国家的安全和利益遭受重大的损害。

二、单项选择题（每题1分，共10分）

1．下列应用文语句有语病的是（　　）。

A．我科基本上已经全部完成了工作任务

B．同意你科所请，特此批复

C．此次调查，搞清楚了原来存在的问题，并初步拟订了解决问题的方案

D．你单位2000年8月4日的来函已收悉

2．“张思德同志的死重于泰山，因为张思德同志是为人民利益而死的，而为人民利益而死，就比泰山还重。”这段话的论点是（　　）。

A．张思德同志是为人民利益而死的

B．张思德同志的死重于泰山

C．为人民利益而死，就比泰山还重

D．张思德同志的死重于泰山，因为张思德同志是为人民利益而死的

3．下列哪个文种不属于《党政机关公文处理工作条例》中的规定文种？（　　）。

A．意见　　B．通报　　C．报告　　D．计划

4．标识“急件”的公文，应当在（　　）天之内办理完毕。

A．一　　B．二　　C．三　　D．四

5．受双重领导的下级机关向上行文，应当（　　）。

A．给两个领导机关主送公文

B．给负责答复的领导机关主送，另一领导机关抄送

C．越级给更上一级机关行文，两个机关均为抄送

D．任选其一主送，另一抄送

6．请示可以抄送给（　　）。

A．主送机关之外的另一个领导机关　　B．本机关的下级机关

C．其他比自己级别低的机关　　D．本机关的同级机关

7．下列哪项属于公文的眉首部分？（　　）。

A．公文标题　　B．签发人

C．主送机关　　D．成文日期

8．落款发文机关应使用（　　）。

A．全称或规范化简称　　B．规范化简称或规范化统称

C．全称或规范化统称　　D．非规范简称

9．需要标识签发人的是（　　）。

A．令、会议记录和批复　　B．报告、请示和上行的意见

C．函、通知、通报　　D．公告和通告

10．公文的主送机关是指（　　）。

A．负责办理和答复的受文机关　　B．上级机关

C．收文机关　　D．同级机关

三、多项选择题（每题 2 分，共 10 分）

1．通报的特点有（　　　　）。

A．有较强的时效性

B．让事实和数据说话，而不过多地阐发和论证道理

C．具有教育性质，主要起宣传教育、沟通情况和交流经验的作用

D．内容单纯，行文简便

2．计划的特点有（　　　　）。

A．具有预见性　　B．具有计划性

C．具有可行性　　D．具有指导性

3．某起诉状：__①__公司违约致使__②__公司遭受 100 万元的严重损失……。

A．①该　　B．①贵　　C．②本　　D．②我们

4．发文字号应当包括机关代字和（　　　　）。

A．年份　　B．序号　　C．简称

D．全称　　E．份号

5．签发人标识用于（　　　　）文种。

A．请示　　B．报告　　C．意见

D．通报　　E．决定

四、改错题（请修改下列文件标题，5 分）

1．东南制药厂解决生产名贵中成药所需虎骨来源的请示

2．江城卫国总公司就 10 事故的通报通告

五、请为下面的新闻补写标题（10 分）

____

德国经济部长 Sigmar Gabriel 周二访问北京时称，希腊与国际贷款人达成协议后，中国的伙伴们松了一口气。

“欧洲团结在一起让我们的中国伙伴们感到非常放心”，Gabriel 与中国政府高级官员会面后说道，并指出中国曾非常担忧欧元区解体。他还指出，无法达成希腊协议的政治代价“非常、非常高”，并表示相信希腊总理齐普拉斯及希腊议会将采取一切努力执行希腊与贷款人达成的共识。

对于中国股市近期出现的情况，Sigmar Gabriel 表示，中国政府成功阻止近期的股市大跌产生更大的影响。

“我们看到中国政府努力尝试防止股市大跌产生更大的影响”，Gabriel 与中国政府高级官员会面后说道：“似乎正在获得成功。”

六、根据下面的论文写作提纲补写摘要（10 分）、**关键词**（5 分）（共 15 分）

高职院校工学结合的原则

写作提纲

一、绪论

我国高等职业教育正处于蓬勃向上的持续发展阶段，工学结合已成为共识。在众多的实践中，江苏经贸职业技术学院的“两重一再工程”比较有特色，可以以点带面，从中探讨一些共同遵循的工学结合原则。

二、本论

（一）整体性与局部性相结合的原则

（二）理论性与实践性相结合的原则

（三）学历证与职业证相结合的原则

（四）双赢式与政策性相结合的原则

三、结论

总之，高职院校推行工学结合的人才培养模式，既是社会经济发展的客观要求，也是自身彰显特色的内在需要，既要坚持原则，又要善于创新，才能真正实现高职院校人才培养模式的实质性改革，从而实现提高高等职业教育人才培养质量的目标。

七、图示题（10 分）

请用图表的形式表示经验总结的写法。

八、评析题（10 分）

1．请评析斯沃琪经典广告语“腕上风景线”。

2．请对 UPS 快递“珍惜所托，一如亲递”这条经典广告语进行评析。

九、写作题（25 分）

为大力推进质量兴市战略，根据赣州市人民政府《关于印发赣州市市长质量奖管理办法的通知》（赣市府发〔2011〕25 号）精神，赣州市人民政府决定，授予江西章贡酒业有限责任公司、江西省龙钇重稀土材料有限责任公司、赣州华劲纸业有限公司 2011 年度赣州市市长质量奖。恰逢王三山同学研究生毕业到赣州市人民政府办公室实习，政府办主任就请他于 2012 年 11 月 21 日拟一份通报。请代王三山同学拟写一份有文件版头的通报。

客观题自测

模拟试卷五

一、填空题（每空 1 分，共 5 分）

1．__________是多个主体根据会议表决原则做出的决定。

2．为实现某种目标或完成某项任务而事先作出安排的事务文书是__________。

3．总结的完整式标题由单位名称 +__________+ 内容 +__________组成。

4．__________是秘密等级较低的文件，它所反映的是党和国家的一般秘密。其内容也是不能随意泄露的，否则，也会给党和国家的事业或某项具体工作带来一定程度的损失。

二、单项选择题（每题 1 分，共 10 分）

1．任免国家高级干部，适用（　　）文种。

A．令　　B．决定　　C．通知　　D．通报

2．给标题填写文种：《××市关于几起重大交通事故的（　　）》。

A．通知　　B．通报　　C．通告　　D．公告

3．给标题填写文种：《××研究所关于召开××科研项目的规划会议的（　　）》。

A．通知　　B．通报　　C．请示　　D．报告

4．给标题填写文种：《××公司关于开除××职工的（　　）》。

A. 通知　　B. 决定　　C. 公函　　D. 通告

5. 对重要问题提出见解和处理办法应使用（　　）。

A. 报告　　B. 请示　　C. 意见　　D. 通知

6. 传达重要精神或情况，应使用（　　）。

A. 函　　B. 通知　　C. 通报　　D. 意见

7. 传达会议情况，应使用（　　）。

A. 通知　　B. 通报　　C. 会议记录　　D. 会议纪要

8. 合同条款中的“标的”是指（　　）。

A. 当事人双方权利和义务的共同指向　　B. 合同买卖中的货物

C. 合同中劳务　　D. 合同中的价款和酬金

9. 司法文书的（　　）是指它具有强制性的执行效力。

A. 执行效力　　B. 法律效力

C. 结构的程式性　　D. 判决文书

10. “对来文办理提出初步方案或建议”属于收文工作中的（　　）工作。

A. 拟办　　B. 批办　　C. 承办　　D. 催办

三、多项选择题（每题 2 分，共 10 分）

1. 通报按其内容性质划分，可分为（　　）。

A. 表彰性通报　　B. 批评性通报

C. 指示性通报　　D. 情况通报

2. 调查报告的开头常用的形式有（　　）。

A. 概括介绍式　　B. 结论式

C. 谈论式　　D. 提问式

3. 某公司致 ×× 公司成立 10 周年的贺信：多年来，__①__贵公司在经贸活动中的照顾，……望今后进一步加强合作__②__。

A. ①蒙受　　B. ①承蒙　　C. ②为盼　　D. ②为好

4. 函的主送机关适用的范围包括（　　）。

A. 无隶属关系的需要请求事项的主管机关

B. 无隶属关系的需要商洽公务的机关

C. 同一系统的需要商洽公务的同级机关

D. 本系统的直接上级机关

E. 本系统的直接下级机关

5. 述职报告结尾的内容一般包括（　　）。

A. 自我批评　　B. 努力方面　　C. 表示决心　　D. 总结工作

四、改错题（请修改下列文件标题，5 分）

1. 建阳公司对非法倒卖文物的吴 ×× 开除公职的通知

2. 僧林总公司对所属单位学徒工转正后关于工资问题的规定

五、请为下面的新闻补写标题（10 分）

____

近日，股市剧烈地波动，让被称作“中国股改第一人”的刘纪鹏教授颇不安宁。他在自己的博客上连发数文，呼唤人们重塑对中国资本市场的信心。

“中国股市缺的不是钱，而是信心。”刘纪鹏说。

而最近上市企业纷纷出台护盘措施，如何看待企业的这些行动，《法治周末》记者为此专访了中国政法大学资本金融研究院院长刘纪鹏。

法治周末：面对此次股市的剧烈波动，上市企业纷纷采用各种方式护盘，有的增持、有的回购。这些护盘行为是否属于企业的正常反应机制？

刘纪鹏：任何一个企业的本性都是趋利避害，追求盈利的。即便他们强调社会责任，也是为了更好地取信于股民和投资人，使自己长久立于不败之地。

我们要尊重每一个企业作出的选择。但一个负责任的企业，在自救的同时，还要履行社会责任。

国资委系统让所有国有企业不仅不能减持，还要增持。我作为独立董事的两个企业也都号召每个高管这个时期去买股票，包括我们这些独立董事，也放弃了“独董买股票是坏事”的观念，买了股票。

政府采取的措施，不管是通过证券公司用资金救市，还是号召企业大股东、高管在这一时期及时输血不要抽血，都是为了稳定股市。

这些措施既是为了自救，也是体现企业社会责任的时候。

法治周末：政府部门在股市监管中应该扮演什么角色？

刘纪鹏：中国股市的发展道路曲折，有一种观点认为，“改革牛”“国家牛”是错的。

国家要把股市振兴起来，要保护投资人，要发展起来，何罪之有？中国梦不就是在市场经济起决定作用的背景下，发挥国有资本的作用吗？一个健康强大的股市不崛起，我们很难在国际竞争中稳定立足。

从这个意义上来说，“国家牛”不仅无可厚非，而且应该成为一项长期发展的国策。所以振兴股市要实现“国家牛”，政府就是应该在其中发挥积极的作用。

法治周末：对大股东的减持行为是否有有效的约束机制？对此，您有什么具体的建议？

刘纪鹏：必须形成一个有制约、规范化的上市公司治理结构，独立董事能够代表中小股东的利益，公司决策才能照顾整体股东的利益。

六、根据下面的论文写作提纲补写摘要（10 分）、关键词（5 分）（共 15 分）

高职院校创新教育的意义和原则

写作提纲

一、绪论

创新教育已经成为社会发展的迫切要求，高职院校要大力倡导并实践创新教育，要营造良好的创新环境，促进大学生成就创新成果，使之成为社会有为之才。要使高职院校在创新教育方面有所突破，必须探讨高职院校创新教育的意义和原则。

二、本论

（一）创新教育的意义

1. 创新教育对国家民族的发展具有重要作用

2. 创新教育对个人素质的提高具有重要作用

（二）创新教育的原则

1. 个性化原则

2. 主体性原则

3. 民主性原则

4. 开放性原则

除上论述之外，还有实践性原则、自主性原则、启发性原则、进步性原则、整体性原则、活动性原则、求异性原则等，这里不一一论述。

三、结论

创新是人类社会不断进步的重要保证，也是每个人实现自我突破的重要途径。高职教育的教职员工都要清醒地认识到创新教育的意义，自觉坚持创新教育原则，为国家的兴旺发达培养更多思维创新、方法创新、应用创新的创新人才。

七、图示题（10分）

请用图表的形式表示调查报告的写法。

八、评析题（10分）

1. 请评析金利来经典广告语“男人的世界”。

2. 请对沙宣洗发水“我的光彩来自你的风采”这条经典广告语进行评析。

九、写作题（共25分）

1. 请根据以下材料以中共东源乡委员会的名义于2016年3月25日拟文向中共上栗县委请求录用易圣布为乡镇事业编制干部。

A. 现任田心村党支部书记易圣布（男，1954年8月出生，现年57岁，住东源乡田心村）。

B. 该同志担任党支部书记以来，能带领村“两委”班子创造性地完成各项工作任务，保持了田心村社会稳定。

C. 该同志自1988年5月进入田心村工作，已有23年的时间，曾于1992年11月至1999年10月连续7年任田心村委会主任，从1999年11月至今连续4届任田心村党支部书记。

D. 该同志因文化水平及年龄限制等原因，无法享受到县“四个给予”机制中从优秀村干部中解决事业编制的待遇。

E. 近几年来田心村各项考核指标均走在全县前列，连续3年获得县目标管理奖，连续10年获得乡目标管理一等奖，田心村党支部连续10年被我乡党委评为优秀基层党组织。

2. 根据中共东源乡委员会的公文，以中共上栗县委的名义写份答复的公文。

要求： 1. 公文要有版记。

2. 公文要于2016年3月31日完成。

3. 公文不必设置文件版头。

客观题自测

模拟试卷六

一、填空题（每空1分，共5分）

1. ____________是党政机关和人民团体公开发布重大事件或重要决定事项的报道性公文。

2. 对过去某个时期、某个方面的工作进行回顾、分析、研究，从中找出经验教训，引出规律性的认识，以明确今后工作方向的事务文书是____________。

3.《2015年中国服装行业的市场走势》是____________（文种）的标题；计划的完整

式标题由单位名称、计划时限、____________和文种组成。

4. ____________是在某些仪式上向有关人员祝贺的讲话文稿。

二、单项选择题（每题 1 分，共 10 分）

1. 表彰先进，批评错误，传达重要精神或情况时使用的公文是（　　）

A．通告　　B．通报　　C．通知　　D．决定

2. 民事起诉状是民事案件的原告或法定代理人向（　　）提起诉讼的书状。

A．人民政府　　B．公安局　　C．检察院　　D．人民法院

3. 向不相隶属单位请求答复、批准，使用（　　）。

A．请示　　B．意见　　C．函　　D．报告

4. 要使总结具有指导今后工作的实际意义，就必须（　　）。

A．突出成绩　　B．写出特色　　C．面面俱到　　D．找出规律

5. 用于记载会议主要精神和议定事项的公文是（　　）。

A．决议　　B．会议记录　　C．会议纪要　　D．议案

6. 向同级业务主管部门请求批准时，应使用的文种是（　　）。

A．请示　　B．报告　　C．议案　　D．公函

7. 文件的成文时间是指（　　）。

A．文件印制的日期　　B．文件的拟稿日期

C．文件的发出日期　　D．领导人签发的日期

8. 下列各项中不属于简报报头的是（　　）。

A．期数　　B．标题　　C．编号　　D．密级

9. 受双重领导的机关向上级机关行文，应当（　　）。

A．写明主送机关和抄送机关　　B．主送一个上级机关

C．报送两个上级机关　　D．主送并抄送两个上级机关

10. 联合行文的机关应该是（　　）。

A．两个以上的机关　　B．两个以上的同级机关

C．上下级机关　　D．不相隶属的两个机关

三、多项选择题（每题 2 分，共 10 分）

1. 承办公文工作的依据主要是（　　　）。

A．有关法律、法规、制度　　B．一部分群众的要求

C．上级领导做出的批示　　D．上级领导传授的意图

2. 简报的报头包括简报名称、（　　　）。

A．期号　　B．密级　　C．编者　　D．时间

3. 某公司致 ×× 公司的函：__①__公司 2002 年 3 月 4 日来函索要的 KD300-BJK 印刷机的修理材料已经寄出，不知收到没有？__②__回函告知。

A．①贵　　B．①你们　　C．②烦请　　D．②请务必

4. 具有正式法定效用的文本有（　　　）。

A．正本　　B．试行本　　C．暂行本　　D．修订本

5. 下面说法错误的有（　　　）。

A．盖印应端正、清晰，做到上压正文，下压成文日期

B．一件联合发文，可有数个发文号

C．联合行文的成文日期以最后签发机关的签发日期为准

D. 题注一般用圆括号标注于标题下方

四、改错题（请修改下列文件标题，5分）

× 市 × 区区属图书馆为办好图书事业，满足该区群众读书的要求，特向区政府请示增加经费，实习生吴 × 将该请示抄送该区人事局、劳动局、物价局、财政局。

五、请为下面的新闻补写标题（10分）

____

巴尔的摩金莺队今日正式宣布，与来自 MLB 无锡棒球发展中心的学员许桂源签约！许桂源今年 19 岁，祖籍深圳，目前在场上司职一垒及外野，他成为 MLB 在中国培养的青年才俊中被大联盟俱乐部签下的第一人。

美国职棒大联盟（Major League Baseball，MLB）是北美地区最高水平的职棒棒球联赛，1903 年由国家联盟和美国联盟共同成立，是美国四大职业体育联盟之一，与职业橄榄球联盟（NFL）、职业篮球协会（NBA）、职业冰球大联盟（NHL）齐名而列。

巴尔的摩金莺（Baltimore Orioles）是美国职棒大联盟的职业球队之一，位于美国马里兰州巴尔的摩，球队隶属于美国联盟东区。金莺是美联元老球队之一。从圣路易迁至巴尔的摩之后，因为临近首都华盛顿特区，受到华府周边居民的喜爱。在华府没有职业棒球队的年代里，美国总统每年球季开始时必定会出现在金莺主场主持开球仪式。

金莺队历史上曾在 1966 年、1970 年和 1983 年 3 次获得总冠军，但至 20 世纪 90 年代末期，球风偏重攻击的金莺队因为投手质量的衰落开始走下坡路，最近两次进入季后赛是在 1996 年和 1997 年，分别以外卡和分区冠军进入季后赛，但在美国联盟冠军赛中分别输给纽约洋基队和克里夫兰印地安人队。

许桂源此次签约，并不是直升一队，不过肯定是一次好的契机。如果许桂源保持耐心，提高水平，未来进入一队很有希望。即便如此，能够与巴尔的摩金莺队签约，对许桂源来说还是很好的证明机会，或许下一次金莺队打进季后赛，我们会看到许桂源出场比赛的身影。对 MLB 来说，也需要许桂源这么一位年轻富有潜力的选手。许桂源也由此成为 MLB 在中国培养的青年才俊中被大联盟俱乐部签下的第一人，也是 MLB 棒球发展中心数年来坚持教体结合、科学训练、人文关怀所取得的突破性成果。

六、根据下面的论文写作提纲补写摘要（10分）、**关键词**（5分）（共 15 分）

论城市夜景观设计的意义和原则

写作提纲

一、绪论

城市夜景观是城市景观在灯光等的作用下所展示的夜间形象，是城市美学在夜晚的具体体现。城市夜景观设计是对城市夜间景观环境形态的合理组织和总体规划，也是展示城市发展和体现城市个性的艺术设计。

二、本论

（一）城市夜景观设计的意义

1. 创造了良好舒适的环境

2. 满足了人们的审美需求

3. 推动了各行各业的发展

4. 突出了不同城市的特色

（二）城市夜景观设计的原则

1. 整体性原则
2. 动态性原则
3. 地域性原则
4. 时效性原则
5. 创新性原则
6. 经济性原则
7. 单纯性原则

三、结论

城市夜景观设计对经济建设的发展和城市自身形象的塑造以及国际地位的提升，都具有十分重要的意义和极其深远的影响。我们就应从夜景观的总体规划着手，从艺术整体美的角度制定城市夜景未来的发展目标，保证城市夜间景观艺术美的持续。

七、图示题（10 分）

请用图表的形式表示简报的写法。

八、评析题（10 分）

1. 请评析海尔经典广告语“海尔，中国造”。

2. 请对中国联通“情系中国结，联通四海心”这条经典广告语进行评析。

九、写作题（第 1 题 7 分，第 2 题 7 分，第 3 题 11 分，共 25 分）

1. 朱冬冬老师要去北京参加教育改革工作会议，需要向南南职业技术学院财务处借 5 500 元人民币。请代她于 2015 年 6 月 17 日写个借条。

2. 跨越职业技术学院准备在 2015 年 3 月 3 日 10:00 在二楼报告厅召开 2015 年教学工作会议。请代学院写个通知，请全体教职员工参加会议。

3. 因长乐中路部分道路拓宽改造施工，根据《中华人民共和国道路交通安全法》第三十九条规定，决定从 2015 年 5 月 23 日起至施工结束（工期约 45 天），对长乐中路及周边道路实行交通管制。管制内容为：长乐中路（北起福马路口，南至晋连路口）实行机动车由北往南单向通行；取消长乐中路晋连路口禁止机动车由东往南左转弯交通管制；取消长乐中路紫阳路口禁止机动车由北往东左转弯交通管制。请以福州市公安局的名义于 2015 年 5 月 14 日发个公文。

参考文献

[1] 黄绮冰. 应用文写作教程 [M]. 2 版. 北京：电子工业出版社，2013.
[2] 周家华，黄绮冰. 毕业论文写作指南 [M]. 2 版. 南京：南京大学出版社，2012.
[3] 黄绮冰. 应用写作实训 [M]. 南京：南京大学出版社，2012.
[4] 岑咏霆. 经济与管理类专业毕业论文指导 [M]. 北京：高等教育出版社，2004.
[5] 丁晓昌. 应用文写作 [M]. 苏州：苏州大学出版社，2009.
[6] 黄绮冰. 现代社交礼仪 [M]. 南京：南京大学出版社，2012.
[7] 雷唤民. 应用写作 [M]. 北京：中央广播电视大学出版社，2002.
[8] 任鹰，苏杰. 应用写作学习参考书 [M]. 北京：北京大学出版社，2002.
[9] 静静的博客. 经典广告语评析 [DB/OL].（2009-03-20）[2017-01-23]. http://blog.sina.com.cn/s/blog_5eed68f70100cg6r.html.

反侵权盗版声明

举报电话：(010)88254396；(010)88258888
传　　真：(010)88254397
E－mail　：dbqq@phei.com.cn
通信地址：北京市万寿路173信箱
　　　　　电子工业出版社总编办公室
邮　　编：100036

尊敬的老师：

您好。

请您认真、完全地填写以下表格的内容（务必填写每一项），索取相关图书的教学资源。

教学资源索取表

书　名				作者名	
姓　名		所在学校			
职　称		职　务		讲授课程	
联系方式	电话：			E-mail：	
地址（含邮编）					
贵校已购本教材的数量（本）					
所需教学资源					
系／院主任姓名					

系／院主任：____________（签字）

（系／院办公室公章）

20____年____月____日

注意：

① 本配套教学资源仅向购买了相关教材的学校老师免费提供。

② 请任课老师认真填写以上信息，并**请系／院加盖公章**，然后传真到（010）80115555转718438上索取配套教学资源。也可将加盖公章的文件扫描后，发送到fservice@126.com上索取教学资源。欢迎各位老师扫码关注我们的微信号和公众号，随时与我们进行沟通和互动。

③ 个人购买的读者，请提供含有书名的购书凭证，如发票、网络交易信息，以及购书地点和本人工作单位来索取。

微信号　　　　公众号

中国工信出版集团　　電子工業出版社 PHEI PUBLISHING HOUSE OF ELECTRONICS INDUSTRY